개정 2판

CAPSTONE DESIGN
KIM HEUNG SOO

캡스톤디자인의 이해

김흥수 저

박영사

학부과정을 통해 학습한 전공의 지식과 기술을 종합해 산업체 또는 지역사회에서 제시한 문제를 해결하면서, 전공은 물론 전공 외의 역량도 함께 함양할 수 있는 통합적 학문(integrative discipline) 프로젝트형 교과과정이 바로 캡스톤디자인이다. 구체적으로, 학생이 산업현장에서 만나는 문제 해결 능력을 기르기 위해 가상 프로젝트를 설정하고 대학에서 배운 지식을 이용하여 기획, 설계, 제작의 전 과정을 수행함으로써, 산업현장 수요에 적합한 기술·제품·서비스의 창조적 설계와 문제 해결 능력, 다학제간 융합적 사고와 지식을 갖추도록 교육하는 창의종합설계 프로그램이다.

본서에서는 캡스톤디자인에 참여하는 학생들이 보다 더 실제적이고 산업현장에서 필요로 하는 결과물을 도출할 수 있도록 돕기 위해 디자인씽킹 등 비즈니스 관점에서 방법론을 설명하였으며, 4차산업혁명, ESG, 소비자지향 등의 재무적 비재무적 분석을 포함한 실제 사례 분석을 제시하였다. 이번에 출간되는 제2판의 가장 큰 특징은 기존의 체계를 유지하면서 캡스톤디자인 방법론, 문제해결 프로세스, 수행단계를 보강하였고, 사례분석마다 장으로 구분하여 보강 또는 업데이트하였다는 점이다. 따라서 캡스톤디자인의 기본개념을 이해하고 프로젝트를 수행하기 위한 학습서로서 학생들에게 큰 도움이 될 것으로 생각한다.

해외대학에 비해 다소 늦게 교육부의 LINC사업으로 시작된 캡스톤디자인 교과목이 대학의 전공교육과정으로 확대 발전하여 이제는 LINC3.0사업에서도 중요한 역할을 담당하고 있다. 본서가 캡스톤디자인에 참여하는 학생들을 비롯하여 교수자에게도 리버럴 아츠(liberal arts)적 창의종합설계에 실질적인 도움이 되기를 기대한다.

　본서를 개정하는 과정에서 박영사의 안종만 회장님과 안상준 대표님, 임재무 전무님, 탁종민 대리 및 임직원 여러분은 기획과 출판에 정성을 다해주셨다. 이 자리를 빌려 깊은 감사를 드린다. 아직도 남아 있는 부족한 부분은 전적으로 저자의 책임이며, 앞으로도 꾸준히 개선해 나갈 것을 약속한다.

2023년 3월
김흥수

제 1 장 ‖ 캡스톤디자인 알아보기

○ 캡스톤디자인의 정의 ····································5

○ 캡스톤디자인의 핵심역량 ··························7

○ 캡스톤디자인의 필요성 및 교육의 특성 ·········7

○ 캡스톤디자인의 유형 ································8

○ 캡스톤디자인 운영 프로세스 ··················10

　　1 캡스톤디자인 과제도출 ···················10

　　2 캡스톤디자인 방향 ························11

　　3 캡스톤디자인 세부 운영방안 ···············11

　　4 비즈니스연계 캡스톤디자인 사업계획서 수록사항 ·········12

○ 캡스톤디자인 단계별 진행 프로세스 ···········13

제 2 장 ‖ 캡스톤디자인 방법론

○ 디자인씽킹 ··19

　　1 개요 ··19

2 프로세스 ·· 22

3 디자인 씽킹의 필요역량 ·························· 25

4 디자인 씽킹을 통한 성공창업 프로세스 ········ 26

5 디자인 씽킹을 통한 성공창업 사례 ············ 27

◐ 팀빌딩 ··· 31

1 팀빌딩 찾기 ····································· 31

2 팀빌딩 진행방법 ································ 31

3 '아리스토텔레스' 프로젝트 ···················· 32

4 팀빌딩 향상을 위한 실전 팁 ·················· 35

◐ 아이디어 도출 ···································· 37

1 명목집단법(Nominal Group Technique) ········· 37

2 브레인라이팅(Brainwriting) ·················· 38

3 시각자극법(Visual Stimulation) ················ 40

4 디딤돌 ··· 41

5 갤러리워크(Gallery-Walk) ···················· 42

◐ 팀 의사결정 ······································ 43

1 멀티보팅(Multi-Voting) ······················ 43

2 의사결정 그리드(Decision Grid) ·············· 44

3 커뮤니케이션(Communication) ··············· 45

제 3 장 ‖ 캡스톤디자인 문제해결 프로세스

◐ 문제의 탐색단계 ·································· 57

1 능동적인 마인드와 문제인식 가지기 ·········· 57

2 정보 수집하기 ·· 58

3 내부환경 분석하기 ·· 58

4 외부환경 변화를 모니터링하기 ································ 58

5 고객니즈를 분석하기 ·· 58

6 경쟁사의 동향을 분석하기 ······································ 59

7 이해관계자 분석하기 ·· 59

8 벤치마킹 하기 ··· 59

문제의 특성분석단계 ·· 76

1 문제의 본질 분석하기 ·· 76

2 문제의 원인 찾기 ··· 76

3 문제에 숨어 있는 가정 분석하기 ··························· 77

4 문제에 관련한 관점과 프레임 분석하기 ·············· 77

문제의 결정단계 ·· 85

1 문제의 해결 여부 결정하기 ····································· 85

2 문제의 해결목표와 계약조건 결정하기 ·············· 85

3 평가 기준과 평가 방법 결정하기 ························· 85

4 문제 정의하기 ··· 86

아이디어 개발단계 ·· 91

1 과거방법 활용하기 ··· 91

2 그룹으로 개발하기 ··· 91

3 목표속성 만족시키기 ··· 92

4 아이디어 변형하기 ··· 92

5 아이디어 공격하기 ··· 92

6 문제의 범위 변화시키기 ··· 92

7 가정에 도전하기 ··· 92

8 새로운 관점으로 보기 ··· 93

9 유추하기 ··· 93

10 연상하기 ··· 93

◐ 아이디어 결과추정단계 ··· 114
　　1 아이디어 구조화하기 ·· 115
　　2 아이디어 결과 예측하기 ····································· 115
　　3 아이디어 위험 추정하기 ····································· 115
　　4 아이디어 리스크 프로파일링하기 ························· 115

◐ 아이디어 선택단계 ·· 124
　　1 아이디어 순위 결정하기 ····································· 124
　　2 아이디어 심층적 분석하기 ·································· 124
　　3 아이디어 최종 선택하기 ····································· 125
　　4 아이디어 동의 구하기 ······································· 125

◐ 아이디어 실행단계 ·· 132
　　1 아이디어 실행계획 수립하기 ······························ 132
　　2 아이디어 통제계획 수립하기 ······························ 132
　　3 아이디어 실행하기 ·· 133
　　4 아이디어 미래문제에 대비하기 ··························· 133

제 4 장 ‖ 캡스톤디자인 수행 단계

◐ 과제선정 ·· 157
　　1 과제발굴 ·· 157
　　2 과제선정 ·· 158
　　3 고객정의 ·· 158
　　4 고객요구조사 ··· 162

  5 시장조사(Market Research, 기존제품 및
    지식재산권 현황조사) ···································· 164

  6 과제기술서 작성 ······································· 172

◐ 과제연구 ··· 173

  1 핵심가치(Core Value) 발굴 ··················· 173

  2 현장타당성 조사 ······································ 174

  3 1차 프로토타입 제작 ······························ 178

  4 비즈니스모델 캔버스 작성 ···················· 180

◐ 과제해결 ··· 183

  1 창의적 아이디어 도출 ···························· 183

  2 창의적 과제해결을 위한 아이디어 도출 방법론 ············· 186

  3 캡스톤디자인 작품의 가치 차별화 포인트 찾기(브랜드화 방안)···· 187

◐ 프로젝트 성과 발표 ····································· 194

  1 블랭크 차트(Blank Chart)를 활용한 발표자료 준비 ······· 194

  2 설득력 있는 발표를 위한 방법 ················ 195

◐ 프로젝트 평가 ··· 196

  1 평가표 ·· 196

  2 동료팀 평가 ·· 197

제 5 장 ‖ 캡스톤디자인 사례 분석(1)
- 빅데이터를 통한 수요예측과 챗봇을 통한 재고자산 회전률 증가 사업 -

◐ 초록 ·· 206

◐ 챗봇 ·· 207

1 챗봇의 정의 ································· 207
2 본 사업의 유형 ····························· 211

● 빅데이터 ······································ 211
1 창업배경과 사업의 개념 ················· 212
2 기술적 배경 ······························· 213
3 시스템의 구성 ····························· 214
4 환경분석 ································· 217
5 비즈니스 모델분석 및 사업 타당성 분석 ··········· 219
6 마케팅 실행전략 ··························· 222
7 조직 및 인력 계획 ························· 224
8 재무관리 계획 ····························· 227
9 사업화 추진 계획 ························· 232
10 결론 ···································· 234

제 6 장 ‖ 캡스톤디자인 사례 분석(2)

- 3D 프린팅기술과 전통제화기술을 결합하여 맞춤형 수제 등산화 제작 판매 -

1 배경 및 요약 ······························· 240
2 사업의 개념 소개 ·························· 240
3 환경분석 ··································· 243
4 사업 타당성 분석 ·························· 254
5 마케팅 계획 ······························· 266
6 사업화 추진일정 ·························· 272
7 부록 ····································· 273

제 7 장 ‖ 캡스톤디자인 사례 분석(3)

- Retraho 레트라호 사업보고서 -

1 개요 ···································· 282

2 시장환경분석 ······························· 283

3 사업 타당성 분석 : 시장성 ···················· 293

4 업사이클링 브랜드 'Retraho 레트라호' ················ 296

5 제품 및 서비스, 공급방안 ····················· 296

6 마케팅 계획 ······························ 297

7 사업운영계획 ····························· 298

8 재무계획 ······························· 299

9 향후 사업 추진 및 위기 대응 계획 ················ 299

제 8 장 ‖ 캡스톤디자인 사례 분석(4)

- '홈리스'를 대상으로 한 'DIY입욕제 키트를 제작하는' 사회적기업 -

○ 서론 ··································· 308

　1 사업 목적 ···························· 308

　2 배경, 선행연구 ························· 312

○ 본론 ··································· 317

　1 사업아이템 소개, 특징 ····················· 317

　2 마케팅 방안 ·························· 320

　3 사업 분석 ···························· 325

○ 결론 ··································· 330

　1 향후 프로그램 진행 ······················ 330

2 예상 위기 및 대응 ·· 339

제 9 장 ‖ 캡스톤디자인 사례 분석(5)
- 라이브 커머스 소비자 지향 -

◖ 캡스톤디자인 ··· 351
  1 캡스톤디자인 동기 ······································· 351
  2 캡스톤디자인 목표 ······································· 352

◖ 문제 인식 ·· 352
  1 개선 과제 선정 ·· 352
  2 개선 과제 동향 파악 ···································· 353
  3 개선 과제 이슈 조사 ···································· 353
  4 여론 조사 ··· 356

◖ 시장 조사 ·· 357
  1 현재 시장 조사 ·· 357
  2 해외 시장 조사 ·· 359

◖ 개선안 제시 ·· 362
  1 법안 사각지대 파악 ····································· 362
  2 개선안 제안 ··· 362

◖ 기대 효과 ·· 364
  1 소비자 기대 효과 ······································· 364
  2 장기적 기대 효과 ······································· 364

제 10 장 ‖ 캡스톤디자인 사례 분석(6)
- 컴퓨터비전(HOI)을 활용한 홈 CCTV 위험 알림서비스 -

○ 배경 및 요약 ·· 370
   1 본 사업의 유형 ·· 370
   2 창업 배경 및 동기 ·· 370

○ 사업의 개념 소개 ·· 370
   1 사업 아이템 개요 ·· 370
   2 사업의 목적 ·· 371
   3 ESG ··· 371

○ 환경 분석 ··· 373
   1 시장 환경 분석 ··· 373
   2 기술적 환경 분석 ·· 377
   3 STP 분석 ··· 378
   4 마이데이터 보안 및 관리 ································· 380

○ 기술적 배경 ·· 381
   1 컴퓨터 비전(Computer Vision) ····················· 381
   2 HOI(Human Obejct Interaction) ················· 385
   3 홈 CCTV ··· 387

○ 시스템 구성 ·· 388
   1 용도 및 대상에 따른 분류 ······························ 388
   2 홈 CCTV 핵심 기능 개요 ································ 390
   3 모바일 알림서비스 ·· 390

○ 사업 아이템 알고리즘 ··· 391
   1 데이터 수집 및 분류 ······································· 391
   2 객체 탐지 알고리즘 ··· 392

    3 위험 상황 인지 알고리즘 ·· 406

◐ 사업타당성 분석 ·· 410
    1 3C 분석 ··· 410
    2 SWOT 분석 ··· 412

◐ 사업화 전략 ··· 414
    1 차별화 전략 ·· 414
    2 전략적 제휴 ·· 414
    3 사회취약계층 프리서비스 ··························· 416

◐ 수익구조 분석 ··· 417
    1 소요자금 및 재무제표 추정 ························· 417
    2 제품수명주기 및 수익성 ···························· 419
    3 자금조달 및 매출 계획 ···························· 421

◐ 사업화 추진 계획 및 기대효과 ·························· 422
    1 사업화 추진 계획 ·································· 422
    2 잠재적 문제점 및 해결방안 ························· 424
    3 기대효과 ·· 424

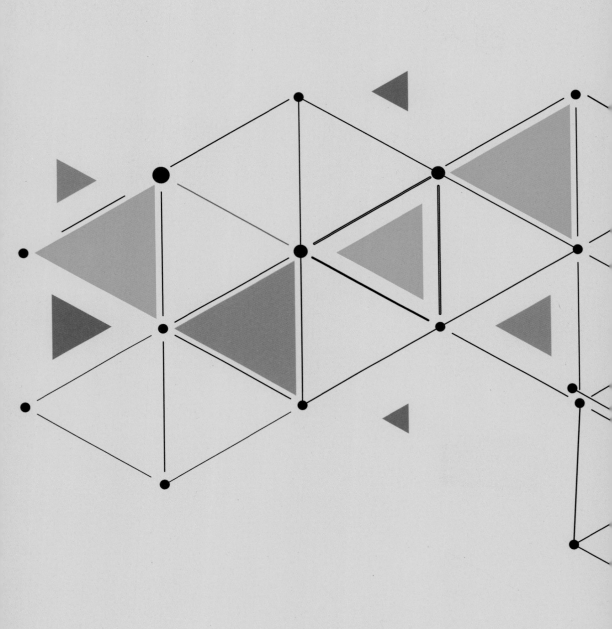

제1장

캡스톤디자인 알아보기

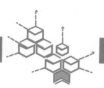

 캡스톤디자인의 정의

○ Capstone(갓돌) vs Cornerstone(모퉁이돌)

- Cornerstone(모퉁이돌)의 역할 : 건물의 기초 및 건축 개시 지점
- Capstone(갓돌)의 역할 : 건축물 최종장식, 건축물 전체 보호
=〉 사회진출을 앞두고 그 동안 습득한 전공과정 최종정리를 의미

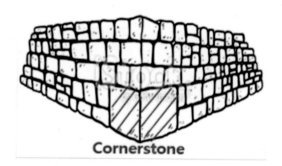

Cornerstone

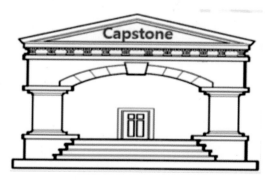

Capstone

◌ 산학협력 프로젝트 등을 통해 학습의 실제성을 제공하는 구성주의 학습 이론에 바탕을 둔 프로젝트 기반 학습 중 하나

◌ 학부생에게 현장실무에서 요구하는 역량을 함양시키기 위해 전공의 이론 지식을 바탕으로 팀을 구성하여 산업현장의 문제나 산업체가 개선을 요구하는 문제를 과제로 선정하여 문제해결을 위한 해결안을 도출하고 이를 학생이 직접 설계와 제작하는 과정으로, 지도교수와 산업체 실무자의 협력과 평가과정을 거쳐 개인과 팀의 역량을 평가받는 것

◌ 학생이 수동적으로 지식을 습득하는 수강자의 자세에서 벗어나 교수, 학생, 산업체가 활발한 의사교류 과정을 통한 지식과 성과를 창출하는 적극적인 학습자로 유도한다는 점이 핵심

◌ 공학, 인문, 사회, 예체능계열의 고등교육 교과과정을 마무리하는 최종단계에 시행되며, 팀워크 향상, 실무경험 기회 제공, 통합적 인재양성이 더불어 가능한 교수모형

◌ 캡스톤디자인 전공분야별 특징

구분	공학분야	디자인분야	경영분야
참여주체	대학, 산업체, 산학교육	대학, 산업체, 관공서, 산관학 연계교육	대학, 산업체 연계교육
핵심목표	실무중심형 교육	실무중심형 교육, 융복합적 교육	실무중심교육, 융복합적 교육, 확대 가능성
교육특성	학생교육과정에서 원스톱 방식, 실험과 제작	기업, 기관 실험과 제작분리	기업 실험과 제작 분리
주요성과	실무경험과 실무지식 획득	실무경험 및 지식재산 창출	실무경험

◉ 학부 과정을 통해 학습한 전공의 지식과 기술을 종합해 산업체 또는 지역사회에서 제시한 문제를 해결하면서, 전공은 물론 전공 외의 역량도 함께 함양할 수 있는 팀 프로젝트형 교과과정에 포함됨

 ## 캡스톤디자인의 핵심역량

◉ 학생이 산업현장에서 만나는 문제 해결 능력을 기르기 위해 가상 프로젝트를 설정하고 대학에서 배운 지식을 이용하여 기획, 설계, 제작의 전 과정을 수행함으로써, 산업현장 수요에 적합한 기술/제품/서비스의 창조적 설계와 문제 해결 능력, 다학제간 융합적 사고와 지식을 갖추도록 교육하는 창조적 인재 양성 창의교육 프로그램

◉ 학생들이 주체가 되어 개인 또는 팀단위로 수행하는 연구과제(프로젝트)
◉ 핵심역량 : 팀워크, 리더십, 자기주도적 학습, 일정 및 예산관리 역량, 문서작성, 프레젠테이션, 커뮤니케이션 역량, 실습 등

 ## 캡스톤디자인의 필요성 및 교육의 특성

현장에서 복잡한 문제 해결, 산업현장에서 적응할 수 있는 역량을 갖춘

창의적인 인재양성을 목표로 한다.

① 기업 및 산업체가 요구하는 현장 적응역량을 갖춘 창의적 맞춤형 인력 양성 교육을 위해 기존 이론식 수업에서 교육하지 않았던 다양한 문제해결 방법(PBL)과 의사결정 및 의사전달방법(Design Thinking, Action Learning)을 교육한다.

② 전공 분야별 지식 외에 창의성, 효율성, 경제성 등에 대한 통합적 해결 능력을 배양하여 기업 및 산업체가 요구하는 실무전문역량을 향상시킨다.

③ 개인 또는 팀을 기반으로 학습을 수행하도록 함으로써 팀워크 역량과 리더십을 증대시킨다.

④ 기존 학부 졸업논문의 목적을 확장하여, 학생들이 학부과정에서 배운 지식을 종합하여 실제 현업에서 일어날 수 있는 사항을 체험해 보는 직업적 훈련과정이다.

 캡스톤디자인의 유형

○ 현장실습연계형 캡스톤 디자인
- 현장실습기관의 애로기술 해결, 실습기관에서 부여하는 프로젝트를 팀 단위로 수행하는 소규모 연구활동
○ 창업연계형 캡스톤 디자인
- 캡스톤디자인을 통한 창업아이템을 발굴하여 창업까지 이어지는 프로젝트 수행
○ 산학연계형 캡스톤 디자인
- 산업체의 애로기술 해결 및 산업체와 공동으로 진행하는 프로젝트 진행
- 기업기술 해결형

- 전공심화형 캡스톤 디자인
  - 대학에서 배운 전공지식을 활용하여 전공분야와 관련한 소규모 프로젝트 진행
- 지역발전 공익형 캡스톤 디자인
  - 창의적 아이디어를 통해 지역사회 발전에 도움이 되는 공익 프로젝트 진행
  - 지역사회 혁신형
- 자율프로젝트형 캡스톤 디자인
  - 창의적인 아이디어 발굴을 통한 자율적인 프로젝트 진행
  - 일반형
- 새로운 LINC3.0 사업에서는 프로젝트 주제에 따라 크게 3가지 유형으로 나눈다.

주제에 따른 분류	내용	기대 효과
기업연계형	경영 및 제품 개선을 이루고자 하는 기업체가 공동으로 참여하여 기업 성과를 향상시킬 수 있는 프로젝트를 도출하는 것이다.	기업수요를 반영한 프로젝트를 발굴하여 기업의 애로사항을 해결하면서 학생들이 현실경제를 직시할 수 있도록 하고, 문제해결 능력을 향상하고자 한다.
사회기여형	지역사회 단체 및 비영리기관이 참여하여 학생들과 머리를 맞대고 지역사회의 문제를 발굴하고 해결하고자 한다.	지역 연계 및 지역사회 수요를 반영한 프로젝트를 도출한다. 학생들에게 공동선 의식을 고취시켜 줄 수 있다.
4차산업혁신형	무인운송수단, 3D 프린팅, 첨단 로봇공학, 신소재, 블록체인 등 4차 산업혁명에 기반을 둔 프로젝트를 발굴하고자 한다.	학생들이 융합적 사고 및 문제해결 능력을 갖춰서 시대 변화에 맞춘 인재로 양성될 수 있다.

- 관련된 업체, 비영리 단체 및 주제의 선정은 학생 혹은 교수가 제안할 수 있는데, 그에 따른 장/단점은 아래와 같다.

제안 주체별 분류	장점	단점
학생 주도형	학생이 적극적으로 되면서 스스로 흥미가 유발되고 여러 주제가 다양하게 제시될 수 있다.	주제가 너무 광범위해지고 분산되어서 직접적인 교육의 효과가 약할 수 있다. 담당교수 또한 해당 주제에 관심도 및 전문성이 유리될 수 있는 문제도 발생한다.
교수 제안형	교수가 문제를 인식하면서 교육공학적인 설계를 제시할 수 있어 교육의 효과가 높을 수 있다.	학생의 자율성이 약해지고 수동적이 되어 학생의 관심도 및 흥미가 떨어질 수 있으며, 주제 또한 제한될 수 있다.

캡스톤디자인 운영 프로세스

1 캡스톤디자인 과제도출

 인문사회계열 캡스톤 디자인
  - 비즈니스 모델 창출 or 경영상 문제해결 (주로 서비스산업)
    ⇒ 사업계획서(제안서), 시장진출방안보고서 등 (*기업경영요소 포함)
  - 사회공익적 프로젝트 수행
    ⇒ 영상제작, 앱 개발 등 (*사회수익효과 산정)
    EX) 지역 홍보방안, 복지사업 수행방안, 전통시장 활성화 등
  - 기업체 용역 대행 프로젝트
    ⇒ 조사 용역 보고서 제출 (*소요예산 포함)
    EX) 해외 진출방안 조사, 상품 광고기획, 상품 시장조사 등

 이공계열 캡스톤 디자인
  - 아이디어 프로젝트 or 기업요구 프로젝트 고안 (주로 제조업 분야)
    ⇒ 아이디어 프로젝트의 제작 완성

2 캡스톤디자인 방향

◐ 인문사회 프로젝트는 새로운 서비스(상품)에 대한 <u>사업 제안(기획)서</u> 또는 마케팅, 유통계획, 인력운용, 재무계획 등 <u>기업경영적 요소 포함</u>

◐ 이공계 캡스톤 디자인은 대부분 아이디어 프로젝트의 <u>제작 완성 시제품</u> 형태임

◐ 인문사회 프로젝트는 <u>서비스사업 분야</u>에 초점을 맞춘 새로운 비즈니스 모델을 창출하거나 혹은 <u>공익적인 프로젝트</u>(공모 출품) 혹은 <u>기업체의 용역 대행</u> 프로젝트를 과제로 선정

◐ 공익적 프로젝트 또는 기업체 용역수행 프로젝트의 경우, 사업계획서 전체 내용을 담을 필요는 없으나 <u>소요예산은 작성 필요</u>
EX) 지역 홍보방안, 공익사업, 해외지사 설립 조사, 상품 광고기획 등

3 캡스톤디자인 세부 운영방안

◐ 가장 어려운 부분은 <u>과제 발굴</u>
  - 치열하게 고민하고, 계속 고민하는 것 필요
  - 과제 발굴은 브레인스토밍 방식으로 최대한 창의력을 발휘토록 토의 유도

◐ <u>하나의 회사처럼</u> : <u>수익구조</u> 만들고 사업 <u>지속 가능</u> 계획 포함
  - 비즈니스(수익성)가 되는 프로젝트 발굴 필요
  - 공익사업도 수익가능액을 찾아야 함

◐ <u>의사소통</u>과 <u>조직 화합</u> 훈련도 수업의 중요 과제
  - 팀워크로 일하는 법을 배우는 기회
  - 소수의견도 모으고, 내 의견도 굽힐줄 알아야 함

◐ 기업의 <u>용역대행</u> 프로젝트는 수요 기업과의 연결 모색
  - 프로젝트 수행에 따른 대가를 책정
  - 단순 아이디어만 나열되지 않도록 유의해야 함

○ 창업하는 자세로 : 연습은 실전처럼, 실전은 연습처럼
  - 캡스톤 디자인이 창업의 실전처럼 고민하고, 준비하고, 확인해 보는 장
    이 되어야 함
○ 과정이 중요한가? 결과가 중요한가? : 과정이 중시
  - 반짝이는 아이디어가 중요한 것이 아니라, 프로젝트를 완성해가는 과
    정이 중요
  - 규칙(중간기말고사, 상호협력)의 준수도 사회생활 훈련의 맥락
  - 리더십, 팀워크 등 개인 노력에 대한 상호 평가 반영

4 비즈니스연계 캡스톤디자인 사업계획서 수록사항

① 사업개요 (*비즈니스가 되는 사업(아이디어)임을 설명)
- 사업추진배경, 목적, 제품(아이디어) 개요, 기대효과
② 시장환경 분석 (*사업(아이디어)의 비즈니스 가능성 분석)
- 예상 수요, 소비자 분석, 유사상품/경쟁 현황, SWOT 분석
③ 제품 및 서비스, 공급방안
- 주요 내용 및 특징 설명, 제품 공급방안(생산계획)
④ 마케팅 계획 (*매출을 극대화할 전략)
- 가격책정, 유통방안, 판촉 및 광고 전략
⑤ 사업 운영 계획 (*실제 기업 설립을 할 경우 경영계획)
- 단계별 사업 추진계획, 소요 인력 및 자금계획, 자금조달 방법
⑥ 재무 계획
- 수익창출 구조 및 추정 손익계산
⑦ 향후 사업추진 및 위기 대응 계획 (*지속적인 성장 유지 전략)

캡스톤디자인 단계별 진행 프로세스

◎ 캡스톤디자인은 실제 기업체 현장 혹은 현실 사회에서 부딪치는 문제 및 애로사항을 파악하고 이를 해결하는 데 주안점이 있으므로, 대상 업체 및 과제의 선정부터 학생이나 교수 모두에게 쉬운 일이 아니다.

◎ 한 학기만으로 현장의 문제를 한 번에 파악하고 해결하기에는 시간적으로 충분하지 못할 수 있으므로 기본 단계에서 미흡하거나 심화하여서 연구해야 되는 주제는 따로 사안 별로 개별 프로젝트로 분리하여 이어가고, 결과를 누적해가면서 추가로 캡스톤디자인을 계속 진행할 수도 있다.

국면	PHASE I	PHASE II +
단계	캡스톤디자인 기본 단계(현장실습형)	캡스톤디자인 심화 단계(프로젝트형)
내용	지역에서 어려운 업체(사회적 기업, 협동조합, 마을기업, 영세 자영업자 등)의 경영개선을 지원하기 위해 팀을 형성하여 일손지원 및 문제를 해결한다.	기본 단계에서 추출되는 문제를 프로젝트형으로 발전시켜 심화/분석하여 여러 학기에 걸쳐서 그 내용은 계속 연계가 되도록 결과를 누적하면서 성과를 측정한다.

≫ 내용

- https://www.koreascience.or.kr/article/JAKO201810748278793.pdf

- http://www.sigmapress.co.kr/shop/shop_image/g55110_1514261407.pdf

≫ 표

- 캡스톤디자인 전공분야별 특징

  https://www.koreascience.or.kr/article/JAKO201810748278793.pdf

- 캡스톤디자인 유형분류

  http://www.sigmapress.co.kr/shop/shop_image/g55110_1514261407.pdf

- 주제선정 장단점

  http://www.sigmapress.co.kr/shop/shop_image/g55110_1514261407.pdf

- 단계별 진행 프로세스

  http://www.sigmapress.co.kr/shop/shop_image/g55110_1514261407.pdf

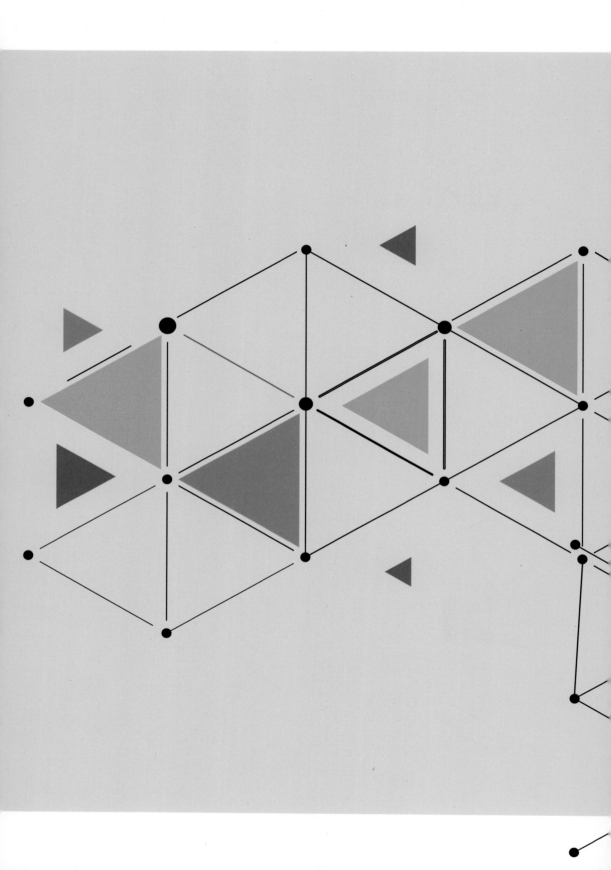

제 2 장

캡스톤디자인 방법론

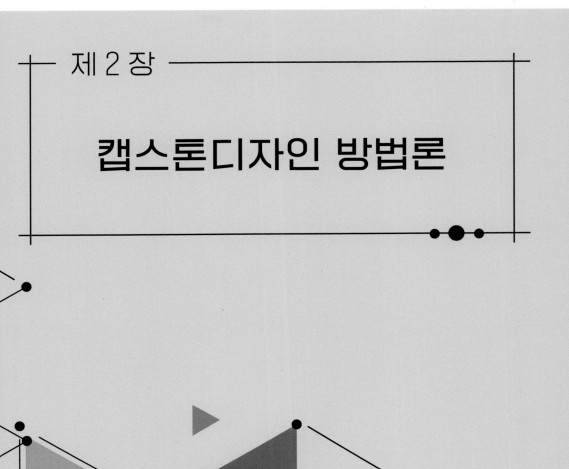
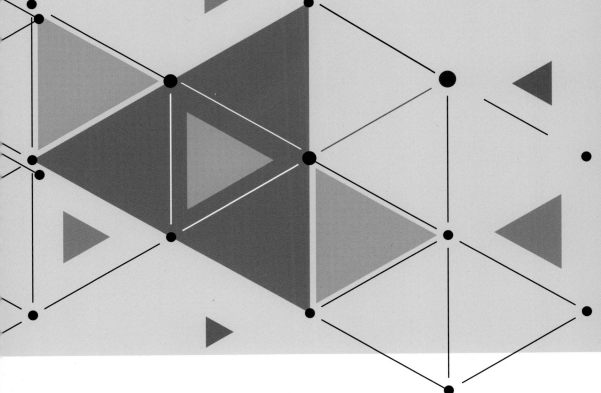

디자인씽킹

1 개요

◎ 디자인의 이론적 선구자라고 할 수 있는 서양의 디자인 철학자로는 하버트 사이먼과 리처드 뷰캐넌을 들 수 있다.

◎ 하버트 사이먼과 리처드 뷰캐넌이 '디자인학'에 주목했다고 하면, 그 뒤를 이은 로저 마틴은 '디자인 씽킹'에 주목했다.

◎ **하버트 사이먼**(1978년 노벨경제학상 수상)

 - 디자인을 하나의 '과학(Science)'으로 정립하고자 시도한 최초의 학자로, 오늘날에도 가장 많이 인용되고 있다.

 - 디자인을 make, produce(구체적으로 물건만들기), prescribe(처방하기), devise(정책궁리하기)와 같은 활동에 공통된 어떤 것으로 보고 그것들을 총칭해서 디자인이라고 부르고 있다. [make, produce - 육체적인 활동, prescribe, devise - 정신적인 활동]

 - 그 공통점을 "상황을 보다 낫게 하기 위한 지적인 창조 활동"으로 보고, 이것을 디자인의 정의로 삼고 있다. 그는 디자인을 미적 활동이나 감성적 작용이 아닌 지성적 행위(intellectual activity)로 이해하고 있다.

◎ **리처드 뷰캐넌**(카네기멜런대의 디자인스쿨 교수)

 - 디자인은 자유롭고 통합적인 사유이며 디자인을 하나의 'arts'로 이해

19

한다. 그는 디자인을 서양의 <u>리버럴 아츠</u>(liberal arts)의 전통을 잇는 새로운 '<u>학문</u>(discipline)'으로 규정한다.

- 서양의 리버럴 아츠교육은 문/이과 구분없이 말그대로 다양한 분야를 자유롭게 넘나들면서 통합적으로 사유하는 커리큘럼을 말한다. 하지만 근대에 들어와서 학문들이 지나치게 세분화되고 전문화되면서 이러한 리버럴 아츠의 전통이 사라지고 말았다. 그래서 그는 오늘날 그 역할을 대신해 줄 '<u>통합적 학문</u>(integrative discipline)'이 '<u>디자인학</u>'이라고 주장한다.

○ **로저 마틴**(토론토대 로트먼경영대학의 교수)

- 2009년에 출판한 〈Te Design of Business(디자인씽킹)〉에서 <u>새로운 지식 생산 도구로서 '디자인 씽킹(Deisign Thinking)'</u>을 제안하고, 그것을 "<u>분석적 사고와 직관적 사고가 역동적으로 상호작용하면서 균형을 이루는 상태</u>"로 정의했다.

- 로저 마틴의 이론의 특징은 <u>직관적 사고와 귀추논리를 강조</u>했다는 데 있다. 그의 디자인 씽킹은 연역이나 귀납이 아닌 '<u>귀추논리</u>(abduction)'을 강조하는데, '귀추논리(abduction)'이란 일종의 최선의 설명을 위한 추론 방식이다. [*귀추논리적 태도 - 기존의 설명방식에 도전하면서 새로운 가능성을 탐구하는 태도*]

- 그가 제안한 디자인 씽킹은 그동안 우리에게 '익숙한' 추론 형식과 사유패턴에서 한 걸음 더 나아가서 동사로서의 '디자인(창조)'에 걸맞은 낯선 형태의 추론과 논증을 받아들일 것을 요구하고 있다는 점에서, 일종의 <u>리버럴 아츠</u>(liberal arts)적 사유이자 '생각디자인'이라고 할 수 있다. <u>즉, 사람의 생각 자체를 자유롭고 창의적으로 디자인하는 것이다.</u>

- 애플이나 P&G의 성공요인은 이러한 <u>생각디자인</u>에 의해서 조직문화 <u>전체를 창조적으로 디자인</u>한 데 있다.

○ 하버트 사이먼과 리처드 뷰캐넌의 디자인 개념, 로저 마틴의 디자인 씽킹이 수렴되는 <u>공통된 특성은 '통합성'</u>이다. 하버트 사이먼은 디자이너와 디자이너라는 종래의 경계를 허물었고, 리처드 뷰캐넌은 학문과 학문사이

의 벽을 넘나들고 있으며, 로저 마틴은 과학적 사고와 비과학적 사고의 균형을 지향하고 있다.

◉ **팀 브라운**(IDEO사 CEO)
  - 디자인 씽킹이란, 기술적으로 실행 가능한 것으로 사람들의 요구에 대응하기 위한 방법이자 고객가치와 시장기회로 바꿀 수 있는 비즈니스 전략을 실행하고자 하는, 디자이너의 감성과 방법을 이용한 일종의 방법론
  - 팀 브라운은 아이디어의 성공적 실현에 <u>실행력</u>(가까운 미래에 기능적으로 구현 가능한가), <u>생존력</u>(지속적인 비즈니스 모델로 성장할 가능성이 있는가), <u>호감도</u>(소비자들의 긍정적인 반응을 이끌어 낼 수 있는가) 이 3가지 요소가 중요하다고 주장.

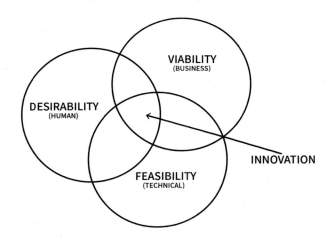

◉ 결론적으로, 디자인 씽킹이란, <u>인간을 관찰하고 공감하여 소비자를 이해한 뒤에 다양한 대안을 찾는 확산적 사고와 주어진 상황에서 최선의 방법을 찾는 수렴적 사고의 반복을 통해 혁신적인 결과를 내는 창의적 문제해결 방법론</u>

2 프로세스

● 디자인 씽킹은 현장중심기반의 디자인과 사람중심의 창의적 문제해결을
위한 방법론으로, 디자인 분야에서 시작은 하였으나 현재 경영, 교육, 공
학, 사회, 예술 등의 <u>다양한 학문영역에 적용</u>되고 있다.

● 수업의 단계는 **총 6단계**로 이루어진다.

● 디자인씽킹의 프로세스는 니즈를 이해하고 찾아낸 문제점에 대한 해결
을 위해 <u>확산과 수렴의 사고를 반복하면서 총 5단계의 프로세스로 진행</u>
된다.

① 공감하기(Empathize)

✓ 고객, 맥락, 비즈니스 자체를 이해하는 것이 매우 중요한 시기이며, 현
장관찰과 체험, 인터뷰를 통해 <u>고객의 숨겨진 needs와 pain point를
찾아내는 단계</u>이다.

✓ 해당 단계에서는 <u>수요자 중심으로 사고하는 것이 중요</u>하다.

✓ 사용자가 놓인 상황, 문화적 환경 등을 전범위적으로 함께 느끼고 공
감하는 단계로, 이 부분이 성공적인 디자인 씽킹을 위한 가장 중요한
단계라고 할 수 있다.

✓ 관찰과 인터뷰 등이 진행되고, 이를 기록하고 분석하는 문화기술적
분석(ethnographic analysis)을 포함한 사용자-중심 연구 기법을 활용한다.

② 문제 정의(Define)

✓ 공감단계의 정보를 통해 고객의 근원적 욕구를 찾아 <u>간결한 문장으로
정리</u>해 가는 과정으로 새롭게 알게 된 사실이나 고객의 문제가 무엇

인지에 대해 계속해서 질문하고 답하는 단계이다.

③ 아이디어 도출(Ideate)

✓ 사용자의 니즈와 핵심문제를 해결하기 위한 다양하고 창의적인 아이디어를 만드는 단계로 비판은 미뤄두고 많은 양의 아이디어를 만드는 것이 중요하다.

✓ 아이디어 도출 과정에서 목표는 찾아낸 문제를 해결할 수 있는 많은 아이디어를 만들어 내는 것이다. 따라서 질보다는 양이 중요하다.

✓ 상위 수준의 아이디어를 만들어내는 데는 스케치(Sketch), 브레인스토밍(Brainstorming), 마인드매핑(mind-mapping)과 같은 방법을 사용한다.

✓ 아이디어를 만들어 내는 과정에서는 다양한 디자인적 접근방법이 있을 수 있다는 점을 강조하는데, 그 이유는 특정한 아이디어만 고집하지 않는 것이 중요하기 때문이다. '올바른' 아이디어인지를 걱정하기보다는 가능한 넓은 범위에서 아이디어를 도출할 수 있어야 하며, 이 다음 단계로 나아갈 때, 가장 좋은 몇 가지 아이디어를 선택하게 된다.

④ 프로토타입 만들기(Prototype)

✓ 고객과 이해관계자의 피드백을 받기 위해 아이디어를 시각적으로 표현하는 과정으로 실패비용을 낮추기 위해 투박하고 신속하고 적절하게 만들어야 한다.

✓ 디자인 컨셉을 제대로 평가하려면 디자인 결과물이 동작하게 될 환경과 맥락과 동일한 상황에서 프로토타입을 만들어야 하며, 아이디어 도출과정에서 얻은 최고의 아이디어에 따라 기본 디자인을 시연하고, 타당성을 검증할 수 있는 프로토타입을 만들게 된다.

✓ 프로토타입은 잘 구현되거나 일부만 구현될 수도 있지만, 이때 중요한 것은 기본적인 경험의 흐름을 보여줄 수 있어야 한다는 점이다.

⑤ 검증하기(Test)

✓ 제작한 솔루션에 대한 피드백을 얻음으로써 솔루션을 개선하고 사용

자에 대한 이해를 깊게 하는 단계로 고객에 대한 학습의 기회가 되기도 한다.

✓ 실제로 일반 기업에서는 시제품에 가까운 목업을 제작한 후 Usability Test(사용성 평가)를 진행하기도 한다.

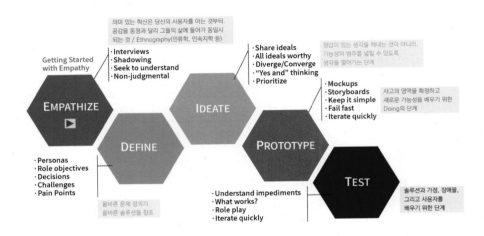

◉ 디자인 씽킹에 활용되는 3가지 창의성 기법

브레인스토밍	마인드맵	스케치
직관적인 연상을 통한 발상법	일종의 시각화된 브레인스토밍	아이디어의 구체적 시각화를 추구
아이디어의 질보다 양을 중요시	핵심 개념으로부터 사고를 파생/확장	아이디어에 대한 직관적 이해 가능
평가와 판단을 보류	개념들 간의 상호관련성 확인	프로토타입의 역할도 수행 가능
거친 아이디어도 존중	비교적 작은 공간에 다량 정보표현	커뮤니케이션을 위한 비저블 씽킹
진행자의 조율 하에 주제에 집중	상세도와 전체도를 동시에 제공	협업의 소통성을 강화시킴

○ 디자인 씽킹은 '수렴(집중적 사고)'과 '분산(확산적 사고)'의 두 단계로 나뉜다.
  - 수렴(convergence) : 문제에 대해 최선의 해(optimal solution)를 구하는 것
  - 분산(divergence) : 하나의 주제에 대해서 다양한 아이디어를 제공하는 것
  - 디자인 씽킹에 수렴과 분산, 즉 집중적 사고와 확산적 사고가 적용되는 방식으로 '다이아몬드' 라는 방식이 있다.
    [*다이아몬드 방식* : 처음에 브레인스토밍 등을 통해 생각을 다양하게 확장하여 여러 개의 선택지를 만든 후, 현실적인 제약 사항을 고려하여 선택지 중에 하나를 선택한 다음, 이후에 이를 다듬어 나가는 방법]
○ 결국 디자인 씽킹이란, 분산적 사고를 통하여 실현 가능한, 심지어 불가능한 경우까지도 포함하여 다양한 해를 만든 다음, 수렴적 사고를 통하여 최선의 해를 찾아내는 과정이다.

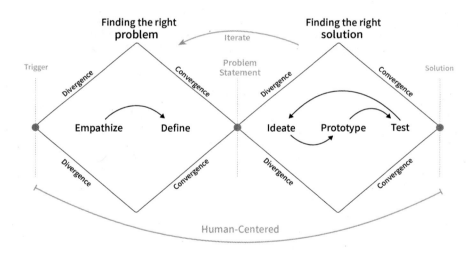

디자인 씽킹의 필요역량

○ 디자인 씽킹 프로세스를 처음부터 끝까지 수행하기 위해서는 다양한 분

야의 지식과 스킬이 요구된다. 때문에 디자인 씽킹에서 중요한 것은 혼자가 아닌 다양한 사람들과 모여서 함께 고민하는 것이다.

○ 디자인 씽킹을 성공적으로 이끌어가기 위해서는 사람들의 경험세계에 대한 공감, 자유로운 발상, 새로운 아이디어 시각화 등의 마인드셋이 필요하며, 이는 곧 필요역량과 직결된다.

| Empathy | Optimism | Embrace Ambiguity | Make It |
| Learn From Failure | Iterate, ITERATE | Creative Confidence | |

4 디자인 씽킹을 통한 성공창업 프로세스

○ 창업에 디자인 씽킹을 적용해야 하는 이유

  - 21세기의 사회는 빠르게 변화하고 있으며 다변화되어지고 있어서, 경영환경의 불확실성이 커지고 소비자의 욕구 또한 복잡하고 다양해지고 있다. 그러므로 기존의 과학적 방법론을 통해 효율성과 생산성을 극대화하기 보다는, 창의적이고 인간중심적인 문제해결 방법을 통해 기존의 문제점을 해결하고 소비자에게 새로운 제품과 서비스를 제공할 필요가 있어 보인다. 이러한 배경에서, 디자인 씽킹을 통해 혁신적 가치를 창출하고 고객가치를 실현할 수 있다.

○ 창업에 디자인 씽킹을 적용하는 방법

  - 창업가는 디자인 씽킹 프로세스(팀빌딩, 목표설정, 공감하기, 문제 정의, 아이디어 도출,

_{완성품 제작)}를 반복하면서 성공적인 창업을 거둘 수 있다.

- 사업 아이템을 구상하고자 한다면, 무엇보다 잠재적 사용자의 불편함을 공감하기 위해서 다양한 경험을 해보아야 한다. 그리고 자신의 경험 속에서 사용자의 불편한 점을 찾아낸 뒤, 문제의 근원을 정의해야 한다. 문제의 근원이 정의되었다면 이를 해결하기 위해 창의적인 가설을 세우고, 시제품을 만들어 고객에게 검증받아야 한다. 이후 결과를 확인하여 수정하고, 또 다시 검증받는 것을 끊임없이 반복해야 한다.

5 디자인 씽킹을 통한 성공창업 사례

◉ 가나의 화장실 프로젝트

- 가나에는 화장실이 있는 집이 드물 정도로 화장실 보급률이 낮은데, 이런 열악한 상태를 해결하기 위해서 IDEO는 유니레버와 WSUP와 함께 Clean Team이라는 프로젝트를 진행하였다. 집 내부에 설치할 수 있는 간이 변기를 제작하고, 배설물이 쌓인 컨테이너들은 마을의 거점으로 옮기도록 하여 이 컨테이너를 운반해 마을의 전기와 비료로 재탄생시켰다.

- 어디든 쉽게 설치할 수 있고 자원을 순환시키는 시스템은 사람들의 삶을 더 윤택하게 만들었을 뿐만 아니라 현지인들을 고용함으로써 수많은 일자리를 창출했다.

○ 에어비앤비
- 2008년 샌프란시스코에서 설립된 에어비앤비는 공유경제에 기반하여 여행자에게 숙박 서비스를 제공하는 업체이다. 호텔 등의 숙박시설을 실제로 소유하고 있지는 않지만, 인터넷을 통해 여행자들이 호텔보다 저렴하게 숙소를 얻을 수 있도록 정보를 제공하고, 190여 개국의 집주인들은 여행자에게 방을 빌려주어 수익을 올릴 수 있도록 하는 사업모델을 가지고 있다.
- 이러한 사업모델을 가진 에어비앤비는 설립된 지 10년도 되지 않아 기업가치 300억 규모의 세계적인 숙박 서비스 제공업체로 성장할 수 있었는데, 에어비앤비의 이러한 성공요인으로는 사업모델의 탁월성도 들 수 있지만, 실제로 사업을 실행하고 규모를 확장시키는데 있어서 디자인 씽킹이 더 큰 몫을 하였다.
- 에어비앤비는 경영전반에 걸쳐 정량적 정보가 아닌 고객관점에서의 공감과 생각을 기반하여 창의적 가설을 세운 뒤, 문제를 해결하는 것을 지속하였다. 탁월한 사업모델과 함께 창업한 에어비앤비가 디자인 씽킹을 통해 문제를 사용자의 관점에서 이해하고 해결해감으로서 세계적인 숙박서비스 제공업체로 성장할 수 있었던 것이다.

○ 비바리퍼블리카
- 2013년 핀테크 스타트업으로 사업을 시작한 비바리퍼블리카는 간편송금 서비스 어플 토스를 개발 및 서비스 제공하는 것으로 유명하다. 현재 기업가치 2.7조 원 이상의 중소기업으로 성장하였는데, 토스가

만들어지고 상용화되기까지는 디자인 씽킹 과정이 있었다.
- 그들은 은행 서비스를 이용할 때마다 보안카드와 공인인증서를 찾아 본인인증과정을 거치고 액티브 X를 설치해야하는 점을 불편하게 느꼈고, 이러한 불편함을 해결하고자 토스를 개발하였다. 먼저 CMS 자동이체 서비스를 2014년에 공개하였는데, 많은 사람들이 관심을 보였다. 비바리퍼블리카는 사람들의 긍정적인 반응을 감지하였고, 서비스 휴지기 줄이기, 접근성 높이기, 서비스 이용을 위한 금액 즉시충전 등의 노력을 하였다.

○ IDEO의 정수기 자전거, 아쿠아덕트
- IDEO 디자인팀은 2008년에 정수기 자전거 아쿠아덕트(Aquaduct)를 선보였는데, 개발도상국에 사는 많은 사람이 깨끗한 음용수를 쉽게 구할 수 없다는 점에 착안해, 물을 자전거에 싣고 이동하면서 페발을 밟으면 펌프가 작동해 정화 효과를 낼 수 있다.
- 페달에 의해 구동된 펌프를 통해 더러운 물이 정수되고, 정수된 물은 자전거 앞부분 물통에 저장된다. 이는 자전거가 주 교통수단인 저개발 국가에서 활용할 수 있는 적정기술 디자인이다. 이 디자인으로 IDEO 는 자전거 제조사 스페셜라이즈드(Specialized)에서 주최한 디자인 공모전에서 대상을 받았다.

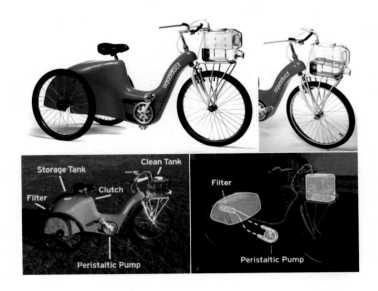

● 카카오 뱅크

- 카카오 뱅크는 비대면 서비스로 은행 서비스를 혁신한 사례로 볼 수 있는데, 출시전 '공인인증서와 보안카드는 왜 필요한가?'라는 문제해결을 위해 브레인스토밍 과정을 거쳐 아이디어를 도출하고 프로토타이핑 작업을 진행하였다. 그 결과 사용자 중심적 서비스로 큰 성공을 거두었고 한국 대형은행들의 서비스 혁신을 앞당겼다.

- 또한 오프라인 지점이 없는 제약요소를 강점으로 활용하여 (기존의 대형은행은 수익의 60%를 지점운영에 사용) 파격적인 가격의 상품들을 출시하는 등 기존의 비즈니스모델을 혁신하였다.

팀빌딩

1 팀빌딩 찾기

○ 팀을 이루어 함께 하는 일을 성공적으로 수행하기 위해 <u>팀워크를 형성하</u>는 활동을 통해 <u>집단 효율성 증진</u>을 위함이다.

2 팀빌딩 진행방법

○ 아이스 브레이크(Ice Break)

   - 서먹한 분위기를 깨고, 팀의 목표를 이루어 갈 수 있도록 분위기 조정

   - <u>아이스 브레이크 시 유의할 사항</u>

   ✓ 회의 참가자 모두가 이 활동에 참여해야 효과가 좋다.

   ✓ 인원수, 장소, 시간 등을 감안해 적합한 활동을 선택하되, 자연스럽게 진행해야 한다. 부담을 주면 오히려 부작용이 생길 수 있다.

   ✓ 시간 낭비라는 생각이 들지 않도록 가급적 3분 이내에 마무리해야 한다.

   ✓ 참석자들의 지위와 분위기, 성격 등의 특성에 어울리는 활동을 선택해야 하며, 회의 내용과 연관성이 있는 아이스 브레이크 활동을 고르면 더욱 좋다.

아이스 브레이크 활동 사례

	활동 모습	
어깨주무르기	게임명	다리 찢기
1. 모두 일렬로 줄을 선다. 2. 앞사람의 어깨를 점점 세게 주무른다. 3. 다시 뒤로 돌아 반대로 선다. 4. 앞사람의 어깨를 점점 세게 주무른다.	게임 방법	1. 2명씩 짝을 지은 후 마주 본다. 2. 가위바위보를 한다. 3. 진 사람은 자신의 다리를 한 보 간격으로 찢는다. 4. 2명 중 1명이 게임 도중 넘어지거나 포기하면 승리한다.

◉ **팀 명칭** : 명목집단법 방식, 포스트잇에 각자 아이디어를 적어 팀 명칭을 정함

◉ **팀 구호** : 소속감 고위와 에너지를 올리기 위함

◉ **그라운드 룰** : 구성원들이 반드시 지켜야 하는 행동의 기본 규칙을 말함

3 '아리스토텔레스' 프로젝트

◉ 구글은 2012년부터 2016년까지 4년에 걸쳐 <u>우수한 팀의 특징을 분석하는 '아리스토텔레스' 프로젝트를 수행</u>하였다. 그 결과 우수한 팀빌딩의 5가지 특징을 도출하였다.

1 **Psychological Safety**
Team members feel safe to take risks and be vulnerable in front of each other.

2 **Dependability**
Team members get things done on time and meet Google's high bar for excellence.

3 **Structure & Clarity**
Team members have clear roles, plans, and goals.

4 **Meaning**
Work is personally important to team members.

5 **Impact**
Team members think their work matters and creates change.

re:Work

① **심리적 안정감(Psychological Safety)**

- 5가지 특징 중에서 <u>생소하지만 중요한 개념</u>이 심리적 안정감이다. <u>심리적 안정감이란 팀원이 본인의 발언으로 본인이나 다른 사람들이 피해를 보지 않을 것이란 믿음이 있는 상태를 의미한다.</u>
- <u>심리적 안정감을 확보하지 않으면 팀원간 상호작용을 기대하기 힘들다.</u> 회의는 수직적으로 지시사항만 전달되고 팀원은 침묵하게 되고, 침묵하지 않는 경우에는 본인을 방어하는 발언을 하게 된다.

② 신뢰성(Dependability)

- 신뢰성은 상대방이 주어진 업무를 제시간에 정확하게 해낼 수 있다고 믿는 것으로, 상대방에 대한 신뢰 없이는 협력이나 협업을 하기 힘들다. 상대방을 신뢰하지 않는 상태는 나 역시 상대방에게 신뢰감을 주지 않겠다고 마음먹은 상태이기 때문이다.

③ 조직 구조와 투명성(Structure & Clarity)

- 조직구조와 투명성은 팀원이나 각 부서가 명확한 책임과 역할을 가진다는 것을 의미하며, 이는 신뢰성과도 관련된 개념이다. 팀에 참여하는 여러 역할자들이 어떤 책임과 역할을 수행하는지 모든 팀원이 명확하게 이해해야 한다.

④ 일의 의미(Meaning)

- 일의 의미는 내가 수행하는 일이 다른 팀원 누군가가 필요한 일이라고 믿는 것이다. 내가 수행하는 일이 다른 사람들에게 필요하다는 믿음이 없다면 그 일에 정성을 다하기가 힘들다. 나의 일만큼 다른 사람의 일도 중요하고, 다른 사람의 일을 위해 내가 일을 해야 한다고 믿고 행동할 때 상호작용의 수준이 높아진다.
- 일종의 업무 공감능력이라고 할 수 있으며, 조직내부 팀원을 기쁘게 하는 일을 의미한다.

⑤ 일의 영향력(Impact)

- 각자가 수행하는 일이 사회나 고객을 기쁘게 만든다면 일의 좋은 영향력이 있는 것이다.
한마디로 조직 외부, 즉 고객을 기쁘게 하는 일을 의미한다.

4 팀빌딩 향상을 위한 실전 팁

◉ **회의를 효율적으로 진행한다.**

- 비효과적인 팀일수록 회의진행이 비효율적이다. 팀원들은 회의에 많은 시간을 소비하기 때문에 <u>효율적인 회의진행은 팀빌딩에 중요</u>하다.
- <u>비효율적인 회의의 특징</u>은 다음과 같다.
  - ✓ 회의시간은 긴 반면, 의사결정이 불명확하여 회의 전후가 달라지는 것이 없다.
  - ✓ 회의 의제대로 진행하지 않고 생각이 흐르는 대로 주제를 건드리는, 갓길로 빠지는 토의가 많다.
  - ✓ 잡담시간으로 둔갑하거나, 혼자서만 떠드는 직원이 회의를 장악한다.
  - ✓ 완벽한 정보가 있을 때까지 의사결정을 보류한다. 보류를 하면서 구체적인 시기는 정하지 않는다. 최악의 회의에서는 아무 결론 없이 다음 회의일정만 결정한다.
  - ✓ 간단히 전자우편으로 공유할 수 있는 의제들을 토의주제로 삼는다.
- <u>효율적인 회의진행을 위한 유의사항</u>은 다음과 같다.
  - ✓ 회의를 준비하는 사람은 회의에 참석하는 사람들의 시간을 소중히 여긴다.
  - ✓ 회의 전 자료를 공유하여 참석자가 안건에 대한 의견을 준비해오도록 하는 것이 좋다.
  - ✓ 회의 진행자는 활발한 토의는 장려하되, 주제에 집중하도록 주제와 다른 방향으로 흐르지 않도록 조정한다.
  - ✓ 회의 참석자를 신중하게 결정한다. 정보 공유라는 명분으로 필요 이상의 사람들이 회의에 참석하지 않도록 한다.
  - ✓ 회의는 짧게 자주 하는 것이 바람직하다. 설계문제와 같은 기술적 이슈는 일상의 회의와 구분하여 진행한다.

◉ **업무를 적절하게 위임한다.**

- 관리자 입장에서는 팀원들이 꼭 해야 하는 일, 하면 안되는 일, 알아서

해야하는 일이 있다. 관리자가 모든 의사결정을 하면, 의사결정 시간이 지연될 뿐 아니라 관리자의 업무 부하가 높아져 의사결정 품질이 낮아지거나 의사결정 시기를 놓칠 수 있다.

- 적절한 업무 위임은 팀 성취동기를 높일 뿐 아니라, 관리자 스스로를 위해서도 바람직하다.
- 효과적인 업무위임을 위해 유의할 사항은 다음과 같다.
  ✓ 위임하는 업무의 내용을 팀원들에게 명확히 설명하여 재 작업을 피한다.
  ✓ 쉬운 일은 아니지만, 팀원이 흥미를 가지는 업무를 위임한다.
  ✓ 위임한 업무가 제대로 진행되고 있는지 파악할 수 있게 위임 시 보고 시기를 알려주도록 한다. 예를 들어 중요한 보고서라면, 목차를 잡은 뒤 함께 체크하고 나서 초안을 검토하도록 지시한다.
  ✓ 위임한 업무의 완료기준을 명확하게 설명하고, 작업성과에 대한 피드백을 한다. 팀원들의 성장을 위해서는 작업결과에 대한 중간 피드백이 중요하다.

○ 실행력을 강화한다.
- 비효과적인 팀은 장밋빛 계획에 집중하고, 효과적인 팀은 실행에 집중한다. 업무를 '거의 완료'한 것과 '완료'한 것은 엄연히 다르기 때문에 실행력을 강화하는 것은 중요하다.
- 실행력을 높이기 위한 팁은 다음과 같다.
  ✓ 보고서보다는 직접 실물을 확인한다.
  ✓ 디테일한 관리를 위해서는 업무를 체계적으로 분할한 뒤 육하원칙에 따라 확인한다.
  ✓ 완전한 것은 없기 때문에, 일단 실행하고 과정을 진행하면서 변경하도록 한다.

아이디어 도출

 1 명목집단법(Nominal Group Technique)

○ 명목집단법 의미

- 참가자 각자가 다른 사람과 이야기하지 않고 토의 주제에 대한 자신의 생각을 정리할 수 있도록 일정 시간을 부여하는 것. <u>명목상으로는 집단이지만 실제로는 개인적으로 작업하고 있음을 강조하기 위해 명목집단법이라고 부른다.</u>
- 명목집단법(Nominal Group Technique)은 약자로 <u>NGT법</u>이라고 하며, 팀의 구성원들이 모여서 문제나 이슈를 식별하고 순위를 정하는 가중서열화법이다. 의사결정 과정 동안 토론이나 대안 커뮤니케이션을 제한하기 때문에 명목이라는 용어를 사용한다.

○ 결정방법

- 아이디어를 적어 제출 -> 포스트잇 붙이기 -> 아이디어를 하나씩 읽어가며 조정 -> 장단점, 타당성 논의, 우선순위를 묻는 투표 -> 선택

○ 명목집단법 장/단점

장점	단점
• 다양한 지식, 정보, 아이디어를 활용 • 구성원 간의 상호자극 • 결정에 대한 수용도와 응집력 제고 • 문제 분담에 의한 전문화 기능 • 커뮤니케이션의 원활화	• 많은 시간과 에너지 소비 • 집단사고(Group think)의 위험성 • 차선책 선택의 오류 가능성 • 결정이 특정인에 의해 좌지우지될 가능성 • 의견 불일치 시 갈등 발생우려 • 신속하고 결단력 있는 행동 방해

2 브레인라이팅(Brainwriting)

○ 타인의 아이디어를 보고 관점을 전환해 새로운 아이디어를 창출하는 방법

○ 독일의 베른튼 로르바흐(Bernd Rohrbach) 교수가 창안한 아이디어 발상법으로, '침묵의 브레인스토밍'이라고도 한다. 해당 기법이 만들어지게 된 동기는 브레인스토밍(Brainstorming)의 단점을 극복하는 것에서 출발한다.

○ 브레인스토밍은 대체로 창의적이고 혁신적인 해답을 필요로 하는 문제에 대해 빠르고 다양한 아이디어를 생산해 낼 수 있는 방법이다. 하지만 브레인스토밍은 한두 사람의 아이디어에 의해 진행되거나 대세에 치중하는 경향이 생길 수 있다. 이러한 브레인스토밍의 단점을 보완하기 위해 나온 것이 아이디어를 종이에 적어 만들어내는 브레인라이팅이다.

○ 연구에 따르면 브레인라이팅은 기존의 브레인스토밍보다 창의적인 아이디어를 40% 더 생산한다고 한다.

○ 일반적인 브레인라이팅(Brainwriting) 진행방법
  ① 함께 할 주제 또는 질문을 정한다.
  ② 각자 포스트잇에 질문에 대한 생각을 적게 한다. 포스트잇 한 장에 한

가지 생각만 쓰게 한다.

③ 포스트잇을 모두가 볼 수 있는 벽에 붙인 다음 참가자 모두가 주제별로 분류해가면서 함께 이야기를 나눈다.

◑ 635브레인라이팅 진행방법

- 브레인라이팅 중에서 가장 많이 사용하는 방법이다.

① 브레인라이팅 양식을 준비하고 진행할 주제를 정한다.

② 6명을 한 조로 구성한다. (꼭 6명이 아니어도 된다)

③ 5분 이내에 1번 참여자가 3개의 아이디어를 적고 2번 참여자에게 전달한다.

④ 2번째 참여자도 역시 5분 이내에 3개의 아이디어를 적는다.

⑤ 위 과정을 계속 반복한다.

⑥ 내용이 다 채워지면 함께 이야기하면서 좋은 아이디어에 표시를 하고, 해당 아이디어를 발전시킬 방법에 대해서 이야기를 나눈다.

◑ 브레인라이팅 주의할 점

- 포스트잇을 분류할 때 기준을 명확히 설정하고 분류하는 것이 좋다. 분류가 어려운 경우 일단 남겨두었다가 전체적인 분류가 끝난 후에 다시 생각해서 분류한다.

- 내용이 불분명한 경우는 쓴 사람에게 정확한 의도를 물어본다.

- 브레인라이팅은 참가자들이 프로그램의 참여 의도와 목표가 명확히 공유된 상태에서 진행하는 것이 좋다.

주제 〈   〉

	A	B	C

(브레인라이팅 용지의 예)

◯ 브레인라이팅의 장/단점

장점	단점
• 모든 사람들이 평등하게 사고하고, 발언자가 특정인에게 치우치지 않는다. • 침묵을 통해 개인 발상을 하므로 발언을 통해 사고가 방해되는 단점이 없다. • 발표를 망설이는 다수의 의견을 이끌어 낼 수 있다.	• 참가자 간에 서로 자극하는 상승효과를 기대할 수 없다. • 조용히 자신의 생각만을 종이에 적기 때문에 상승효과가 다소 낮을 수 있으므로 진행자의 역할이 중요하다.

3 시각자극법(Visual Stimulation)

◯ 사진이나 그림을 이용하여 관점을 전환하고 참신한 아이디어를 창출하는 방법

◯ 브레인라이팅과 유사한 방법으로, 브레인라이팅은 주로 좌뇌적 관점에서 적용되는 아이디어 발산법이라면, 시각자극법은 주로 우뇌적 관점에서 적용되는 아이디어 발산법이다.

◯ 연산 행위를 자극하는 자연 풍경이나 도시의 이미지, 잡지 광고 등의 사진을 함께 붙여놓고 그 시각물을 바라보며 자극을 받아 아이디어를 도출한다.

◯ 시각자극법(Visual Stimulation) 진행방법

① 핵심문제기술문(의문문형태)을 정의하여 A3(A4)용지의 위쪽에 적는다.

- 통상 핵심문제기술문은 "어떻게 하면 우리가 무엇을 할 수 있을까?"라는 문장으로 구성한다. 의문문을 사용하는 이유는 사고확장형 질문을 통해 아이디어를 생각하기 위해서이다.

② 참석자는 빈 포스트잇을 한 행에 8~10개 정도 오른쪽으로 치우쳐 가능한한 많이 붙인다.

③ 그림 또는 사진을 보면서 연상되는 단어(형용사, 부사, 명사, 동사)를 짧게 왼쪽에 써 내려간다.

④ 연상되어 적은 단어와 핵심문제기술문을 번갈아 보면서 핵심문제기술문을 해결할 수 있는 아이디어들을 빠른 속도로 적어 내려간다.
- 이때 중요한 것은 질보다 양이며, 함께 볼 수 있도록 가급적 글자를 크게 적는다.
⑤ A3(A4)용지 오른쪽 위에 참석자 자기 이름을 적은 후, 용지를 시계 반대방향으로 돌린다.
⑥ 왼쪽 사람으로부터 용지를 받아든 후 아이디어 중에서 핵심문제기술문을 해결하기 위하여 한 번 고려해 볼만하다고 생각되는 아이디어에 스티커를 붙인다.
- 스티커를 붙이는 아이디어의 갯수는 제한을 두지 않되, 주관적으로 판단하여 임의로 붙인다. 통상적으로는 10개 중 2~3개를 선택하는데 이를 초과할 수도 있다.
⑦ 자기 용지를 받을 때까지 반복 수행한다.
⑧ 자신의 용지를 받으면 벽에 붙여진 전지에 스티커가 많이 붙은 순서대로 행을 달리하여 붙인다.
⑨ 참석자들이 함께 보면서 가장 스티커를 많이 받은 아이디어 중에서 오늘의 Best를 선택하며, 각자의 의견을 제시하고 합의하도록 유도한다.

4 디딤돌

◯ 핵심단어 또는 아이디어 기술문을 중심으로 이것과 연상되는 단어를 적어 나가며 아이디어를 보태는 방법
◯ 강을 건널 때 징검다리를 이용하듯 문제와 전혀 관련이 없는 키워드에서 시작해 단어를 연결해가며 문제해결에 도달한다. 한계를 넘어 창의적으로 사고할 수 있고, 유용한 결론을 도출해 내는데 효과가 있다.

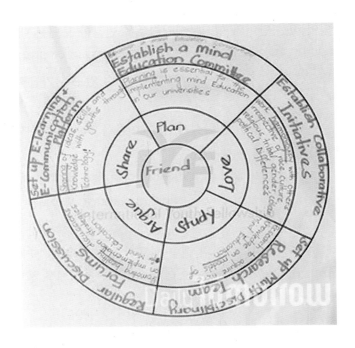

5 갤러리워크(Gallery-Walk)

◎ 미술관 갤러리를 돌아보는 방법과 같은 방식, 팀별로 아이디어를 공유하며 다른 팀에 아이디어를 보탤 수 있는 방법

◎ 전체의 의견을 공유하고, 팀별로 모은 아이디어를 상호평가하는 방법이다. 다른 팀이 작성한 내용에 스티커를 붙이는데 각자가 아니라 팀원이 합의한 포스트잇에 스티커를 붙인다. 스티커를 붙이려면 팀원이 동의해야 하므로 팀원 모두의 참여가 필요하다.

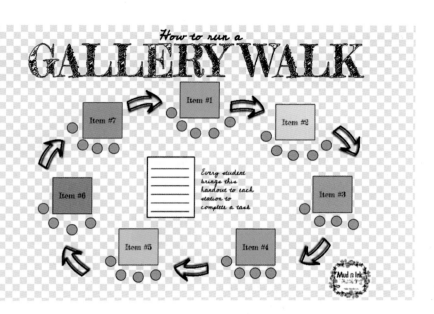

 팀 의사결정

 멀티보팅(Multi-Voting)

- ◎ 다양한 의견을 공통된 주제로 분류하고 가장 좋다고 생각되는 의견에 스 티커를 붙여 <u>많은 수의 스티커가 붙여진</u> 순서대로 아이디어 채택한다. 한 마디로 아이디어들을 우선순위에 입각하여 신속하게 등급을 매기고, 어 떤 토픽이 가장 중요한지를 쉽게 평가하는 방법이다.
- ◎ 제일 큰 장점은 <u>빠른 시간 안에 결론을 내릴 수 있다</u>는 점이다. 또한 모든 사람이 동등하게 자신의 목소리를 낼 수 있다.

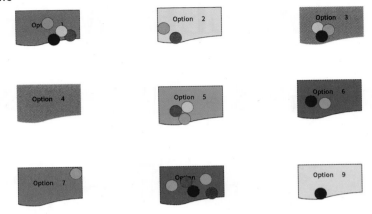

◗ 멀티보팅(Multi-Voting) 진행방법

① 모아진 아이디어들을 목록으로 만들고, 투표할 때 혼선을 방지하기 위해 각 아이디어에 번호를 부여한다.

② 참석자들은 전체 아이디어들 중에서 가장 중요한 1/3을 선정하고 투표한다.

- 비밀 유지가 필요한 경우에는 무기명 투표를 이용한다.

③ 항목별 득표 수를 표시하고, 다음 라운드 투표를 위해 다수 득표 항목들을 파악한다.

④ 최종 3~7개 가량의 아이디어들이 선정될 때까지 위 절차를 반복한다.

2 의사결정 그리드(Decision Grid)

◗ 의사결정은 선택이 가능한 여러 가지 대안 중, 자기가 추구하는 목적에 적합한 하나를 선택한다. 이때, 정보는 행과 열로 표시한다.

◗ 대안평가표라고도 하며, 집단이 복잡하고 중대한 문제에 대하여 현명하게 결정을 내릴 수 있도록 돕는 방법 중 하나이다.

◗ 한 축에는 대안을 배치하고, 다른 한 축에는 대안의 우수성을 <u>평가할 수</u>

있는 기준(criteria)을 배치하여 격자형 도표를 만든다.

○ 여러가지 측면에서 분석적으로 바라볼 수 있다는 점이 제일 큰 장점이며, 다른 대안과 한 눈에 비교해 볼 수 있기 때문에 의사결정을 내리는 데 도움이 된다.

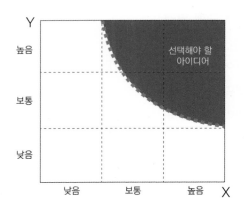

3 커뮤니케이션(Communication)

○ 커뮤니케이션 구성요소

- 메시지는 전달자의 이야기를, 피드백은 수신자의 의견을 의미하며, 환경은 커뮤니케이션 참석자를 둘러싸고 있는 분위기, 상황 등을 의미한다.

○ 조직 업무활동에 있어 필요한 커뮤니케이션의 6가지 구성요소

① 전달자 : 커뮤니케이션에서 이야기를 하는 사람

② 수신자 : 커뮤니케이션에서 이야기를 듣는 사람

③ 메시지 : 전달자가 이야기하는 내용

④ 피드백 : 수신자의 의견

⑤ 환경 : 커뮤니케이션에 참여하고 있는 사람들을 둘러싼 분위기, 주변의 상황 등

⑥ 잡음 : 커뮤니케이션의 집중을 방해하는 주변의 방해요소

○ 경청

- 경청의 중요성 3가지

① 다양한 의견 그리고 아이디어 나눔

② 서로의 의견 존중과 아이디어 수용

③ 성공적인 과제 수행 연결

- 경청 매트릭스

① 나 중심 - 단어 중심 : 선택적 듣기

② 나 중심 - 맥락 중심 : 왜곡

③ 너 중심 - 맥락 중심 : 공감적 경청

④ 너 중심 - 단어 중심 : 피상적 듣기

- 경청을 위한 자세

✓ 사전 양해를 통해 중요하거나 기억해야 하는 내용은 메모하는 자세를 보여줌으로써, 상대의 이야기를 중요하게 받아들이고 있음을 표현한다.

✓ 고개를 끄덕임으로써 상대의 이야기에 긍정적으로 반응하고 있음을 알려준다.

✓ 상대가 한 이야기에 대해 반복, 바꾸어 말하기, 요약하기의 형태로 이야기를 함으로써, 상대의 이야기를 공감하며 경청하고 있음을 확인시켜 준다.

- 공감적 경청을 위한 커뮤니케이션 스킬

언어적 커뮤니케이션 스킬	비언어적 커뮤니케이션 스킬
• 관심 기울이기 • 대화 이끌기 • 공감하기 • 상대방의 욕구 파악하기 • 자신의 생각 전달하기	• 청각적 요소 : 말의 속도, 억양, 목소리의 높낮이 등 • 시각적 요소 : 상대의 눈빛, 시선, 표정 등 • 태도적 요소 : 손짓, 몸짓, 자세, 헤어스타일, 옷차림 등

- 비즈니스 환경에서 경청을 실천하기 위한 5원칙

① 제1원칙 - 준비하자

　: 대화를 시작할 때 마음 속에 있는 생각들, 편견들, 해주고 싶은 말을 모두 비운다.

② 제2원칙 - 인정하자

　: 상대를 완전한 인격체로 인정해야 진정한 마음의 소리가 들린다.

③ 제3원칙 - 절제하자

　: 누구나 듣기보다 말하기를 좋아하는 이유는 먼저 이해받고 싶은 욕구가 앞서기 때문이다. 때문에 말하고 싶은 욕구를 절제하고 상대의 말에 조용히 귀 기울인다.

④ 제4원칙 - 이해하자

　: 상대의 감정이 말하는 것을 이해할 수 있어야 진짜 듣는 것이라고 할 수 있다.

⑤ 제5원칙 - 응답하자

　: 내가 지금 당신의 말에 귀 기울이고 있음을 계속 표현해준다. 끄덕임, 공감 눈빛 등

◐ 질문

- 질문의 3가지 유형

① 열린 질문 - 닫힌 질문

② 중립적 질문 - 의도성 질문

③ 대안탐색적 질문 - 책임추궁형 질문

- 열린 질문

✓ 경청을 위한 커뮤니케이션 환경 조성을 위해서는 상대가 마음을 열고 대화를 이끌어내는 질문이 필요하기 때문에 닫힌 질문보다는 열린 질문을 활용하는 것이 효과적이다.

✓ 경청에 매우 도움이 되는 질문법으로, 상대에게 생각할 기회를 주고 대화를 이끌어내는 질문을 말한다.

- 커뮤니케이션과 질문의 원칙

① 일대일 대화를 시작하라.

② 질문하기 위한 분위기를 조성하라.

③ 자신이 들은 내용에 대해서 반복하여 확인하라.

④ 상대의 이야기를 충분히 경청한 뒤 질문하라.

⑤ 상대의 마음을 열 수 있는 적절한 질문법을 활용하라.

- 상대의 생각과 마음을 여는 적절한 질문법

✓ 자신이 들은 내용에 대해서 반복하고 확인하기

✓ 질문하기 위한 분위기 조성하기

✓ 일대일 대화 시작하기

- 경청에 도움이 되는 질문법

✓ Why 보다는 How, What에 초점을 맞추어 질문하기

✓ 과거지향적인 질문보다는 미래지향적으로 질문하기

✓ 열린 질문하기

◉ 칭찬과 격려

- 상대방에 대한 관심과 관찰
- 존중과 배려의 마음으로 지지, 인정, 칭찬, 수용

◉ 성찰

- 수업 후 소감나누기
- 수업결과를 그림으로 정리하기

◉ 피드백

- 긍정적 피드백 : 팀원의 잘한 행동, 강점 등에 대해 짚어줌으로써, 팀원의 자신감을 강화시키는 피드백. 결과만 좋으면 무조건 칭찬하는 것은 긍정적 피드백이 아니다.
- 비판적 피드백 : 잘못에 대해 행동 자체가 아니라 그 행동을 한 사람에게 초점을 맞춤으로써 받아들이는 사람의 입장에서 비난, 비판 받았다고 여기게 만드는 피드백.
- 무의미한 피드백 : 내용이 너무 막연하고 일반적이여서 상대방에게 아

무 영향도 미치지 못하는 피드백

- <u>교정적 피드백</u> : 팀원의 잘못한 행동, 팀(조직)의 방향에 부합하지 않는 행동, 개선이 필요한 행동 등에 대한 피드백으로, 피드백 받는 사람의 행동 교정, 개선을 불러온다.

◯ 커뮤니케이션 오류의 원인
- 문제를 어떻게 받아들이느냐와 관련한 '인식과 경험의 차이'
- 수직적인 관계인과 혹은 수평적인 관계인가와 관련한 '관계성의 차이'
- 사투리, 애매한 표현, 발음 등 언어 습관의 차이
- 상황 변화에 따른 차이
- 가치 기준의 차이
- 역할, 성격, 문화, 성별, 나이 등의 차이

◯ 커뮤니케이션의 부정적 영향

① 말하는 사람의 문제

✓ 대인관계 능력의 문제
: 상대방과의 커뮤니케이션에 대한 동기가 없을 경우, 자신에 대한 확신이나 상대방을 어떻게 인식하느냐가 대인관계에 영향을 미친다. 대인관계 형성이 부족하거나 미숙한 경우 커뮤니케이션에 부정적인 영향을 미치는 반면, 자신과 타인에 대해 긍정적이고 대인 관계 형성 능력이 좋은 경우는 커뮤니케이션에 긍정적인 영향을 미치게 된다.

✓ 메시지 전달 능력의 문제
: 간단명료하게 자신의 생각을 잘 전달하는 사람이 있는 반면 중언부언하거나 말 끝을 흐리며 말을 하다가 마는 사람이 있다. 또한 상대방의 입장에서 자신의 생각을 잘 전달하는 사람이 있는 반면 자기중심적으로 말을 하는 사람이 있다. 이런 메시지 전달 능력이 커뮤니케이션에 큰 영향을 미친다.

✓ 복합 메시지의 사용
: 비언어적인 부분도 메시지의 중요한 요소이기 때문에 말의 내용과

비언어적으로 전달하는 메시지가 다르게 되면 오히려 커뮤니케이션에 문제를 만들게 된다.

✓ 오해와 편견으로 인한 문제

: 커뮤니케이션을 하기 전에 상대방에 대한 어떤 정보를 가지고 있는 경우 미리 가지고 있었던 생각이 오해와 편견을 만들게 된다. 첫인상으로 사람을 판단하는 경우도 마찬가지이다.

② 듣는 사람의 문제

✓ 경청의 문제

: 상대방의 이야기에 관심을 보이지 않거나 건성으로 듣는 척하는 것은 경청이 아니다. 또한 이야기를 들으면서 결론을 예측하고 성급하게 판단이나 평가를 하게 되는 것도 경청을 방해하는 요소이다.

✓ 부정확한 반응

: 상대방이 이야기한 의도를 제대로 파악하지 못하거나 자기 중심적으로 이야기를 듣는다면 상대방의 의도와는 상관없는 부정확한 반응이 될 것이다.

✓ 왜곡된 이해

: 상대방에 대한 선입견이 섞이거나 과거의 경험들과 섞여서 이야기를 듣는다면 상대방의 이야기를 왜곡해서 이해할 가능성이 높다. 또한 지레짐작으로 상대방의 이야기를 추측하는 것도 왜곡된 이해이다.

✓ 감정적인 반응

: 상대방의 이야기에 대해 자신의 불편한 마음을 그대로 말이나 비언어적인 부분에 담아서 반응을 하는 것을 말한다. 특히 부정적인 감정을 담은 반응은 커뮤니케이션에 심각한 문제를 만든다.

◐ 커뮤니케이션에 영향을 미치는 내면적인 요소와 말하는 사람, 듣는 사람의 문제로 인해 원만한 커뮤니케이션은 노력을 필요로 한다. 그렇기 때문에 커뮤니케이션은 자신의 의사를 잘 전달하는 것이 아니라 상대방에 대한 이해에서 시작된다.

》》 내용

- https://82startupg1.xyz/entry/디자인씽킹

- https://brunch.co.kr/@kiwon4321/15

- https://ko.wikipedia.org/wiki/디자인_싱킹

- https://brunch.co.kr/@kiwon4321/22

- https://brunch.co.kr/@kbhpmp/104

- https://m.blog.naver.com/PostView.nhn?isHttpsRedirect=true&blogId=cay012&logNo=10157617445

- https://brunch.co.kr/@eunsan3/94

- https://m.blog.naver.com/PostView.naver?isHttpsRedirect=true&blogId=shleedc&logNo=60127269771

- https://m.blog.naver.com/PostView.naver?isHttpsRedirect=true&blogId=infodate&logNo=120153439433

- https://blog.daum.net/beson54/44

- https://blog.daum.net/sig101/13638960

- http://www.dailytw.kr/news/articleView.html?idxno=17879

- http://www.humanltd.co.kr/upload_file/201810261557121131.pdf

- https://dbr.donga.com/article/view/1101/article_no/2069

》》 그림

- 팀 브라운 디자인 씽킹 3가지 성공요소

  https://brunch.co.kr/@kiwon4321/22

- 디자인 씽킹 수업 6단계

  캡스톤디자인의 이해 교재

- 디자인 씽킹 프로세스 5단계

  https://82startupg1.xyz/entry/디자인씽킹

- 더블 다이아몬드 모델

  https://82startupg1.xyz/entry/디자인씽킹

- 디자인 씽킹 필요역량

  https://brunch.co.kr/@kiwon4321/15

- 가나의 화장실 프로젝트

  https://bokartstudio.tistory.com/13

- 에어비앤비

  https://ko.wikipedia.org/wiki/에어비앤비

- 비바리퍼블리카

  http://www.s-d.kr/news/articleView.html?idxno=18479

- IDEO의 정수기 자전거, 아쿠아덕트

  https://www.pinterest.co.kr/pin/470978073504241640/

- 카카오 뱅크

  https://brunch.co.kr/@kiwon4321/22

- 아이스 브레이크 활동 사례

  https://dbr.donga.com/article/view/1101/article_no/2069

- '아리스토텔레스' 프로젝트

  https://technical-leader.tistory.com/26

- 브레인라이팅(Brainwriting)

  https://brunch.co.kr/@eunsan3/94

- 브레인라이팅 양식

  https://brunch.co.kr/@eunsan3/94

- 디딤돌

  http://www.dailytw.kr/news/articleView.html?idxno=17879

- 갤러리 워크(Gallery-Walk)

  https://www.pngwing.com/ko/free-png-tvtri

- 멀티보팅(Multi-Voting)

  https://samstory.coolschool.co.kr/zone/story/daliplanet/streams/15681

- 의사결정 그리드(Decision Grid)

  https://sites.google.com/site/webgibanaegsyeonleoning/jilmungong-gan/rengtsuhaengjungeotteonyosoleulgolyeohaeyadoenayo

》 표

- 디자인 씽킹에 활용되는 3가지 창의성 기법

  캡스톤디자인의 이해 교재

- 명목집단법 장/단점

  https://najuhyer.tistory.com/353

- 브레인라이팅 장/단점

  https://brunch.co.kr/@eunsan3/94

- 공감적 경청을 위한 커뮤니케이션 스킬

  http://www.humanltd.co.kr/upload_file/201810261557121131.pdf

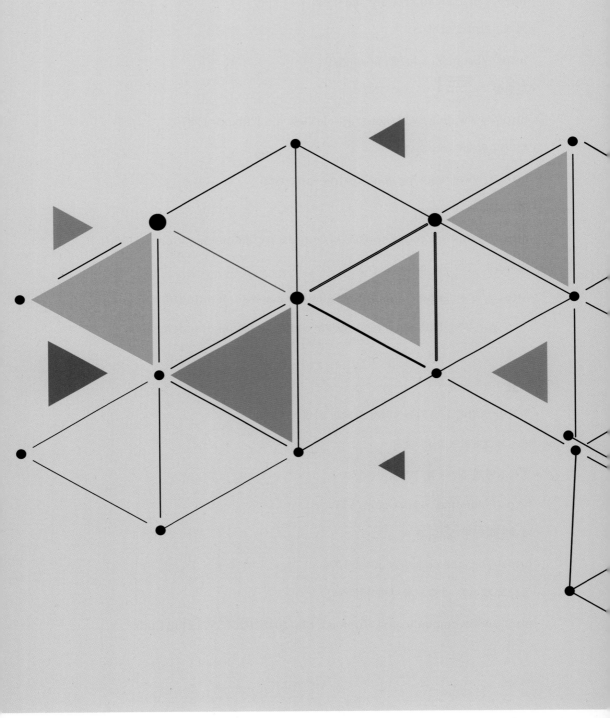

제 3 장

캡스톤디자인 문제해결 프로세스

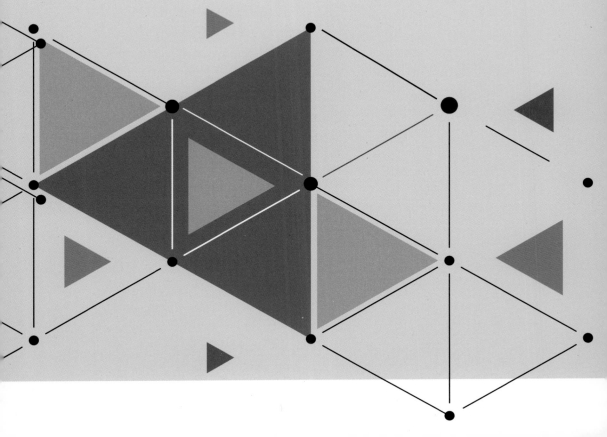

캡스톤디자인의 문제해결 프로세스는 크게 1. 문제의 탐색단계, 2. 문제의 특성분석단계, 3. 문제의 결정단계, 4. 아이디어 개발단계, 5. 아이디어 결과 추정단계, 6. 아이디어 선택단계, 7. 아이디어 실행단계로 총 7단계로 나누어 진다. 각각의 단계에는 캡스톤디자인의 문제를 해결하는 방법과 그 단계에서 쓰이는 기법들이 있는데, 자세한 세부내용은 다음과 같다.

 문제의 탐색단계

캡스톤디자인 문제해결 프로세스의 첫 번째 단계는 '문제의 탐색단계'로, 해당 단계의 문제 탐색 방법은 크게 8가지로 다음과 같다.

 능동적인 마인드와 문제인식 가지기

기업에 숨어 있는 문제와 새로운 기회를 찾기 위해서는 기업 구성원들의 능동적 마인드와 문제의식이 절대적으로 필요하다. 그렇기 때문에 능동적인 마인드와 문제에 대한 민감한 인식을 가지는 것이 중요하며, 능동적인 마인드를 높이는 방법으로는 자아확신기법, 틱톡기법, 창의확신기법 등이 있다.

2 정보 수집하기

문제해결과 의사결정을 수행하기 위한 문제를 찾기 위해서는 정보가 필요하다. 만약 정보가 없을 시엔 문제와 기회를 인식하기에 어려움이 있고, 분석을 진행할 수가 없다. 정보를 수집하는 방법에는 기업에서 일상적 업무를 수행하는 과정에서 정보를 수집하는 일상적 정보 수집활동, 문제의 가능성이 있는 이슈가 발견되면 그에 대한 기본적 정보를 일차적으로 수집하는 기본적 정보 수집활동, 그리고 문제가 될 수 있는 이슈에 대해 심층적으로 정보를 수집하는 심층적 정보 수집활동이 있다.

3 내부환경 분석하기

기업에 영향을 미치는 수많은 문제와 기회들은 기업 내부의 활동에서 발생하기 때문에 내부환경을 분석하는 일은 매우 중요하다. 내부환경을 분석하는 기법에는 KPI 분석기법, BSC기법, 재무성과분석기법, 핵심역량 분석기법 등이 있다.

4 외부환경 변화를 모니터링하기

숨어있는 문제와 새로운 기회를 찾기 위해서는 기업 외부환경을 끊임없이 모니터링을 할 필요가 있다. 기업은 외부환경의 변화가 가져다주는 기회와 위협을 체계적으로 찾아내야만 한다. 외부환경의 변화를 모니터링하는 기법에는 STEP 모형기법, 산업동향 분석기법, PLC 분석기법, 경쟁세력모형 분석기법, 가치시스템 분석기법 등이 있다.

5 고객니즈를 분석하기

숨어있는 문제와 새로운 기회를 찾기 위해서는 고객을 입체적으로 분석해야 하는 것이 중요하다. 고객가치를 충족시켜 주는 기업과 충족시키지 못하는 기업의 성과는 확연하게 달라질 것이다. 고객을 분석하는 방법으로는 STP분석기법, 불평과 제안기법, 고객세분화 분석기법 등 많은 기법들이 존재한다.

6 경쟁사의 동향을 분석하기

기업은 경쟁사를 분석해서 문제와 기회를 찾아내고 이에 대한 대응방안을 수립하는 것은 매우 중요하다. 경쟁사를 분석할 때는 자사와 관련된 경쟁사를 포괄적이고 입체적으로 찾아내야 하며 넓은 시야를 가지는 자세가 필요하다. 경쟁사를 분석하는 방법으로는 360도 레이더스크린기법, 전략집단 분석기법, 경쟁사 빙산모델기법, 경영진 프로파일링기법, 벤치마킹기법 등이 있다.

7 이해관계자 분석하기

문제와 기회를 찾아내기 위해서는 기업에 관련한 이해관계자를 분석해야 한다. 이해관계자들은 실질적으로 기업경영에 많은 영향을 주기 때문에 이들의 이해관계자를 분석해서 조정하는 일이 상당히 중요하다. 이해관계자를 분석하는 방법에는 이해관계자분석기법, 불평과 제안기법, 역할플레이기법 등이 있다.

8 벤치마킹 하기

벤치마킹이란 동종업종 및 이종업종의 성공사례나 실패사례를 분석해서 문제를 해결하는 방법이다. 벤치마킹을 하기 위해서는 자사에 필요한 성공사례들의 성공요인들을 도출해 보고 이를 자사에 맞게 적용하거나, 혹은 실패

사례를 분석해서 실패사례가 주는 교훈을 찾아내어 동일한 실수를 범하지 않도록 해야 한다. 벤치마킹을 하는 방법에는 벤치마킹기법, 베스트프랙티스기법, cop활동, Camelot기법 등이 있다.

문제 탐색을 수행하는 기법에는 다음과 같이 11가지가 있다.

① 자아확신기법

'자아확신기법'은 본인이 가지고 있는 좋은 특성과 성취한 성과들을 기억하게 함으로써, 긍정적인 생각과 태도를 가지게 하는 기법이다. 자아확신은 본인 스스로에 대한 긍정적이고 능동적인 마인드를 가지는 것으로 자기확신이라고도 할 수 있다. 자기확신을 함으로써 보다 적절하고 건설적인 방향으로 행동할 수 있으며 이와 동시에 본인의 역량을 키울 수 있다. 이런 특성들은 본인이 가지고 있는 좋은 성과와 경험들을 통해 긍정적인 시야로 문제를 탐색할 수 있게 한다.

② 파레토기법

'파레토기법'은 수집된 자료를 특성별로 분석해서 문제를 이해하는 기법이다. 여러 데이터(자료)들을 그 현상이나 원인별로 분류하여 데이터를 집계해 그 데이터의 크기순으로 보통 나열한다. 이렇게 분석한 자료들을 분류 항목이 큰 것부터 또는 그 특성별로 분류하여 막대그래프와 누적 꺾은선 그래프로 표시하는 도표를 그리는데 이를 '파레토도'라고 한다. 파레토도는 한눈에 쉽게 들어오기 때문에 분류된 자료들을 집중적으로 분석하고 탐색하는데 편리하다. 파레토기법과 관련하여 '파레토 법칙'이 있는데 20:80법칙 이라고도 하며, 전체 결과의 80%는 전체 원인의 20%(핵심)에 의해서 일어난다는 가설을 주장하는 법칙이다.

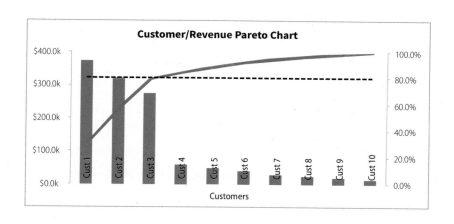

③ KPI 분석기법

'KPI 분석기법'은 개인, 부서, 사업부 차원에서 관리해야 할 핵심성과지표를 찾아내고, 목표와 실제치를 비교해서 숨어 있는 문제와 새로운 기회를 찾아내는 기법이다. KPI는 각각 Key, Performance, Indicator를 나타내는데, 먼저 Key(핵심)은 가고자 하는 방향 즉 무엇이 제일 중요한지를 의미한다. Performance(성과)는 무엇이 성과를 대변하는지를 의미하며 각 요소별로 Alignment가 중요하다. Indicator(지표)는 어떻게 수치화를 할 수 있는지를 의미한다. KPI 분석에서 제일 중요한 것은 절대 모호한 값을 설정하면 안되고 측정이 가능하도록 정량화시켜야 한다는 것이다. 한마디로 KPI 분석기법은 KPI지표를 활용하여 문제를 탐색하고 분석하는 방법이다. KPI지표 즉 핵심성과지표의 종류는 매우 다양한데, 크게 재무적 관점, 고객 관점, 마케팅 관점, 생산적 관점, 기업의 사회적 책임 관점에서 사용되는 지표들을 보면 다음과 같다.

속성	KPI	설명
재무적 지표	순이익	• 어느 정도의 성과를 창출하고 있는지에 대한 지표
	순이익률	• 한 단위 당 어느 정도의 이익을 내는지에 대한 지표
	영업이익률	• 사업을 얼마나 효율적으로 운영하고 있는지에 대한 지표
	수익증가율	• 당 분기 수익을 전분기 수익과 비교한 비율
	투자수익률	• 얼마나 지속 기능한 이익을 창출하는지에 대한 지표
	자본이익률	• 투자 자금을 얼마나 효율적으로 활용하는지에 대한 지표
고객 지표	고객유지율	• 거래 고객을 얼마나 유지하고 있는지에 대한 지표
	고객만족도지수	• 고객을 얼마나 만족시키고 있는지에 대한 지표
	고객평생가치	• 고객의 재무적 가치를 얼마나 정확하게 파악하고 있는지에 대한 지표
	고객이탈율	• 고객과의 관계를 얼마나 안정적으로 유지하고 있는지에 대한 지표
	고객 불만	• 고객의 요구 사항에 얼마나 잘 대응하고 있는지에 대한 지표
마케팅 지표	시장 성장률	• 시장 잠재력이 어느 정도 되는지에 대한 지표
	브랜드 자산 가치	• 브랜드가 어느 정도의 자산 가치를 형성하는지에 대한 지표
	온라인 매체 점유율	• 온라인에서의 고객 반응도가 어느 정도 되는지에 대한 지표
생산 지표	생산 가동률	• 전체 생산 능력을 얼마나 효율적으로 활용하는지에 대한 지표
	주문이행 사이클시간	• 업무처리공정이 얼마나 효율적으로 운영되는지에 대한 지표
	재고 감모율	• 얼마나 많은 재고를 유실하고 있는지에 대한 지표
	획득 성과 지표	• 프로젝트가 어느 정도 진척됐는지를 확인하는 지표

사회적 책임 지표	탄소 배출량	• 사업 수행 과정 중 배출하는 탄소배출량을 확인하는 지표
	에너지 소비량	• 회사의 에너지 절감량이 어느 정도 되는지를 확인하는 지표
	재활용률	• 회사가 재생 또는 재활용을 얼마나 잘하고 있는지를 측정하는 지표
	인증지수	• 기업이 갖고 있는 국제표준화 인증이 얼마나 되는지를 측정하는 지표

④ 7S 모형기법

'7S 모형기법'은 <u>전략, 공유된 가치, 관리 능력, 조직구조, 제도, 인적자원과 직원, 리더십 등의 요소들을 평가하여 기업의 경쟁력 평가에 사용하는 기법</u>이다. 7S 모형은 주로 조직의 현상을 이해하고 핵심적 구성요소를 파악하여 이를 중심으로 조직을 진단할 때 많이 사용된다. 7S는 공유가치(Shared value), 전략(Strategy), 조직구조(Structure), 제도(System), 구성원(Staff), 관리기술(Skill), 리더십 스타일(Style)의 첫글자를 따서 이름이 붙여졌다.

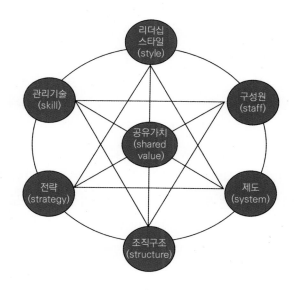

- 공유가치(Shared Value) : 조직구성원이 함께 하는 가치관으로서 다른 조직의 구성요소에 영향을 주는 핵심요소이다. 보통 조직구성원의 행동을 만드는 원칙이나 기준을 말하며 구성원들 모두가 지니고 있는 가치관이나 이념 등이 중심이 되며 조직의 존속과 성공에 근간이 되는 요소이다.
- 전략(Strategy) : 조직의 장기적인 계획과 이를 달성하기 위한 자원배분 과정을 포함하며, 조직의 장기적인 방향과 기본적 성격을 결정하고 조직운영 방식의 혁신에 영향을 미친다. 이는 구성원의 행동은 물론 나머지 요소들에도 큰 영향을 준다.
- 조직구조(Structure) : 조직의 전략수행에 필요한 틀로서 조직구조와 직무설계 그리고 권한관계와 방침 등 구성원들의 역할과 그들 간의 상호관계를 지배하는 공식요소들을 포함한다. 조직의 활동과 목표, 책임과 역할 등에 따라 분류되거나 조합되기 때문에 조직문화의 중요 요소가 된다.
- 제도(System) : 조직운영을 위한 일련의 의사결정과 일상운영의 틀이 되는 보상제도와 인센티브, 경영정보와 의사결정시스템, 경영계획과 목표설정시스템, 결과측정과 조정/통제 등 경영 각 분야의 관리제도와 절차 등을 포함한다. 주로 조직의 방향을 유도하는 역할을 한다.
- 구성원(Staff) : 조직의 인력구성과 구성원들의 능력, 전문성, 신념, 욕구와 동기, 지각과 태도, 행태 등을 포함한다. 7S 모형에서의 구성원은 단순한 인력의 구성을 벗어난 각 구성원 능력의 조합을 의미한다.
- 관리기술(Skill) : 조직의 각종 물리적 하드웨어기술과 이를 작동시키는 소프트웨어기술, 그리고 기관운영에 활용되는 관리기법 등을 포함한다. 전략의 변경 혹은 방향에 따라 필요한 기술의 종류도 변하게 되며 기술의 변화는 조직문화에 영향을 미치게 된다.
- 리더십 스타일(Style) : 조직구성원을 이끌어 나가는 관리자의 관리 스타일로서 조직구성원들에 대한 동기부여와 상호작용, 그리고 조직분위기와 나아가서 조직문화에 직접적인 영향을 준다. 그렇기에 리더십의 스

타일은 조직문화를 이해하는데 중요 요소로 작용한다.

7가지 요소들은 상호간에 밀접한 관계를 가지면서 전체적인 조직의 현실과 이미지를 형성한다. 7S 모형에서 요소들이 매우 밀접하고 일관성 있게 상호의존적으로 연계될수록 강한 조직역량이 구축되며, 이러한 조직이 장기적으로 높은 성과를 거두게 된다.

진단변수	분석요소(예시)
전략 (Strategy)	✓ 전략이 조직의 환경에 적절한가? ✓ 전략에 대해 조직원들간에 합의가 이루어졌는가?
조직구조 (Structure)	✓ 환경에 대응할 수 있는 기능적 구조를 이루고 있는가? ✓ 조직의 규모는 적정한가?
제도 (System)	✓ 의사결정이 신속히 이루어지고 있는가? ✓ 책임의 소재가 명확한가?
구성원 (Staff)	✓ 너무 순종적인 조직원들로 구성되어 있는 것은 아닌가? ✓ 부서장에 적절한 인재가 배치되어 있는가?
관리기술 (Skill)	✓ 새로운 기술도입이 잘 되고 있는가? ✓ 새로운 기술의 경험자가 많이 있는가?
리더십 스타일 (Style)	✓ 상하관계가 너무 경직적이지는 않는가? ✓ 불평등이 만연해 있지는 않는가?
공유가치 (Shared value)	✓ 위험부담이 있는 일은 무조건 피하지 않는가? ✓ 작은 것에 너무 승부를 걸지는 않는가?

⑤ STEP 모형기법

'STEP 모형기법'은 사회/문화 환경, 기술환경, 경제환경, 정치 및 법적 환경의 4가지 영역에서 가져다주는 문제와 기회를 탐색하는 기법이다. STEP 분석은 STEEP 분석이라고도 하는데 Social, Technological, Environmental, Economical, Political에서 Environment를 뺀 것이다. STEEP 분석은 거시적 환경분석 중 하나로 제품시장을 둘러싸고 일어나는 사건들을 이해하고 전략개발과 실행에 직/간접적으로 영향을 미치는 요인이다.

- Social(사회적 요인) : 사회적 요인으로 문화적 측면이 포함되며 건강의식, 인구 증가율, 연령 분포, 직업 태도 및 안전 강조가 포함된다. 대표적으로 대중의 트렌드, 소비자 생활방식, 교육배경, 사회 활동 등이 있으며 사회적 요인의 추세는 회사 제품에 대한 수요와 회사 운영 방식에 영향을 준다.

- Technological(기술적 요인) : R&D, 자동화, 기술 인센티브 및 기술 변화율과 같은 기술적 측면이 포함되며 대표적으로 IT Trends, 혁신 기술, 과학기술 보급 등이 있다. 기술적 요인은 진입 장벽, 최소한의 효율적인 생산 수준과 아웃소싱 결정에 영향을 줄 수 있다. 또한 기술 변화는 비용, 품질에 영향을 미치고 혁신으로 이어질 수 있다.

- Environmental(환경적 요인) : 날씨, 기후 및 기후 변화와 같은 생태 및 환경 측면이 포함되며 대표적으로 지구온난화, 재순환, 전문환경 등이 있다. 특히 관광, 농업 및 보험과 같은 산업에 영향을 줄 수 있다. 최근 기후 변화의 잠재적 영향에 대한 인식이 높아짐에 따라 새로운 시장 창출과 기존 시장의 축소 또는 파괴 등 기업 운영 방식과 제품 제공에 영향을 미치고 있다.

- Economical(경제적 요인) : 경제성장, 금리, 환율 및 인플레이션 비율이 포함되며 대표적으로 GDP 성장, Inflation&CPI(소비자 물가지수), 환율 등이 있다. 경제 요인은 회사 운영 및 의사 결정 방법에 큰 영향을 미치는데, 예를 들어 금리는 회사의 자본 비용에 영향을 미치기 때문에 회사가 어느 정도 성장하고 확장하는지에 영향을 준다. 또 환율은 상품 수출 비용과 경제에서 수입 상품의 공급 및 가격에 영향을 미친다.

- Political(정치적 요인) : 정부가 경제에 개입하는 방법과 정도에 관한 것이며 세금 정책, 노동법, 환경법, 무역 제한, 관세, 정치적 안정과 같은 영역을 포함한다. 대표적으로 정치적 협의, 규제안, 이해정당과 NGOs 등이 있으며 정치 요인에는 정부가 제공하거나 제공하고자 하는 상품 및 서비스와 정부가 제공하지 않으려는 것들이 모두 포함될 수 있다.

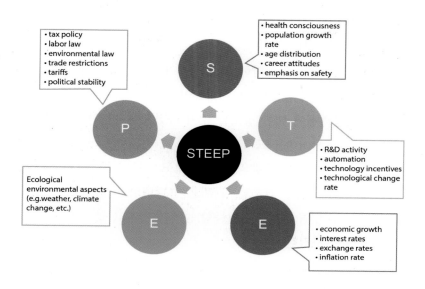

⑥ 경쟁세력모형기법

'경쟁세력모형기법'은 경쟁세력의 변화와 영향을 분석하여 산업구조의 특성과 매력도를 분석하고, 이를 기반으로 하는 경쟁전략을 수행하는 기법이다. 대체로 가장 널리 사용되는 모델은 마이클 포터의 '5세력모형(5 forces model)'이며, 산업 환경에 영향을 미치는 5가지 요인으로 잠재적 진입자, 공급자의 협상력, 구매자의 협상력, 대체재, 기존 사업자가 있다. 포터는 이 5가지의 원동력을 분석하고 기업 내부 역량을 함께 고려함으로써 어떤 위협에 맞서 싸우고 어떤 위협을 회피해야 할 것인지를 효과적으로 결정할 수 있다고 주장하였다.

- 잠재적 진입자 : 대표적인 예로 자본소요량, 규모의 경제, 절대적 비용우위, 제품차별화, 유통채널의 접근가능성 여부, 정부규제와 제도적 진입장벽 등이 있으며, 진입장벽이 낮을수록 수익성이 낮아진다. 이 중에서 가장 강력한 진입장벽은 정부규제/제도적 진입장벽이다.

- 기존 사업자 : 기존에 시장에 존재하는 사업자들로 기존 경쟁자들간의 경쟁은 산업의 성장률이 낮고, 고정비의 비중이 높고, 철수 장벽이 높을수록 치열해 진다.
- 구매자의 협상력 : 구매량이 많고 구매 비중이 크고, 구매하는 제품이 차별화 되어 있지 않으며, 교체비용이 낮고, 후방통합능력이 크고, 구매자가 공급업체에 대한 정보를 많이 가졌으며, 가격에 민감할수록 구매자가 교섭력(협상력)을 크게 가진다.
- 공급자의 협상력 : 공급량의 비중이 크고, 공급하는 제품이 차별화 되어 있으며, 공급자를 교체할 때 비용이 발생하고, 공급 제품이 구매자에게 중요하며, 공급자가 전방통합 능력을 가지고 있을 때 공급자는 교섭력(협상력)을 가진다.
- 대체재 : 대체품의 가격과 효능이 좋을수록, 대체품을 구매자가 선호할수록, 대체품으로 교체할 경우 발생하는 비용이 적을수록 기존 시장에 대해 대체품의 위협이 크다.

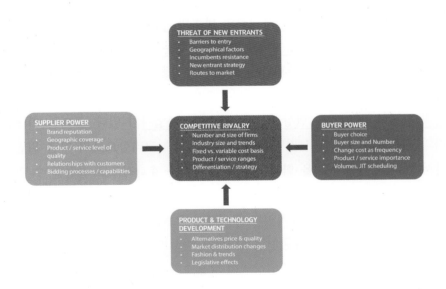

⑦ STP 분석기법

'STP 분석기법'은 <u>목표시장을 여러 세부시장으로 세분화해서 세분화된 시장의 매력도를 분석하고, 표적시장을 선정한 다음 자사 제품의 위치를 결정하는 기법</u>이다. STP전략은 <u>시장세분화</u>(Segmentation), <u>표적시장 선정</u>(Targeting), 그리고 <u>포지셔닝</u>(Positioning)으로 이루어져 있으며, 먼저 시장세분화를 통해 예상 고객층이 존재하는 표적시장을 선정하는 과정을 통해 표적시장을 선정하고, 시장 및 고객의 특징이 파악되면 자사의 제품이나 브랜드를 포지셔닝 하는 과정으로 이루어진다.

- <u>시장세분화</u>(Segmemtation) : 일정 기준에 의해 시장을 세분시장으로 나누고 자사의 대상을 좁혀가는 것을 의미하며, 이를 통해 효율적이고 효과적인 시장을 선정할 수 있다. 시장은 다양한 연령, 직업, 수입, 가치관, 태도, 행동 등을 가진 다수의 소비자로 구성되어 있다. 따라서 기업은 시장 전체를 고객으로 획일적인 제품을 개발하는 것보단 자사 제품을 보다 강하게 원하는 고객층에 대해 마케팅 노력을 집중하는 것이 보다 합리적인 선택이다.

시장세분화의 기준과 변수	
인구통계학적 구분	연령, 성별, 수입, 가족구성원 수, 교육과정, 취업, 인종 등
지리적 구분	지역, 도시, 지방, 인구밀도, 도시규모, 기후 등
심리분석적 구분	개성, 동기, 라이프스타일 등
행위적 구분	사용여부, 사용률, 사용양상, 편익, 태도, 상표충성도 등

- <u>표적시장선정</u>(Targeting) : Segmentaion으로 명확히 된 부분 시장 중에서 표적 시장을 선별하여 그곳을 대상으로 마케팅 활동을 전개하는 것으로, 시장에 대한 접근 방법에 따라 비차별화 전략, 차별화 전략, 집중화 전략 3가지로 구분할 수 있다.

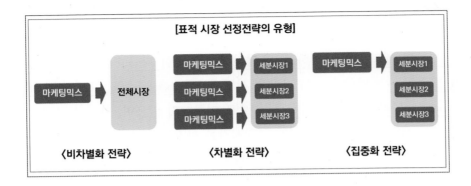

- 비차별화 전략 : 각 세분시장의 차이를 무시하고 하나의 제품으로 전체 시장을 향해 마케팅 활동을 전개해 나가는 전략을 의미한다. 제품표준화, 대량생산, 대량유통 등으로 인한 규모의 경제성으로 제비용을 절감할 수 있다는 장점이 있다.

- 차별화 전략 : 복수 세분시장전략이라고도 하는데 이질적인 전체시장을 세분화한 다음 2개 이상의 세분시장을 표적시장으로 삼고 각 세분시장의 상이한 욕구에 대응할 수 있는 마케팅믹스를 개발하여 적용함으로써 기업의 마케팅 목표를 달성하고자 하는 전략이다. 기본적으로 전체시장에 개입하게 되므로 특정한 시장에서 그 시장의 의미가 퇴색한다고 해도 기업에 미치는 영향이 적다는 장점이 있다.

- 집중화 전략 : 단일 세분시장전략이라고도 하며, 여러 세분시장 중에서 하나의 세분시장만을 표적시장으로 삼고 마케팅 노력을 집중하는 전략이다. 많은 세분시장 중에서 단일시장에 집중된 역량을 투입이 가능하기 때문에 마케팅 비용이 절약된다는 장점이 있다.

- 포지셔닝(Positioning) : 자사의 제품 혹은 경쟁적 위상(포지션)을 고객들의 머리 속에 인식시키는 것을 의미한다. 기업이 제품 포지셔닝 전략을 수립하기 위해서는 우선 자사제품과 경쟁사 제품들이 시장에서 각기 어떻게 포지션 되어 있는지를 파악하는 일이 필요하다. 이를 위해 주로 포지셔닝맵인 지각도(Perceptions)을 사용하는데, 여러 제품들에 대한 소

비자들의 지각에 바탕을 두고 2차원 또는 3차원의 도면 위에 신제품이나 기존 제품을 위치화 시키는 방법이다.

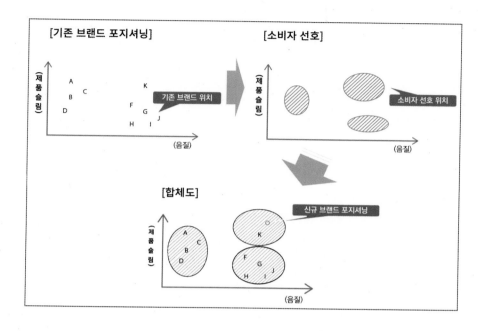

⑧ 고객의 3불 분석기법

'고객의 3불 분석기법'은 <u>고객이 가진 3불을 찾아내어 새로운 문제와 기회를 찾아내고 고객이 가진 니즈를 분석하는</u> 기법이다. 여기서 고객이 가지고 있는 3불은 <u>불편함, 불균형, 불일치</u>이며, 회사의 입장이 아닌 고객의 입장에서 생각하는 것이 핵심이다. 고객의 3불 분석기법 프로세스는 다음과 같다.

1. <u>고객의 분류</u> : 고객을 크게 사용고객, 미사용고객, 타사 제품 사용 고객으로 나눈다.
2. <u>해당고객 특성 분류</u> : 고객들을 각각 나이, 성별, 직업, 지역, 직업환경, 사용환경, 사용목적, 사용방법에 따라 분류한다.
3. <u>고객 3불 요소 도출</u>
   - <u>불편함</u> : 고객이 해당 제품이나 서비스를 사용하는데 불편한 요소 찾아

내기
 - <u>불균형</u> : 상품의 기능이나 서비스의 질 또는 양적 측면에서 고객에게
    부족하거나 과도하게 제공되는 요소 찾아내기
 - <u>불일치</u> : 상품, 서비스가 고객에게 전혀 필요없는 것을 찾아내기
 4. 개선시 고객 혜택 : 3불의 요소를 제거했을 시 고객에게 직/간접적으로 줄 수 있는 혜택(가격, 디자인, 고객, 접점, 만족감 등) 도출하기

⑨ 360도 레이더스크린 기법

'360도 레이더스크린 기법'은 <u>기존의 경쟁사뿐만 아니라 잠재적 경쟁사를 입체적으로 찾아낸 다음에, 경쟁사들이 가져다주는 문제와 기회를 찾는 기법</u>이다. 넓은 관점에서 경쟁자를 조망할 수 있는 시야를 제공하며, 이를 통해 경쟁사를 입체적으로 분석하고 파악할 기회를 가지게 된다. 360도 레이더스크린 기법은 다음과 같은 프로세스를 가진다. 먼저 경쟁기준을 설정한 다음, 경쟁사를 탐색하여 360도 레이더망에 나타낸다. 그 다음 경쟁관계를 분석하기 위해 자사를 기준으로 경쟁사의 위치를 분석한다.

⑩ 이해 관계자 분석기법

'이해 관계자 분석기법'은 <u>이해관계자들의 니즈, 이해관계, 자원, 관심사 등을 분석해서 문제와 기회를 찾는 기법</u>이다. 이해관계자들은 많은 영향을

주기 때문에 그들을 분석하고 관리하는 것은 상당히 중요하다고 볼 수 있다. 이해관계자 분석은 4가지의 프로세스로 이루어진다.

1. 이해관계자 및 관심사항 파악

: 특정 문제에 관한 이해관계자는 누구이며 그들의 주된 관심사는 무엇인지 파악하는 단계로, 일차적으로 이해관계자의 목록을 작성한 후 이해관계자별로 해당 문제에 관한 관심사항이 무엇인지를 간단히 정리한다.

2. 이해관계자의 이해관계 정의

: 이해관계자와 각각의 관심사항이 어느 정도 정리가 된 이후에는 그들이 문제를 바라보는 주요 관점은 무엇이며 문제에 관한 이해관계가 어떤 것인지를 체계적으로 정의한다. 이들의 이해관계는 주로 경제적 손익이나 해당 문제로 발생하는 잠재적인 위협 등에 있으며, 그들의 이해관계를 정의할 때 중요도, 영향력, 강점/약점 등을 함께 파악하면 향후 영향력을 분석하는 데 도움이 된다.

3. 이해관계자의 영향력 분석

: 이해관계자의 이해관계가 정의되면 해당문제와 관련된 사람이나 조직이 가진 영향력과 중요도를 분석하여 대응해야 할 우선순위를 파악한다. 이해관계자의 영향력을 분석할 때는 '영향력-관심도 격자(The power interest grid)'을 사용한다. 영향력-관심도 격자는 그들의 영향력과 관심도를 각각 가로축과 세로축으로 나타내어 이해관계자를 구분하여 합리적인 대응 전략을 파악하는데 효과적이다.

- Subject(주도적인 이해관계자) : 문제에 관한 관심도는 높으나 영향력은 다소 낮은 이해관계자이다. 해당 문제나 프로젝트 추진에 직접적인 영향력을 미칠 가능성은 낮으나 여론을 형성하는 핵심 계층이 될 가능성이 높다.
- Players(민감한 이해관계자) : 문제에 관해 관심도와 영향력이 모두 높은 이해관계자로 프로젝트에 있어 협력적인 관계를 발전시켜야 할 대상이다. 특히 문제 해결 초기 단계에 가장 신경을 써야 할 대상이다.
- Context Setter(잠재적 이해관계자) : 문제에 관한 관심도는 낮으나 영향력은 높

은 이해관계자로, 프로젝트나 문제 해결에 큰 관심을 보이지 않지만 자신의 이해관계가 상충될 경우 중대한 영향력을 미칠 수 있다는 점에 주의해야 한다.
- Crowd(불특정 다수): 관심도와 영향력 측면에서 모두 중요도가 낮은 이해관계자이다. 해당 집단은 프로젝트 추진과 문제 해결에 직접적인 이해관계자라고 보기 어려우므로 최소한의 모니터링 활동으로 여론 추이 정도를 확인하는 것이 적절하다.

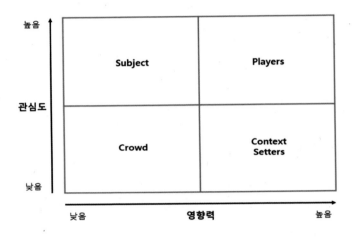

4. 대응 전략 수립
: 관심도-영향력 분석을 통해 도출된 이해관계자 유형에 따라 적절한 대응 전략을 수립한다. 대응전략은 크게 다음과 같은 패턴으로 나눌 수 있다.
- 이해관계자의 압력을 줄이기 위해 프로젝트의 목표나 추진 내용을 수정한다.
- 이해관계자들이 가진 요구나 이해관계를 수정하도록 영향력을 발휘한다.
- 이해관계자 집단에게 문제 해결의 효과나 프로젝트의 긍정적인 측면을 홍보 및 교육한다.
- 여론을 활용하여 반대되는 의견이나 주장에 이의를 제기하는 의사소통

활동을 강화한다.

– 이해관계자에 대한 대응을 포기한다.

⑪ 벤치마킹 분석기법

'벤치마킹 분석기법'은 <u>동종 업체나 타 업계에서 상위권에 있는 기업의 경영성과나 경영지표를 비교해서 문제와 기회를 찾아내고, 이를 기반으로 해결방안을 수립하는 기법</u>이다. 벤치마킹 분석을 성공적으로 이행하기 위해서는 성과차이를 분석하고 원인 분석을 하는 것뿐만 아니라 규명된 원인을 제거하기 위하여 수립된 혁신 전략 및 활동 계획에 근거하여 혁신활동을 전개해야 한다. 그리고 혁신활동 중 변화관리 방안 및 활동 수행 후의 평가방안까지를 사전에 수립하여 실패한 부분에 대한 원인 분석 역시 가능하게 해야 한다. Benchmarking은 크게 비교대상, 수행목적, 수행방식에 따라 유형을 구분할 수 있다.

비교대상	내부 벤치마킹	같은 기업 내의 다른 지역, 타 부서, 국가 간의 유사한 활동을 비교 대상으로 한다.
	경쟁적 벤치마킹	동일 업종에서 고객을 직접적으로 공유하는 경쟁기업을 대상으로 한다.
	비경쟁적 벤치마킹	제품, 서비스, 및 프로세스의 단위 분야에 있어 가장 우수한 실무를 보이는 비경쟁적 기업 내의 유사 분야를 대상으로 한다.
	글로벌 벤치마킹	같은 국가가 아닌 다른 해외 기업의 경영 방식이나 제품 등의 분야를 대상으로 한다.
수행목적	전략적 벤치마킹	동종업계에서 단기적인 경쟁우위를 확보하기 위해 장기적인 기업가치 창출을 목적으로 경쟁사를 대상으로 수행한다.
	고객 벤치마킹	동종업계에서 중단기적인 경쟁우위를 확보하기 위해 동일 업종에서 경쟁기업과 직접적으로 공유하는 고객을 주대상으로 수행한다.
	Cost 벤치마킹	중장기적인 경쟁우위를 확보하기 위해 기업의 가치 및 경쟁력 향상을 위하여 동종 또는 이종업계의 Best Practice를 대상으로 수행한다.

수행방식	직접적 벤치마킹	벤치마킹 대상을 직접적으로 방문하여 수행하는 방법이다.
	간접적 벤치마킹	인터넷 및 문서형태의 자료를 통해서 수행하는 방법이다.

 ## 문제의 특성분석단계

캡스톤디자인 문제해결 프로세스의 두 번째 단계는 '문제의 특성분석단계'로, 해당 단계의 문제 특성분석 방법은 크게 4가지로 다음과 같다.

 문제의 본질 분석하기

문제의 특성을 분석할 때 제일 먼저 해야할 일은 문제에 대한 <u>기본적인 정보를 종합적으로 수집, 정리하고, 이를 기초로 문제의 본질을 이해하는 것</u>이다. 문제에 관련된 정보와 사실들을 객관적으로, 과학적으로 점검하면서 문제의 본질을 정확하게 분석하고 이해하는 것이 중요하다. <u>문제의 본질을 분석할 때는 혼자보다는 그룹으로 함께 하는 것이</u> 바람직하다. 그룹으로 문제의 특성을 함께 분석하게 되면 문제에 관한 다양한 정보를 서로 공유할 수 있고, 다양한 측면에서 객관적으로 문제를 점검해 볼 수 있다.

 문제의 원인 찾기

문제의 원인을 분석할 때는 문제에 관련한 사실과 가정에 대해서 <u>"왜(WHY)"</u>라는 질문을 하면서 점검을 해야 한다. 모든 문제에 관련한 <u>모든 사실과 가정들은 객관적으로 분석</u>할 필요가 있다. 문제의 원인을 분석할 때는 무엇이 왜 발생하였는지에 관점을 두고 분석해야 하며, 누가 책임을 져야 하는지에 대한 논의는 미루는 것이 바람직하다. 가설의 활용, 인과관계의 분석, 원인과 징후의 분리, 과학적 문제해결기법의 활용을 사용하면 좋다.

3 문제에 숨어 있는 가정 분석하기

문제의 특성을 분석할 때는 문제에 숨어 있는 가정들을 찾아내서 타당성을 분석해야 한다. 의사결정 과정에서 의사결정자가 가지고 있는 가정들이 무엇인지를 찾아내고, 이들 가정들이 타당한지를 검증할 필요가 있다. 일반적으로는 문제해결과 의사결정과정에서 갖게 되는 가정은 크게 개인, 조직, 문화의 3가지 측면에서 만들어진다.

4 문제에 관련한 관점과 프레임 분석하기

문제를 인식하고 받아들이는 의사결정자의 관점과 프레임이 타당한지를 분석할 필요가 있다. 문제를 인식하는 관점과 프레임에 따라서 문제의 특성이 달라지게 되고, 나아가서 중요도와 긴급 정도가 달라지게 된다. 의사결정자의 관점과 프레임이 적정한지를 분석하기 위해서는 제일 먼저 의사결정자가 보고있는 관점과 프레임을 명확하게 기술할 필요가 있다. 또한 관점과 프레임이 타당한지를 분석하기 위해서는 문제를 다른 형태로 표현하거나 다양하게 재구성해 볼 필요가 있다.

문제의 특성을 분석하는 기법에는 다음과 같이 9가지가 있다.

① 인지기법
'인지기법'은 문제와 관련한 간단한 사실로부터 출발해서 이에 관련한 질문을 물어 나가면서 문제를 이해하는 기법이다. 모든 문제는 다른 문제와 연계되어 있다는 가정하에 끊임없이 질문을 통해서 새로운 사실, 원인, 결과 등을 찾아내는 기법이다. 인지기법은 새로운 문제나 불확실성이 높은 문제의 원인을 분석할 때 유용하다. 인지기법의 적용단계는 4단계로 이루어진다.

1. 문제와 관련한 하나의 사실로부터 출발한다.
2. 그 사실로부터 "so what(그래서)" 혹은 "why(왜)"라는 질문을 하면서 새로운 사실을 찾아내고 정보를 수집한다.
3. 질문에서 얻어진 새로운 사실이나 정보에 대해서 다시 "so what(그래서)" 혹은 "why(왜)"라는 질문을 계속하면서 새로운 사실이나 정보를 얻어간다.
4. 이와 같은 과정을 통해서 문제에 대한 정보, 사실, 원인, 대안 등을 찾아가면서 문제에 대한 이해도를 높여간다.

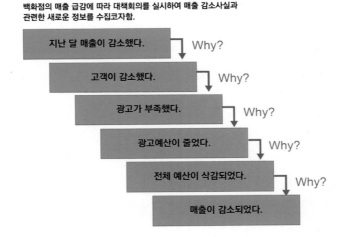

② 단어게임기법

'단어게임기법'은 자유연상의 방법을 이용해서 문제를 기술한 단어를 바꾸거나 변화시켜 나가면서 문제의 본질을 이해하고 이에 대한 다양한 대안들을 만들어 보는 기법이다. 이 기법은 문제 진단 단계와 대안개발 단계에서 활용할 수 있는 기법이다. 단어게임기법의 적용 4단계는 다음과 같다.

1. 문제의 정의
2. 문제의 단어 재구성

3. 문제의 이해

4. 다양한 대안 도출

대기업의 연구소 인원간의 공동 연구 분위기 조성이 악화되자 이에 대해 원인을 분석코자함.

1. "젊은 연구원들은 선배 연구원들의 말을 잘 듣지 않는다"라고 정의

2. "젊은 연구원들은 선배 연구원들의 말을 잘 듣지 않는다"라는 문장 형태 재구성
  "선배 연구원들은 젊은 연구원들의 말을 잘 듣지 않는다"
  "젊은 연구원은 선배 연구원을 존경하지 않는다"
  "젊은 연구원은 선배 연구원의 능력이 낮기 때문에 무시한다"
  "젊은 연구원은 업무 강도가 높기 때문에 선배 연구원 말을 들을 시간이 없다"
  "월급 수준이 낮아서 제 2의 직업이 필요한 젊은 연구원은 선배 연구원의 말을 들을 시간이 없다"
  "젊은 연구원들은 평생 직장의 개념이 부족하기 때문에 선배 연구원의 말을 잘 듣지 않는다"

3. 문제의 본질과 원인을 다양한 관점에서 이해 가능

---

③ 시스템다이어그램

'시스템다이어그램'은 문제를 구성하는 요소가 무엇이고, 또 이들 요소들이 어떻게 상호작용하는지를 그림으로 분석해서 문제를 이해하는 기법이다. 시간의 흐름에 따라서 변화하는 사회현상과 자연현상을 설명하고, 복잡한 문제의 인과관계를 표현하는데 유용하다. 시스템다이어그램의 적용 3단계는 다음과 같다.

1. 문제의 구성요소 탐색 : 문제와 관련된 구성요소를 내부 및 외부로 나누어서 찾는다.

2. 구성요소 관계를 시각적으로 표현 : 문제의 구성요소들의 관계를 화살표, 원, 문자 등을 이용해서 시스템다이어그램으로 표현한다.

3. 문제의 원인과 영향분석 : 시각자료를 통해서 문제를 이해하고 문제에 관
   련된 원인과 영향을 분석한다.

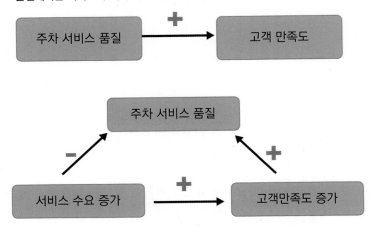

대형 백화점에서 여성 고객의 차를 주차해주는 서비스를 도입
중이나, 시행 한달 후에 주차서비스는 고객들이 가장 많이
불편해하는 서비스가 되어 이 문제가 진화하는 과정을 분석코자함.

④ **인과관계다이어그램**

'인과관계다이어그램'은 인과관계다이어그램을 활용하여 문제를 세분화
해 가면서 문제의 원인과 대안을 찾는 기법이다. 일본의 품질 관리 통계학박
사인 카오루 이시카와가 발명해서 '이시카와 다이어그램'이라고 불리거나,
생긴모양이 생선뼈처럼 생겼다고 하여 '피쉬본 다이어그램'이라고도 부른다.
문제가 커다란 가시를 이루고 해결 또는 원인, 영향 등이 가시에 살처럼 붙
어있는 형상이다. 원인과 결과를 확인하기 위한 용도, 프로세스 초기 단계에
있는 문제점들을 파악하기 위해 사용하기도 하며, 예상과 결과치를 분석하
기 위해서도 사용한다. 대부분 자료분석툴로 사용하지만 최근 스타트업에서
시장성 및 수익성을 파악하기 위한 도구로 사용하기도 한다. 데이터를 나무
(tree)형태로 구조화하는 방법이므로 본질적으로는 로직트리(logic tree)나 마인
드맵(mind map)과 비슷하다.

당초 제시한 다이어그램에서는 문제(효과)의 원인으로 장비(Equipment), 과정(Process), 사람(People), 재료(Materials), 환경(Environment), 운영(Management) 등 6가지의 1차 원인을 제시하고 있다. 각 원인을 나열할 때는 각 단계(level)의 데이터가 서로 배타적이며 그 합은 전체를 이루고 있는지 MECE 원칙을 확인하는 것이 중요하다.

**MECE(Mutually Exclusive, Collectively Exhaustive) 원칙 : 구성요소가 서로는 겹치지 않으면서 모두 합하면 전체가 되어야 한다는 원칙.

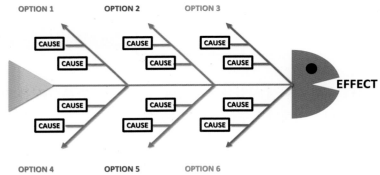

FISHBONE DIAGRAM

출처: 셔터스톡 코리아

⑤ WHY-WHY 기법

'WHY-WHY 기법'은 '왜'라는 질문과 그에 대한 답을 찾아가면서 문제의 원인을 체계적으로 찾기 위한 기법이다. '5WHY 기법'이라고도 하는데, 문제점에 대해 발생하는 요인을 해석하느 수단으로서 규칙적인 순서에 의해 단계별 Why(왜)를 반복함으로써 요인을 빠짐없이 찾아내는 분석 방법이다. 보통 5번 정도 Why를 반복하면 문제의 근원적인 원인을 찾을 수 있다고 한다.

[문제상황 : 모터로 구동되는 기계가 갑자기 정지했다]

NO	왜?	원인	해결방안	
WHY 1	왜 기계가 정지했나?	모터 과부하로 퓨즈가 끊어졌다.	단기적해결방안	퓨즈 교환
WHY 2	왜 과부하가 걸렸을까?	윤활유가 부족했다.		주기적 윤활유 점검 공급
WHY 3	왜 윤활유가 부족했나?	펌프가 윤활유를 충분히 빨아올리지 못했다.		펌프 교환
WHY 4	왜 펌프가 충분히 빨아 올리지 못했나?	펌프의 축이 이상 마모로 인해 흔들리고 있다.		펌프 교환
WHY 5	왜 축이 이상 마모되 었나?	윤활유에 절삭칩이 혼입 되어 있었다.		윤활유 흡입구에 스트레이너 설치

5WHY 기법은 아래 사항을 참고하여 'WHY-WHY 분석표'를 작성하면 문제분석이 더 수월하다.

1. 문제를 정확하게 파악하여 '~이 ~하다' 라는 표현을 사용한다.
2. 한 문장에 2가지 이상의 사물을 동시에 표현하면 분석이 한 방향으로 치우치게 되어 요인을 누락할 가능성이 크다.
3. 현상을 파악할 때 분석자의 감각에 의해 원인을 단정하는 표현을 사용해서는 안 된다.
4. 한 가지 문장이 길게 되면 2~3가지로 분할하고 그 하나하나에 대한 'why'를 반복한다.
5. 더 이상의 'why'를 반복할 수 없는 단계에서는 종료하고 대책을 수립하며, 이상한 'why'가 나오면 즉시 종료하고 앞 단계의 진행을 다시 검토한다.

⑥ KT(Kepner-Tregoe analysis) 기법

'KT(Kepner-Tregoe analysis)기법'은 문제와 관련한 사실과 사실이 아닌 것을

정확히 구분하면서 문제를 분석하고, 문제의 원인을 찾아내는 기법이다. 미국의 사회심리학자 케프너와 사회학자 트레거가 고안한 논리적 사고법으로 문제와 관련한 가정, 사실, 징후들을 명확한 문장으로 변화시킬 수 있기 때문에 문제의 원인을 체계적으로 찾을 수 있는 합리적 모형이다. KT기법의 적용 6단계는 다음과 같다.

1. 문제와 관련한 사실(what is)과 사실이 아닌 것(what is not)을 찾아서 분류한다.

2. 문제가 발생한 장소(where is)와 발생하지 않는 장소(where is not)를 찾아서 분류한다.

3. 문제가 발생한 시간(when is)과 발생하지 않는 시간(when is not)을 찾아서 분류한다.

4. 문제가 발생한 정도(to what extent)와 발생하지 않는 정도(what extent is not)를 찾아서 분류한다.

5. 문제에 관련한 사람(who)과 관련되지 않는 사람(who is not)을 찾아서 분류한다.

6. 이를 통해서 문제의 원인이 될 수 있는 것을 찾아내고 이에 대한 조사를 실시한다.

	있다	없다	차이
WHAT	무엇이 발생했나? 갑자기 증가하는 인터넷접속건수	무엇이 발생하지 않았나? 일상적인 인터넷 접속 건수	수행할 업무가 없음
WHERE	어디서 발생했나? 관리부서(서울)인 A팀과 B팀	어디서 발생하지 않았나? 지방에 위치한 연구부서와 생산부서	프로젝트 핵심멤버인 두 팀장의 관할 부서
WHEN	언제 발생했나? 오후 2~5시 언제 처음 발견됐나? 프로젝트 시작 후부터	언제 발생하지 않았나? 오전 시간 프로젝트 시작전(3개월전)	두 팀장이 프로젝트에 참여 중인 시간

HOW MUCH	얼마나 영향을 받았나? A팀과 B팀 직원 절반	*얼마나 영향을 받지 않았나?* 나머지 직원들	2개월 전에 전부되어 온 직원

⑦ DO-NOTHING 기법

'DO-NOTHING 기법'은 문제를 해결하지 않았을 때 어떤 일이 발생하는지를 분석함으로써 문제의 특성을 분석하는 기법이다. 오히려 문제를 해결하려고 하지 않고 문제를 가만히 두고 해결하지 않았을 때 그 후에 자연스레 발생하는 일을 살펴본다. 이때 발생한 일이나 사건을 분석하는 과정을 통해서 문제의 특성을 분석한다.

⑧ 가정분석기법

'가정분석기법'은 의사결정문제에 관련해 숨어 있는 가정들을 찾아내고, 이러한 가정의 타당성을 분석하는 기법이다. 문제에 관련해 감춰져 있는 가정들까지 찾아낸 후 이러한 가정들을 모아 타당한지 타당하지 않은지 등 특성에 대해 분석하는 과정을 거친다. 이러한 가정 분석을 통해 의사결정문제의 특징과 본질을 파악해 볼 수 있다.

⑨ 문제범위확대기법

'문제범위확대기법'은 처음에 설정한 문제를 서로 다른 형태로 분해하고 재구성해서 문제를 다시 분석하고 진단하는 기법이다. 문제의 범위를 확대해 가면서 문제를 다른 각도에서 접근하고 문제를 달성하기 위한 수단을 목표로 설정하는 기법이다. 자원의 배정문제, 기업경쟁력 강화방안, 경영혁신의 실패원인 분석, 신시장 진출실패 등 복잡한 구조를 가진 문제를 분석하는데 유용하다. 문제범위확대기법의 적용 4단계는 다음과 같다.

1. 문제의 해결 목표로부터 출발한다.
2. 문제의 해결 목표를 서로 다른 형태로 표현하고 재구성한다.
3. 재구성된 목표를 달성하기 위한 방법을 찾아본다.
4. 재구성된 목표와 해결방안을 처음 문제와 다시 비교해서 문제를 정확

하게 찾는다.

 ## 문제의 결정단계

캡스톤디자인 문제해결 프로세스의 세 번째 단계는 '문제의 결정단계'로, 해당 단계의 문제 결정 방법은 크게 4가지로 다음과 같다.

1 문제의 해결 여부 결정하기

문제의 특성을 분석한 다음에는 제일 먼저 문제들의 해결 여부를 결정해야 한다. 기업에서는 특성상 여러 자원들이 제한되어 있기 때문에 우선순위를 결정해야 한다. 만약 문제의 해결순서를 잘못 결정한다든지 등의 일들이 발생하게 되면 문제해결과 의사결정은 실패하게 된다. 기업에서 문제의 해결 여부를 결정할 때는 '중요한 문제부터', '단기적 문제부터', '투자 대비 수익성이 높은 문제부터', '문제발견 유형의 문제부터' 등 이와 같은 요소들을 고려해야 한다.

2 문제의 해결목표와 계약조건 결정하기

문제를 해결함으로써 달성하고자 하는 목표를 명확하게 정의하고 문제해결 과정에 영향을 주는 제약조건들을 찾아내야 한다.

3 평가 기준과 평가 방법 결정하기

문제를 해결하기 위한 아이디어들을 평가하는 데 필요한 평가 기준과 평가 방법을 결정해야 한다. 평가 기준과 평가 방법을 결정하는 방법에는 아이디어 평가 매트릭스 기법, AHP 기법 등이 있다.

4 문제 정의하기

기업의 문제는 복잡하고 많은 구성원들이 관여되어 있기 때문에 문제를 구체적으로 명확하게 정의하지 않으면 문제해결 의사결정과정에서 많은 혼란이 발생하게 된다. 문제를 정의할 때는 다음과 같은 방법들을 고려해야 한다. 첫째, 목표의 현재상태(AS IS)를 기술해야 하며, 둘째, 문제의 목표상태(TO BE)를 기술해야 한다. 문제의 목표상태는 문제명세표, 문제정의표 등과 같은 항목들을 중심으로 기술해야 한다. 마지막으로, 문제가 명확하게 정의되었으면 문제해결팀을 구성해야 한다.

문제를 결정하는 기법에는 다음과 같이 6가지가 있다.

① 문제우선순위 분석기법

'문제우선순위 분석기법'은 문제의 중요도와 긴급한 정도(긴급도)를 기준으로 우선적으로 해결(우선순위)되어야 할 중요한 문제들을 선정하는 기법이다. 어떤 문제가 보다 더 중요한지를 판단하기 위해서는 문제점들을 다차원 관점 (Multi-dimensional view)에서 평가해보는 것이 중요한데, 그러기 위해선 문제들의 우선순위를 정해야 한다. 중요도, 긴급도, 난이도, 경제성 등을 기준으로 문제들을 평가하고 종합평가하여 순위를 매기는 과정을 통해 가장 먼저 해결해야 할 문제를 선정한다.

문제점	중요성	긴급도	난이도	경제성	종합 평가	순위
부품입고 일정계획과 입고시점이 상이함	4	3	5	5	17	3

생산완료일자가 영업의 요구납기를 맞추지 못함	5	5	5	5	20	1
완제품의 불량이 걸러지지 않고 출하됨	5	3	5	5	18	2
품질목표를 초과한 불량건수가 발생함	5	3	5	4	17	3
설비가동 중단이 발생함	3	2	2	2	9	5

어느 것에 가중치(weight)를 두고 평가할 것인지에 따라 다양한 결과가 나올 수 있으며 문제의 우선순위를 결정하고 나면 각 문제별로 어떻게 분석할지 작업계획을 수립해야 한다. 작업계획은 다음 5가지 원칙을 준수해서 수립하는 것이 좋다.

- 조기에(As soon as possible) : 데이터가 수집될 때까지 기다리지 말고 현 시점에서 빨리 계획을 수립함
- 수시로(Frequently) : 수립된 작업 계획은 데이터를 살펴보면서 보완, 갱신, 개선해야 함
- 구체적으로(Specifically) : 분석 내용과 자료의 출처를 매우 구체적으로 명시함
- 공동으로(Collaboratively) : 팀원들과 검토하고 서로 다른 가설을 시도해야 함
- 마일스톤(milestone)을 따라서 : 중요한 것부터 먼저 추진하며 철저한 일정관리 수행

② 목표스토밍기법

'목표스토밍기법'은 목표선정과정을 구조화하고 목표들 간의 우선순위를 결정하는 기법이다. 목표선정과정을 구조화하고 이를 구체화하여 다양한 목표들을 선정해놓은 뒤, 문제의 우선순위를 결정하듯이 목표들 간의 우선순위를 결정한다. 목표들의 우선순위를 결정하는 방법은 문제우선순위를 결정하는 방법과 상이하며, 중요도, 긴급도, 난이도, 경제성 등의 항목들을 기반으로 종합평가를 진행하여 순위를 매긴다.

③ 가치나무기법

'가치나무기법'은 의사결정자의 총만족도를 설정하고, 이를 구성하고 있는 속성과 속성을 달성하기 위한 목표와 측정수단을 찾아내는 기법이다. 'Value Tree'라고도 하며 일반적으로 총 만족도, 속성, 목표, 측정수단의 순서로 접근하는 하향식(top-down) 방식으로 목표와 평가기준을 찾는 기법이다. 의사결정의 최종목표를 의사결정자의 총 만족도로 설정하고, 그 다음 이를 구성하고 있는 속성과 그 속성을 달성하기 위한 목표와 측정 수단을 찾아냄으로써 의사결정에 관련된 목표와 평가기준까지 객관적으로 찾아 나간다.

대체적으로 의사결정자의 목표는 주관적인 경우가 많아 정의하기 쉽지 않은데, 이 기법으로 총 만족도, 대항목, 목표, 측정 가능한 수단 등 단계적으로 분해하여 분석하기 때문에 다중 목표를 객관적으로 찾을 수 있다는 장점이 있다. 결과적으로 다수의 이해 당사자가 관련된 복잡한 의사결정의 목표를 객관적으로 찾는데 유용하다. 가치나무기법의 적용 4단계는 다음과 같다.

1. 총 만족도를 구성하는 속성을 탐색 : 의사결정자의 최종목표인 총 만족도를 구성하고 있는 속성을 탐색한다.
2. 각 속성에 관련된 목표를 탐색 : 각 속성에 관련한 목표를 탐색한다.

3. 각 목표에 관련된 측정 수단을 탐색 : 목표를 측정할 수 있는 측정수단을 탐색

4. 가치나무의 그림이나 표 작성 : 맨 위쪽에 측정수단, 그 다음에 목표, 다음에 속성, 마지막에 총 만족도 순서로 가치나무 도표나 표를 작성한다.

④ SMARTA 기법

'SMARTA 기법'은 해결해야 할 문제들이 여러개인 상황에서 SMARTA 기준을 토대로 그중에서 중요한 문제를 선정하는 기법이다. SMARTA의 6가지 요소는 각각 다음과 같은 의미를 가진다.

- <u>S</u>pecific : 구체적인 주제
- <u>M</u>easurable : 결과가 측정가능한 목표(수치화 가능한 목표)
- <u>A</u>chievable : 달성가능한 범위(기존 달성치 대비 최대 30%까지)
- <u>R</u>esult-oriented : 결과/성과 도출이 가능
- <u>T</u>ime-bound : 정해진 기간 내 완료가능(마일스톤, 최대 3개월 이내)
- <u>A</u>uthority-bound : 책임자의 권한 이내에 존재

표 A사 문제 현상에 대한 SMARTA 기법 적용 예시

문제 후보	구체성(S)	측정 가능성(M)	목표달성 가능성(A)	결과도출 가능성(R)	기한준수(T)	의사결정 범위(A)
장비 교체	○	○	×	×	×	×
작업자 교체	○	○	×	×	○	○
절삭유 교체	○	○	×	○	×	○
드릴 변경	○	○	○	○	○	○
경도 인하	○	○	×	○	×	×

SMARTA 기법을 적용할 때는 해결하고자 하는 문제 후보를 나열하고 6

개의 항목을 O, X로 평가를 한 후에 O가 가장 많은 문제를 선택한다. 적용 결과 X가 하나라도 있는 문제는 일단 제외하고 O로 많이 채워진 문제를 중요한 문제로 선정한다.

⑤ WHY-METHOD 기법

'WHY-METHOD 기법'은 초기에 정의된 문제를 'WHY'라는 형태로 질문하고 그에 대한 답을 하면서 문제를 이해하고 정의하는 기법이다. 처음에 정의한 문제를 문제의 영역(Scope)를 넓혀가면서 재정의하면서 문제에 대한 이해를 넓히고 다양한 측면에서 문제를 정의해 볼 수 있다. WHY-METHOD의 적용 5단계는 다음과 같다.

1. 문제의 정의
2. 문제에 대한 WHY 질문
3. 질문에 대한 답
4. 질문과 답을 기반으로 문제를 재정의
5. 앞의 세 단계 반복하기

대형 제조회사에서는 최근 사고가 자주 발생하여 근로자들의 사고를 줄이기 위한 방법을 찾고자함.

1. 왜 근로자의 사고가 줄어들기 원하는가?
   육체적인 상해로 부터 근로자를 보호하기위해..
   어떻게 육체적인 상해로부터 근로자를 보호할
   수 있는가?

2. 왜 육체적인 사고로 부터 근로자를 보호해야 하는가?
   회사작업을 제대로 수행하기위해..
   어떻게 근로자들이 작업을 제대로 수행하기 위해
   도울 수 있는가?

3. 근로자들의 작업 수행을 돕는 방법을 다시 질문으로 구성
   – 재정의 : 어떻게 회사의 이익을 증대할 수 있겠는가?

4. 회사의 이익을 증대하는 방법을 다시 질문으로 구성
   – 재정의 : 어떻게 국가 경제를 활성화 시킬 수 있겠는가?

5. 결국 근로자의 사고를 줄이는 방법은 국가 경제의 문제까지
   연결되고 있음.

---

⑥ 문제재정의 기법

'문제재정의 기법'은 WHY 질문, 문제영역, 재정의 등과 같은 방식을 활용해 문제를 다양한 각도에서 다양한 방법으로 재정의해 봄으로써 문제를 정확하게 찾아내는 기법이다. 문제를 기존의 분석방법과는 다른 방법을 사용하여 재정의해보는 것으로 이를 통해 다양한 관점과 새로운 시각에서 문제를 바라보고 문제를 재해석할 수 있다.

 아이디어 개발단계

캡스톤디자인 문제해결 프로세스의 네 번째 단계는 '아이디어 개발단계'로, 해당 단계의 아이디어 개발 방법은 크게 10가지로 다음과 같다.

 과거방법 활용하기

창의적 아이디어를 개발하기 위해 가장 쉽게 활용하는 방법 중 하나로, 아이디어 독창성은 가장 낮은 편이다. 대표적인 예로는 페스트프랙티스기법, 벤치마킹 등이 있다.

 그룹으로 개발하기

다수의 사람들이 모여 자유로운 분위기 속에서 다양하고 창의적인 아이디어를 개발하는 방법으로, 대표적인 예로 브레인스토밍기법, 브레인라이팅기법, 명목그룹기법, 델파이기법 등이 있다.

3　목표속성 만족시키기

문제를 해결해서 달성하고자 하는 목표의 속성을 찾아낸 다음 이 속성들을 만족시키기 위한 아이디어를 개발하는 방법을 의미한다. 대표적인 예로는 속성나열법, 형태학기법, 원형관계기법, 휴리스틱 아이디어기법 등이 있다.

4　아이디어 변형하기

창의적 아이디어를 개발할 때 가장 많이 활용되는 방법으로 기존의 아이디어를 변형하는 방법을 의미한다. 대표적인 예로는 SCAMPER 기법, ERRC 기법, 체크리스트기법, 제품개선 체크리스트기법 등이 있다.

5　아이디어 공격하기

기존의 아이디어가 가진 가정, 약정, 타당성, 논리성을 공격하고 그에 대한 대응방안을 찾아가면서 새로운 아이디어를 개발하는 방법을 의미한다. 대표적인 예로는 악마의 옹호자기법, 변증적 질의기법, 아이디어왕관기법 등이 있다.

6　문제의 범위 변화시키기

문제의 영역과 범위를 변화시키거나 문제의 구성요소들을 분할 혹은 분해하면서 새로운 아이디어를 개발하는 방법을 의미한다. 대표적인 예로는 단어 다이아몬드 기법, 순차적 추상기법, 문제재정의기법 등이 있다.

7　가정에 도전하기

기존의 가정이나 고정관념에 대해 과감하게 도전하거나 현재와 정반대의 방법으로 생각함으로써 창의적인 아이디어를 개발하는 방법을 의미한다. 대표적인 예로는 가정의 반전기법, 역가정기법, 역발상기법 등이 있다.

8 새로운 관점으로 보기

문제를 기존의 관점이 아닌 다른 관점으로, 즉 다른 시간 혹은 다른 장소 등에서 바라보면서 아이디어를 개발하는 방법을 의미한다. 대표적인 예로는 역할연기법, 여섯색깔모자기법, 새로운 시각기법, 역할스토밍 기법 등이 있다.

9 유추하기

문제와 관련이 없는 다른 문제의 해결방안을 유추해서 창의적인 아이디어를 개발하는 방법을 의미한다. 대표적인 예로는 유추기법, 생물유추기법, 속성유추사슬기법, 창족공학기법 등이 있다.

10 연상하기

'기차'를 생각하면 '여행'이 떠올려지는 것과 같이 문제와 관련이 있는 단어나 사물, 사건에 대해 생각하면서 새로운 아이디어를 개발하는 방법을 의미한다. 대표적인 예로는 마인드맵핑기법, 만다라트기법, 명사수식어연상 기법 등이 있다.

아이디어를 개발하는 기법에는 다음과 같이 13가지가 있다.

① Best practice 기법

'Best practice 기법'은 과거의 성공 또는 실패사례에서 아이디어를 개발하는 기법이다. 이 기법은 먼저 문제를 정의하고, 과거문제의 해결방안을 탐색한 후에 이를 현재문제에 적용하는 과정으로 진행된다. 지속적이고 효과적인 목표달성을 위해 성공 또는 실패한 사례들을 기반으로 성공적인 해결책이나 문제해결 방법을 찾아낸다.

② **Brainstorming 기법**

'Brainstorming 기법'은 <u>여러 사람이 모여 창의적인 아이디어를 개발하</u>
<u>는 기법이다. 문제와 기회를 정의한 다음 이를 기반으로 아이디어를 도출한</u>
<u>다. 그 후 생각해 낸 아이디어들을 활용해 아이디어 그룹핑 및 아이디어 창출</u>
<u>을 하게 된다.</u> 브레인스토밍은 알렉스 오스본에 의해 대중화되었으며, 집단
적 창의적 발상 기법으로 집단에 소속된 인원들이 자발적으로 자연스럽게 제
시된 아이디어 목록을 통해 특정한 문제에 대한 해답을 찾고자 노력하는 과
정이라고 할 수 있다.

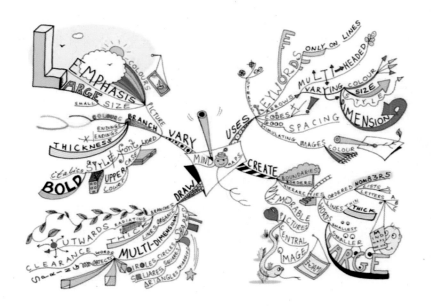

브레인스토밍의 효과적인 발상을 위한 2가지 원리는 <u>1. 판단보류, 2. 가</u>
<u>능한 많은 숫자의 발상을 이끌어낼 것</u> 인데, 이 원리들에 따라 오스본은 브레
인스토밍에 대한 <u>4가지 기본 규칙</u>을 언급했고 다음과 같다.

- 양에 포커스를 맞추기 : '양이 질을 낳는다(quantity breeds quality)'는 격언
  을 따라 문제 해결을 꾀하는 것으로 발상의 다양성을 끌어올리는 규칙

이다. 많은 숫자의 아이디어가 제시될수록 효과적인 아이디어가 나올 확률이 올라간다는 것을 전제로 두고 있다.

- 비판, 비난 자제 : 브레인스토밍 중에는 제시된 아이디어에 대한 비판은 추후의 비판적 단계까지 보류하고 계속해서 아이디어를 확장하고 더하는 데 초점을 두어야 한다. 비판을 유예하는 것으로 참여자들은 자유로운 분위기 속에서 독특한 생각들을 꺼낼 수 있다.
- 특이한 아이디어 환영 : 많고 좋은 아이디어 목록을 얻기 위해서 엉뚱한 의견을 가지는 것도 장려된다. 새로운 지각을 통해서 혹은 당연하다고 생각해오던 가정을 의심하는 것으로부터 더 나은 답을 줄 수 있는 새로운 방법이 떠오를 수 있다.
- 아이디어 조합 및 개선 : 1+1이 3이 될 수도 있다는 슬로건에 따라 아이디어들을 연계시키는 것으로써 더 뛰어난 성과를 얻을 수 있다고 여긴다.

구분	기법	참가자가 아이디어 구두제시	참가자가 아이디어 기록	구두 접촉	비구두 접촉	아이디어 선별포함	카드 사용	용지 사용
브레인스토밍 계열	Gordon법	○		○				
	역브레인스토밍	○		○				
브레인라이팅 계열	브레인라이팅 Pool		○		○			○
	브레인스토밍 게시판		○					
혼합 계열	미쯔비시 브레인스토밍	○	○	○				○
	Trigger법	○	○	○				○

브레인스토밍이 처음 개발된 이후로 파생기법이 수없이 많이 개발되었다. 다양한 브레인스토밍 파생기법들을 '브레인스토밍 계열', '브레인라이팅 계열', '혼합계열'의 세 범주로 분류하였다. 기법을 분류한 기준은 딱 2가지, 참가자가 아이디어를 지면 위에 쓰느냐 혹은 대면구두접촉 활동이 포함되어 있느냐 이다.

브레인스토밍 계열	Gorden 기법	이 기법은 문제 해결자들을 '숲 밖으로' 끌어내는데 특히 효과적이다. 한마디로 문제 해결자가 시야를 넓게 가져야 할 필요가 있을 때 사용하는 것이 좋다. 처음에는 리더가 원래 문제를 참가자들에게 알려주지 않고 추상적으로 정의하여 알려주고 아이디어를 요청한다. 시간이 지나면서 점점 구체적으로 문제를 알려주면서 그때마다 참가자들에게 아이디어를 요청한다. 맨 마지막에 다다라서는 원래 문제가 무엇인지를 알려주고 문제해결에 대한 아이디어 제시를 요구한다.
	역브레인스토밍	리더가 참가자들에게 주어진 문제에 대하여 잘못될 수 있는 것, 해서는 안 될 일, 일어나서는 안 될 일, 또는 다른 더 부정적인 접근방식에 대한 아이디어를 요청한다. 이런 시간을 짧게 가진 다음 긍정적인 아이디어를 찾는 원래의 브레인스토밍을 수행한다. 이 기법은 발상의 전환을 통하여 반대의 관점으로 문제를 바라보게 함으로써 새로운 아이디어를 얻고자 할 때 사용하는 것이 좋다.
브레인라이팅 계열	브레인라이팅 Pool	6~8명의 사람들이 테이블 주위에 둘러앉아서 주어진 문제에 대한 자신의 아이디어를 종이에 적는다. 아이디어 4개를 적으면 바로 테이블의 가운데에 놓는다. 참가자들이 아이디어가 고갈되었을 때는 자신이 갖고 있던 종이를 테이블에 놓여있는 종이 중 하나와 바꾸고 그 종이에 적혀있는 아이디어 편승해서 새로운 아이디어를 산출해낸다. 결국 모든 참가자들은 테이블 가운데에 쌓여있는 종이 중 하나를 자신의 것과 바꾸어야 한다.

	브레인스토밍 게시판	사무실에서 창조적인 아이디어를 브레인스토밍하기 위해 게시판을 이용한다. 게시판을 사무실 중앙이나 눈에 잘 띄는 곳에 설치하고 색종이에 해결해야 할 과제들을 적어놓는다. 그 문제에 대한 아이디어나 제안을 가진 사람은 누구든지 하얀종이에 자기생각을 적어 문제의 색종이 아래 부착거나 쓴다.
혼합 계열	미쯔비시 브레인스토밍	전통적인 서구스타일의 브레인스토밍에 대한 일본식의 대안을 개발한 것으로, 아이디어를 시각화 및 체계화시킴으로써 새로운 아이디어를 도출할 필요가 있을 때 유용하다. 1. 문제를 확인한다. 2. 참가자들이 자신의 해결책을 적는다. 3. 참가자들이 자신의 아이디어를 소리내어 읽는다. 4. 자신만의 독창적인 아이디어가 없거나 적은 사람들은 자신의 아이디어뿐만 아니라 남의 아이디어에 편승한 아이디어도 같이 발표할 수 있다. 5. 아이디어를 소리내어 자세하게 설명한다. 6. 리더가 그림 및 도표로 아이디어를 정리한다. 7. 아이디어에 대해 토론하고 평가를 한다.
	Trigger법	종종 고전적인 브레인스토밍과 함께 사용되며, 이 기법은 참가자 각자가 적어놓은 아이디어에 대한 토론이 필요할 때 사용하는 것이 좋다. 1. 먼저 문제 기술서를 참가자들에게 읽어준다. 2. 각 참가자들은 말없이 약 5분 동안 아이디어를 적는다. 3. 한 참가자가 자기 아이디어를 다른 참가자들에게 읽어주고 간략하게 설명한다. 4. 나머지 참가자들은 읽혀진 아이디어에 대해 약 10분 동 안 토론을 한다. 토론을 하는동안 원래 아이디어의 변형이나 전혀 다른 새로운 아이디어를 개발하고, 자신이 쓴 아이디어 목록 중에 중복된 것이 있으면 지운다. 5. 모든 아이디어에 대한 토론을 마칠 때까지 계속한다.

이 외에도 브레인스토밍 기법을 수행하는데 유용한 25가지의 기법이 있는데, 25가지 기법은 참가자들이 보다 더 활발하고 적극적으로 자기자신의 아이디어를 내는 데 유용하다. 브레인스토밍의 25가지 기법은 다음 사진과 같다.

25 USEFUL BRAINSTORMING TECHNIQUES

1. TIME TRAVEL.
   What would you do if you were in a...different time period?
2. TELEPORTATION. Different place?
3. ATTRIBUTE CHANGE. Different gender/ age /race /intellect /nationality /etc?
4. ROLESTORMING. What would you do if you were someone else?
5. ICONIC FIGURES. What if you were an iconic figure? Buddha? Jesus? Mother Theresa? Winston Churchill? Albert Einstein?
6. SUPERPOWERS.
   What if you had superpowers?
7. GAP FILLING.
   What does it take to fill the gap?
8. GROUP IDEATION. Brainstorm in a group.
9. MIND MAP. Start with your goal in the center, and branch into as many sub-topics as needed.
10. MEDICI EFFECT. Identify strategies from seemingly unrelated fields.
11. SWOT ANALYSIS. What are the Strengths? Weaknesses? Opportunities? Threats?
12. BRAIN WRITING. Write your ideas, rotate within a group, and build off each others' ideas.
13. TRIGGER METHOD. Brainstorm on ideas that "trigger" you until you find the best solution.
14. VARIABLE BRAINSTORMING.
    What is the variable in question? Identify all its variations and brainstorm on them.
15. NICHE. Mix and match the variable variations in #14 and brainstorm on them.
16. CHALLENGER. Challenge every assumptions.
17. ESCAPE THINKING. Flip each assumption and review the situation from the new angle.
18. REVERSE THINKING. Do the opposite of what people would typically do.
19. COUNTERACTION BUSTING.
    What counteracting variables are there? How can you eliminate the counteraction?
20. RESOURCE AVAILABILITY.
    What would you do if money, time, people, supplies are not issues at all?
21. DRIVERS ANALYSIS. How can you magnify the drivers and eliminate opposing factors?
22. EXAGGERATION. Enlarge the goal. Shrink it. Multiply it. What would you do in each situation?
23. GET RANDOM INPUT. Get a random stimuli (word, image, object, etc) for inspiration.
24. MEDITATION.
    Meditate on the situation.
25. WRITE A LIST OF 101 IDEAS.
    Don't stop until you have at least 101.

③ 속성나열기법

'속성나열기법'은 달성하고자 하는 특성을 찾고 이를 달성하는 방법을 찾음으로써 새로운 아이디어를 개발하는 기법이다. 새로운 제품, 서비스, 또는 시스템을 만들 때 달성하고자 하는 특성을 찾아내고 이를 달성하는 방법을 찾음으로써 새로운 대안을 개발한다. 주로 제품이나 프로세스의 개선 방안을 수립할 때 사용되며 value engineering, morphological analysis와 같은 방법의 출발점이라고 할 수 있다. 속성나열기법의 적용 4단계는 다음과 같다.

1. 프로세스 및 시스템 속성 결정하기
2. 다양한 속성들 중에서 중요한 속성 결정하기
3. 속성의 달성 방법 탐색하기
4. 달성방법의 통합 및 대안 도출

최근의 자동차 손해 보험업계의 중요한 경쟁 무대는 서비스 경쟁이기 때문에 한 손해 보험회사에서는 고객들에게 서비스를 강화할 방안을 찾고 있으며, 보험 회사에서는 고객들이 원하는 서비스가 무엇인지를 분석코자 함.

1. 고객들이 원하는 서비스의 속성은 신뢰, 편리, 다양, 저렴한 서비스의 네 가지 속성을 갖는 걸로 분석되었다.
2. 고객이 원하는 네 종류의 서비스의 속성
   - 신뢰할 수 있는 서비스 : 서비스 내용, 가격, 품질, A/S 등 고객이 100% 신뢰할 수 있는 서비스
   - 편리한 서비스 : 서비스 신청서부터 종료까지 고객에게 가장 편리한 서비스
   - 다양한 서비스 : 자동차 운행에 필요한 다양한 종류의 서비스
   - 저렴한 서비스 : 경쟁사나 경쟁 업종의 다른 서비스 체계보다 저렴한 서비스
3. 고객이 원하는 서비스의 네 가지 속성을 달성하기 위한 수단을 찾아 본 결과 다음과 같은 수단이 필요
   - **보험 상품, 홈 페이지, 콜 센터, 정비 센터, 전략**
4. 이 같은 수단들을 중심으로 자동차 보험 서비스의 속성을 달성할 수 있는 대안과 방안을 개발

④ SCAMPER 기법

'SCAMPER 기법'은 SCAMPER의 이니셜을 중심으로 아이디어를 변화시켜서 새로운 아이디어를 개발하는 기법이다. 브레인스토밍 기법의 일종 중 하나로 브레인스토밍 기법을 창안한 오스본의 체크리스트를 에이벌이 7개의 키워드로 재구성하고 발전시킨 것이다. 이 기법은 사고의 영역을 7개의 키워

드로 정해놓고 이에 맞는 새로운 아이디어를 생성한 뒤, 실행가능한 최적의 대안을 골라내기 때문에 브레인스토밍 기법보다 구체적인 안을 도출하는 데 유용하다.

- Substitute(대체하기)
  ✓ 기존의 것을 다른 것으로 대체함으로써 고정적인 시각을 새롭게 바라볼 수 있도록 하는 질문.
  ✓ A 대신 B를 쓰면 어떨까? A의 성분을 B가 아닌 C로 하면 어떨까?
  ✓ *EX) 젓가락의 재질을 나무로 바꿔보면 어떨까?*

- Combine(결합하기)
  ✓ 두 가지 이상의 것을 결합하여 새로운 것을 도출할 수 있도록 하는 질문.
  ✓ A와 B를 합치면 어떨까?
  ✓ *EX) 스캐너와 복사기, 프린트기를 합치면 어떨까?*

- Adapt(응용하기)
  ✓ 어떤 것을 다른 목적과 조건에 맞게 응용해 볼 수 있도록 하는 질문.
  ✓ A를 B 외에 C에도 사용하면 어떨까? A와 비슷한 것은 무엇일까?
  ✓ *EX) 식물의 씨앗의 특징을 의류에 적용하여 벨크로(찍찍이)를 개발했다.*

- Modify(수정하기) - Magnify(확대하기) - Minify(축소하기)
  ✓ 어떤 것의 특성이나 모양을 변형하고 확대, 축소하여 새로운 것을 생각해 볼 수 있도록 하는 질문.
  ✓ A의 특성을 변형한다면 어떨까? A를 확대하면 어떨까? A를 축소하면 어떨까?
  ✓ *EX) 컴퓨터를 축소한다면 노트북이 된다. 더 축소한다면 태블릿과 스마트폰이 된다.*

- Put to other uses(다른 용도로 사용하기)
  ✓ 어떤 것을 전혀 다른 용도로 생각해 볼 수 있도록 하는 질문.
  ✓ A를 B 용도 외에 C 용도로 사용하면 어떨까?
  ✓ *EX) 베이킹파우더를 청소용 세제로 사용한다.*

- Eliminate(제거하기)
✓ 어떤 것의 일부 또는 제거가 가능한 기능들을 찾아보는 질문.
✓ A의 일부를 제거한다면 어떨까?
✓ *EX) 전화기의 선을 없앤다면 어떨까?*
- Reverse(반전하기), Rearrange(재정렬하기)
✓ 어떤 것의 순서, 위치, 기능, 모양 등을 바꾸거나 재정렬하여 새로운 것을 생각해 볼 수 있도록 하는 질문.
✓ AB를 BA로 바꾸면 어떨까? A의 역할을 바꾸면 어떨까?
✓ *EX) 김밥의 김과 밥의 위치를 바꾸면 누드 김밥이 된다.*

약자	의미	설명	사례
S	Substitute 대체시키면?	다른 성분, 재료, 과정, 에너지, 장소, 접근법 등	페타이어 보도블럭, 쌀과자, 종이컵
C	Combine 결합하면?	혼합, 합금, 목적, 아이디어, 부속 단위의 결합	지우개 달린 연필, 김치냉장고, 카메라핸드폰, DMB폰, 힐리스 운동화, 파르페, 밀크티, 매직홀라우프(홀라우프+자석+구슬), DMB폰(텔레비전+휴대폰), 복합기(복사기+프린터+스캐너)
A	Adopt 적용하면?	다른 아이디어의 차용, 과거 아이디어의 적용, 다른 용도의 적용	산우엉 가시를 적용한 매직테이프(일명 찍찍이), 장미덩쿨을 본뜬 철조망, 증기의 원리를 이용한 증기기관차, 증기선, 민들레씨-낙하산, 단풍잎씨-프로펠라
M	Modify, Magnify, Minify 수정-확대-축소하면?	확대, 첨가, 생략, 변형, 빈도의 변화, 의미, 색깔, 소리, 향기, 형태 등을 바꾸면? 더 강하게, 길게, 작게, 가볍게, 얇게, 짧게 하면?	유선형 파커 만년필, 휴대폰 교통카드 고리, 풍차, 엠보싱화장지, 울트라북
P	Put to other use 다른 용도는?	원래 용도를 바꾸기, 다른 사용 용도는? 모양, 무게, 형태를 수정하여 다른 용도로 사용	이쑤시개의 다양한 용도, 계란판으로 만든 방음재, post-it

| E | Eliminate 제거하면? | 취소, 분리, 가볍게, 부품 수를 줄이면, 압축시키면? 낮추면? | 무선마우스, 무선키보드, USB, storage, 로드바이시클 |
| R | Reverse 재배치- 거꾸로 하면? | 거꾸로, 반대로 하면? 역할, 위치를 바꾸면? 다른 순서, 차례로 배열하면? 일정을 바꾸면? 원인과 결과를 바꾸면? 역할을 바꾸면? | 누드김밥, 발가락양말, 발가락신발, 양면 옷 |

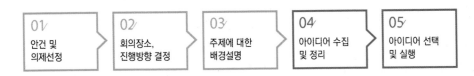

SCAMPER 진행 방법 및 절차는 다음과 같이 <u>5단계</u>로 진행된다.

<u>1. 안건 및 의제 선정</u>

: 조직 내 아이디어 도출을 위한 주제를 선정한다. 이는 회의 주최자가 진행해야 할 사항이며, 주최자는 스캠퍼 회의에 참여할 참여자들을 위해 충분한 시간을 활용하여 아이디어 도출이 수월하게 이루어질 수 있도록 미리 회의 주제를 알려주는 것이 좋다.

<u>2. 회의 장소, 진행방향 결정</u>

: 업무의 효율을 높이는 방법 중 하나가 자유롭고 편안한 회의 환경이 조성되어 있느냐 인데, 창의적인 아이디어를 낼 수 있는 공간을 회의 장소로 정하며 회의 내용의 기록이 용이한 곳으로 선정한다.

<u>3. 주제에 대한 배경설명</u>

: 회의에 앞서 회의 참석자들에게 회의의 목적을 정확히 이해시켜주고 스캠퍼 기법을 통해 어떤 방향으로 결과를 도출해 내고자 하는지 설명한다. 보다 더 신속하게 회의 목적을 달성하고 그에 필요한 준비과정을 줄이는 효과를 얻을 수 있다.

4. 아이디어 수집 및 정리

: 참여자들은 전달받은 주제를 SCAMPER 7개 키워드에 하나씩 접목하여 아이디어를 생산한다. 최대한 많은 아이디어를 적어나가고 이때 나온 아이디어에 대해서는 서로 비판하거나 숨기지 않는다. 도출된 아이디어들은 스캠퍼 기법 리스트에 기록한다.

5. 아이디어 선택 및 실행

: 1차, 2차로 나누어 분류한 아이디어들을 다 같이 검토하여 실행가능성이 있는, 경쟁력이 있는 아이디어를 선택한다. 선택된 아이디어를 통해 향후 어떻게 프로젝트를 진행할 것인지 프로젝트 방향에 대해 계획을 수립한다.

⑤ ERRC 기법

'ERRC 기법'은 ERRC의 이니셜을 중심으로 아이디어를 변화시켜서 새로운 아이디어를 개발하는 기법이다. Eliminate, Raise, Reduce, Create로 구성되어 있으며, 내/외부 환경을 분석하여 필요없는 부분은 제거하거나 감소시키고, 필요한 부분은 증가 또는 창조 시키는 전략이다. 이 기법을 통해 강점과 약점은 물론 앞으로 나아가야 할 방향까지 한눈에 확인할 수 있다. ERRC 기법은 차별화시킬 수 있는 새로운 전략을 찾아내는데 큰 도움이 되며, 불필요한 비용을 줄이기 때문에 적은 비용으로 더 큰 효과를 창출할 수 있다.

- Eliminate(제거) : 생존을 위해 버려야 할 요소 혹은 버려도 상관없는 요소
- Raise(증가) : 목표를 달성하기 위해 더 자주 또는 많이 행해야 할 요소
- Reduce(감소) : 완전히 제거할 수는 없지만, 목표를 달성하기 위해 실행 횟수를 줄이거나 크기를 줄여야 하는 요소
- Create(창조) : 목표를 달성하기 위해 새롭게 시작하거나 공략해야 할 요소

The ERRC Chart

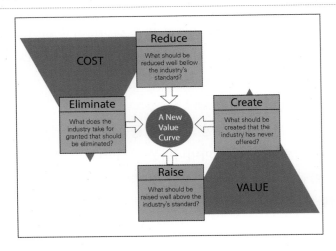

ERRC의 대표적인 성공사례에는 태양의 서커스가 있는데, 태양의 서커스는 전통적인 서커스 산업을 ERRC로 혁신하여 새롭게 수요를 창출한 사례이다. 전통적인 서커스 요소들은 과감하게 제거 또는 축소하고, 연극, 뮤지컬, 오페라 등으로 사업을 확대하였고, 그 결과 캐나다 대표 문화 기업을 성장하게 되었다.

Eliminate(제거)	Raise(증가)
스타 곡예사 동물 묘기 쇼 구내 매점 복합 쇼 무대	독특한 공연장
Reduce(감소)	Create(참조)
재미와 유머 스릴과 위험	테마 세련된 관람환경 다양한 공연작품 예술적 음악과 무용

⑥ 악마의 옹호자기법

'악마의 옹호자기법'은 악마의 역할을 통해 아이디어의 객관성과 논리성을 높이는 기법이다. 그룹으로 대안을 개발하고 평가할 때 한 두 사람이 악마의 역할을 맡아서 각 대안의 약점을 공격하고, 객관적인 자료를 요구하면서 각 대안의 객관성과 논리성을 높인다. 이 기법은 복잡하고 불확실성이 높은 문제의 대안을 개발할 때 그룹 내의 다른 사람들의 영향을 줄이면서 대안의 타당성과 논리성을 강화할 수 있는 유용한 기법이다. 악마의 옹호자기법의 적용 4단계는 다음과 같다.

1. 문제와 기회의 정의 및 악마 결정 : 해결하고자 하는 문제나 기회를 정의하고, 악마의 역할을 수행할 사람을 결정한다.
2. 아이디어 제시 및 악마의 공격 : 악마 이외의 사람들은 새로운 아이디어를 제시하고, 악마는 새로운 아이디어들의 약점을 공격한다.
3. 악마의 공격에 대한 방어 : 악마의 공격에 대응하면서 타당성을 높인 새로운 아이디어를 개발한다.
4. 위와 같은 과정을 반복하면서 아이디어에 대한 타당성과 현실성 강화하기

국내 전자 회사에서는 경쟁력을 강화하기 위한 전략을 개발하고 있으나, 이 전략이 매우 중요하고 불확실성이 많을 것으로 예상됨.

1. 프로젝트에 참여하고 있는 팀원 중에서 2명에게 devil의 역할을 배정
2. 경쟁력을 높이기 위한 방안으로서 신제품 개발, 해외 시장 개척, 영업망 강화, 신규 사업 진출의 네 가지 대안이 개발됨.
3. 악마의 역할을 맡은 팀원은 네 가지 대안의 약점, 가정, 추진 방안, 타당성에 대해서 끊임없이 문제를 제기
4. 대안을 개발한 팀에서는 악마들의 주장에 관한 자료를 준비하고, 답변
5. 이 같은 과정을 통하면서 네 가지 대안의 타당성, 객관성, 논리성을 검증

---

⑦ 단어 다이아몬드 기법

'단어 다이아몬드 기법'은 문제의 단어들을 변형시켜가면서 아이디어를 만들어내는 기법이다. 문제를 구성하는 4개의 단어나 문구들을 변형시켜가면서 다양한 아이디어를 만들어낸다. 단어 다이아몬드 기법의 적용 4단계는 다음과 같다.

1. 문제와 기회의 정의 : 해결하고자 하는 문제를 정의한다.
2. 단어 선정 : 문제를 구성하고 있는 4개의 주요 단어나 문구를 선정한다.
3. 단어조합을 통한 아이디어 개발 : 4개의 단어나 문구를 자유롭게 조합하면서 아이디어를 개발한다.
4. 위와 같은 조합과 개발의 과정을 반복한다.

> 전자회사는 판매실적이 떨어지고 있어서 이에 대한 해결 방안을 검토 중임.
>
> 1. "고객의 만족도를 높여서 판매량을 높일 수 있는 마케팅 전략은 무엇인가"를 문제로 정의하고, 네개의 핵심단어를 "고객, 만족도를 높인다, 판매량을 늘린다, 마케팅 믹스 요소"로 선정
> 2. 4개의 단어를 이용해서 단어 다이아몬드를 만듦.
> 3. "만족도를 높힌다" "마케팅 믹스요소" 두 개의 단어를 선정해서 "제품의 품질을 높여서 고객의 인지도를 높인다", "새로운 제품을 개발해서 젊은 고객을 공략한다" 등의 아이디어를 개발

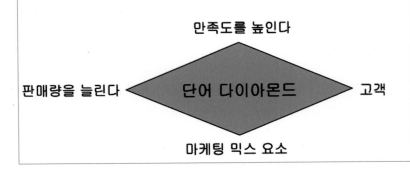

⑧ 분할기법

'분할기법'은 문제의 특성을 나타내는 두 단어의 속성들을 개선할 수 있는 아이디어를 만들어내는 기법이다. 일단 문제를 여러 개의 단어로 나누고, 이들 두 단어에 관련한 속성들을 찾아낸 다음, 해당 속성을 통해 이를 개선할 수 있는 새로운 아이디어를 만들어 낸다. 분할기법의 적용 3단계는 다음과 같다.

1. 문제와 기회의 정의 : 해결하고자 하는 문제나 기회를 정의한다.
2. 단어선정 : 문제나 기회의 속성을 나타내는 두 단어를 선정한다.
3. 속성의 세분화 및 아이디어 개발 : 속성을 나타내는 단어를 세분화해서 속성을 추가하고, 속성에 적합한 아이디어를 개발한다.

⑨ 역가정 기법

'역가정 기법'은 문제에 관련된 역가정에 도전할 수 있는 방법을 찾아 아이디어를 만들어내는 기법이다. 역가정 기법은 역발상 기법이라고도 할 수 있는데, 문제를 반대로 뒤집어서 창의적인 아이디어 및 대안을 만들어내는 아이디어 개발 기법이다. 기존의 문제 접근 방식을 벗어나서 문제를 재구성해서 대안을 개발하는 방법으로 병렬적 사고(lateral thinking)의 한 방법이라고 볼 수 있다. 역발상 기법의 적용 3단계는 다음과 같다.

1. 문제의 대안 정의 : 현재 입장에서 문제와 아이디어를 정의한다.
2. 반대 방향의 탐색 : 문제를 분석한 관점의 반대 방향을 찾아낸다.
3. 반대 방향에서 대안 개발 : 반대의 관점에서 창의적인 대안을 개발하고 평가한다.

> 경쟁이 치열한 유통업계의 1위 업체인 A사는 3위 업체인 B사를 인수하면 시너지 효과를 만들어 낼 수 있기 때문에 A사는 B사를 인수하기로 결정하였다. A사는 B사를 인수 합병할 수 있는 세 가지 전략을 개발하였으나 A사의 경영층은 개발된 어느 전략도 마음에 들지 않았다. 따라서 새로운 대안을 개발하기 위한 방안을 강구 중

1. 경쟁사인 B사를 인수하기 위해서 개발된 전략을 분석한
   결과, 개발된 대안이 모두 A사가 B사에 다가가는 전략이었음.
2. A사가 B사를 인수하려 한다는 소식을 접한 B사는 다양한 요구
   조건을 준비하고 있었다. 따라서 A사가 B사를 먼저 인수하려고
   하는 전략은 B사에게 많은 협상력을 줄 수 있기 때문에 협상
   과정에 많은 어려움이 예상되었다.
3. 따라서 경영층은 태스크포스팀에서 반대로 B사가 A사로 다가올
   수 있는 전략을 개발하도록 지시
4. 이렇게 접근한 결과 전혀 다른 유형의 대안들이 개발되었다.

⑩ 역할 연기법

'역할 연기법'은 문제에 관련한 이해당사자의 역할을 연기하면서 아이디어를 만들어내는 창의적인 기법이다. 특정 연할을 연기함으로써 그 역할과 입장에 대한 이해를 통해 창의적인 아이디어를 고안해내는 방법이다. 역할연기법은 J.L 모레노의 사이코 드라마(심리극)에서 발전했는데, '롤플레이(Role Play)'라고도 할 수 있다. 역할연기법의 장점은 어떤 역할을 맡아 연기를 하기 때문에 이해력이 훨씬 더 높아지며 생각하는 것과 실제로 행동하는 것의 차이를 통해 실제상황과 가까워 현실감 역시 높일 수 있다. 또한 타인의 연기에 대한 관찰을 통해 기발한 아이디어나 영감을 얻을 수도 있다. 반면 단점에는 목적과 계획이 명확하지 않으면 이러한 연기가 학습으로 연계되지 않을 수도 있다는 점이 있다. 또한 준비시간이 많이 소요되는 편이며, 연기 자체에 비적극적이거나 거부감이 있는 참가자가 있을 경우 어려움이 생길 수 있다.

⑪ 유추기법

'유추기법'은 문제와 다른 문제의 해를 찾아 그 해를 의사결정하고자 하는 문제에 적용하는 기법이다. 유추기법은 말 그대로 유추하는 과정을 통해 이를 문제에 적용하고 아이디어를 개발하는 방법이다. 윌리엄 고든은 천재와 대발명가들을 대상으로 심리 연구를 진행한 결과 그들의 공통적인 사고방식

이 '유추'라는 것을 발견하게 되었는데, 이러한 유추기법을 기반으로 창안한 기법에는 '관련이 없는 요소들의 결합'이라는 의미를 지닌 '시네틱스(Synetics) 기법'이 있다. 시네틱스 기법에는 총 4가지의 유추기법이 있다.

- 직접 유추(Direct analogy)
  ✓ 실제로 비슷하지 않은 두 개념을 객관적으로 비교함으로써 현재 직면하고 있는 문제를 해결하고자 한다.
  ✓ *EX) 우산->낙하산, 체온보전->겨울철 동물들. 비행기->새*
- 의인 유추(Personal analogy)
  ✓ 문제를 해결하는 사람 스스로가 문제의 일부분이 되었다고 생각해 봄으로써 문제가 필요로 하는 통찰을 끌어내고자 한다.
  ✓ *EX) 탁구공을 잃어버렸는데, 내가 만약 탁구공이라면 작고 통통 튀고 어디든 잘 굴러가므로 각 및 구석에 들어가 있을 것이다.*
- 상징 유추(Symbolic analogy)
  ✓ 개념이나 대상들의 관계를 기술할 때 상징을 활용하고자 한다.
  ✓ *EX) 대지는 어머니이다 / 부드러운 강함*
- 환상 유추(Fantasy analogy)
  ✓ 현실을 넘어서는 상상을 통해 유추함으로써 문제를 해결하고자 한다.
  ✓ *EX) 하늘을 나는 자동차*

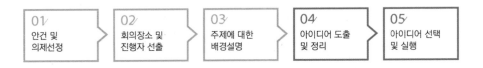

유추기법을 활용한 시네틱스 기법을 적용하는 단계는 다음과 같이 5단계로 이루어진다.

1. 안건 및 의제 선정
: 조직 내 아이디어 도출을 위한 주제를 선정한다. 회의주최자는 안건을

참가자들에게 사전에 전달하여 충분한 자료조사를 할 수 있는 시간을 제공해준다.

2. 회의장소 및 진행자 선출

: 회의의 효율을 높일 수 있도록 자유롭게 토의할 수 있는 장소를 선정하고, 참가자들이 의견을 자연스럽게 이끌고 조율할 수 있는 회의진행자를 선출한다.

3. 주제에 대한 배경 설명

: 회의주최자는 선정한 회의 주제에 대해 기본적인 배경설명을 통해 목적과 진행방식에 대한 이해를 도와준다.

4. 아이디어 도출 및 정리

: 참여자들은 직접 유추, 의인 유추, 상징 유추, 환상 유추 단계에 맞춰 아이디어를 제안한다. 유추를 통해 나온 아이디어는 다시 한 번 주제와 결합하여 내용을 구체화하며 계속적으로 아이디어를 발전, 확장해나가며 문제에 최적화된 아이디어를 선별해 나간다.

5. 아이디어 선택 및 실행

: 회의를 통해 제시된 아이디어는 주제와 관련성, 문제해결 가능성, 실행 가능성, 경쟁력 등을 검토한 후 최종선택하고, 선택된 아이디어는 진행 방향에 대해 계획을 수립한 후 진행한다.

⑫ 마인드 맵핑

'마인드 맵핑'은 문제와 관련한 단어들 간의 관련성을 구조화하고, 이를 기반으로 새로운 아이디어를 개발하는 기법이다. 중심 개념에서부터 관련된 아이디어를 시각적으로 표시해 나가는 활동으로, 특정 주제에 대한 자신의 생각을 몇 마디 정보나 단어, 문장 등으로 회상하고 표현할 수 있도록 하는 데 도움을 준다. 마인드 맵핑은 여러가지 형태로 할 수 있는데, 거미줄과 같은 형태, 나무 모양이나 기차 모양과 같은 형태를 취할 수도 있다. 마인드 맵핑은 개념을 드러나게 해주는 구조, 단어, 컬러, 이미지를 사용하기 때문에 꽤나 시각 지향적인 기법이다.

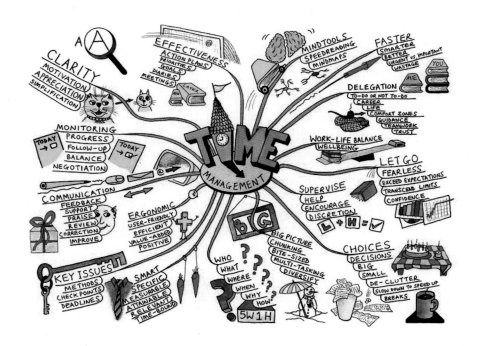

　마인드 맵핑은 단순하고, 연상적이며, 시각적이고, 모든 방향으로 작업이
가능하다는 이점을 가지고 있다. 좋은 마인드 맵을 만들기 위해서는 나중에
추가할 수 있는 아이디어가 있을 수 있기 때문에 많은 여백을 사용해야 한다
또한 필요한 곳에 컬러와 대문자를 사용하여 마인드 맵을 각각 개별화하는
것이 필요하며, 하위 주제들에 대한 중심을 만드는 것도 중요하다.

　마인드 맵핑은 상상력과 창의성을 자극하기 때문에, 완전히 분석적이고
창조적인 기술을 사용하는 기법으로 여겨진다. 보통 마인드 맵핑의 기능은
다음과 같다.

- 인간의 정보교환을 시각해준다.
- 수집된 아이디어와 사고를 구성하고 재구성하며 걸러내준다.
- 정보를 분석하고 구조화하며 핵심 사항간의 관계를 확인하게 해준다.
- 지식 관리 체계를 개선시켜준다. 마인드 맵은 정보 또는 외부의 연결관
  계를 포함하는 시각적 인터페이스로 사용될 수 있다.

- 더 나은 방법으로 정보를 생산하고 제공한다.
- 미팅, 프레젠테이션, 프로젝트, 리서치, 제안 등에 필요한 정보를 효율적으로 관리해준다.

⑬ 만다라트(Mandal-Art) 기법

'만다라트(Mandal-Art) 기법'은 문제의 주제어와 관련한 아이디어들을 자유롭게 연상하여 아이디어를 개발하는 기법이다. 일본의 디자이너 '이마이즈미 히로아키'가 구상한 기법으로, Manda(본질의 깨달음)+la(달성 및 성취)+art(기술)의 합성어이다. 가장 큰 주제 및 목표를 세우고 이에 대한 아이디어, 생각들을 확산해 나가는 형태로, 생각을 더욱 쉽게 정리하고 한눈에 조합하여 확인할 수 있어 누구나 쉽게 발상을 전개하거나 목표를 관리하는 데 도움을 준다.

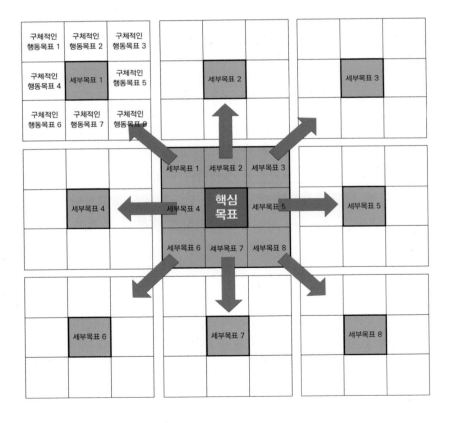

일반적인 만다라트는 3x3칸으로 구성되어 있으며, 만다라트 기법 적용 프로세스는 다음과 같다.

1. 3x3칸으로 구성된 정사각형을 준비한다.
2. 가운데 위치한 정사각형 중앙 칸에 중심 주제를 적는다.
3. 중앙 주변 칸에 중심 주제와 연관된 아이디어나 생각들을 각각 채워 넣는다.
4. 9칸이 모두 채워졌으면 중앙의 주제를 제외한 8칸의 아이디어를 각각 9개로 구성된 새로운 정사각형의 중앙에 기재하여 아이디어를 확장해 간다.
5. 이렇게 생각을 확장해 가면 총 8x8=64개의 아이디어가 도출된다.
6. 도출된 아이디어들을 서로 조합하여 최종 결론을 낸다.

이 외에도 5W 만다라트도 존재하는데, 5W는 각각 Who, What, Why, Where, When을 의미하며, 5W 만다라트 적용 프로세스는 다음과 같다.

1. 9개로 구성된 정사각형을 준비한다.
2. 가운데 위치한 정사각형 중앙 칸에 Who의 내용을 기재한다.
3. Who 칸의 위에는 What, 아래에는 Why, 왼쪽에는 Where, 오른쪽에는 When을 배치한다.
4. What, Why, Where, When을 또다시 새로운 중심을 두고 아이디어를 확장해 나간다.

만다라트의 장점은 크게 3가지로 나눌 수 있는데, 첫 번째는 모든 내용을 한 페이지로 확인 가능하다는 것이다. 가로, 세로 9칸씩 총 81칸의 정사각형을 채우는 과정에서 수많은 아이디어를 한 페이지로 시각화하는 것이 가능하다. 두 번째는 틀에 공백을 메우는 심리 적용이 적용된다는 점이다. 공백을 메우는 과정에서 다양한 아이디어가 발생하며, 생각이 멈춰있는 상태에서 생각이 활성화되는 효과도 있다. 마지막으로, 논리적으로 구체적인 생각정리가 가능하다는 것이다. 중심/주요/하위 토픽으로 분류된 칸에 내용을 기입하면서 자연스럽게 논리체계가 생성되며, 세부적인 내용을 적는 과정에서 생각이 구체화된다.

만다라트 기법의 대표적인 사례로는 일본의 괴물투수인 오타니 쇼헤이가 고등학교 1학년 때 세워놓은 만다라트 계획표가 있다.

몸관리	영양제 먹기	FSQ 90kg	인스텝 개선	몸통강화	축을 흔들리지 않기	각도를 만든다	공을 위에서 던진다	손목강화
유연성	몸 만들기	RSQ 130kg	릴리즈 포인트 안정	제구	불안정함을 없애기	힘 모으기	구위	이미지 트레이닝
스태미너	약먹기	식사 저녁7그릇 아침3그릇	하체강화	몸을 열지않기	멘탈 컨트롤을 하기		회전수업	힘빼기
뚜렷한 목표, 목적을 가진다	일희일비 하지 않기	머리는 차갑게 심장은 뜨겁게	몸만들기	제구	구위	축을 돌리기	하체강화	체중증가
펀치에 강하게	멘탈	분위기에 휩쓸리지 않기	멘탈	8구단 드래프트 1순위	스피드 160km/h		스피드 160km/h	어깨주위 강화
마음의 파도를 만들지말기	승리에 대한 집념	동료를 배려하는 마음	인간성	운	변화구	가동력	라이너 캐치볼	피칭을 늘리기
감성	사랑받는 사람	계획성	인사하기	쓰레기줍기	부실청소	카운트볼 늘리기	포크볼 완성	슬라이더의 구위
배려	인간성	감사	물건을 소중히 쓰자	운	심판분을 대하는 태도	늦게 낙차가 있는 커브볼	변화구	좌타자 결정구
예의	신뢰받는 사람	지속적	플러스 사고	응원 받는 사람이 되자	책읽기	직구와 같은 폼으로 던지기	스트라이크에서 볼을 던지는 제구	거리를 이미지하다

아이디어 결과추정단계

캡스톤디자인 문제해결 프로세스의 다섯 번째 단계는 '아이디어 결과추정단계'로, 해당 단계의 아이디어 결과추정 방법은 크게 4가지로 다음과 같다.

1 아이디어 구조화하기

아이디어 구조화를 통해 경제성이나 현실성이 없거나 중복된 아이디어를 제거해 체계적으로 정리할 수 있다. 아이디어를 구조화하는 과정은 다음과 같다. 먼저 타당성이 없는 아이디어들을 제거한 다음, 경제성이 없는 아이디어들도 제거한다. 남은 아이디어들을 유사한 특성을 가진 것들끼리 조합한 후에, 상호 배타적인 아이디어들로 분류한다. 마지막으로 아이디어들의 논리적 순서를 정하면서 아이디어를 구조화시킨다.

2 아이디어 결과 예측하기

각 아이디어들을 실행했을 때 예상되는 결과들을 체계적으로 추정하는 것을 의미한다. 아이디어의 결과를 예측하는 방법에는 주관적 추정방법과 객관적 추정방법이 있다.

3 아이디어 위험 추정하기

아이디어의 결과는 미래에 발생하는 것이기 때문에 많은 위험과 불확실성이 존재한다. 따라서 아이디어가 어떻게 변화하는지 분석하는 것은 매우 중요하다.

4 아이디어 리스크 프로파일링하기

아이디어를 실행하는 과정에서 발생할 수 있는 리스크들을 찾아내 프로파일링하는 작업은 무조건 필요하다. 프로파일링하는 과정은 다음과 같다. 먼저 위험과 불확실성 요소를 분석하고, 위험과 불확실성의 상황도 분석한다. 그 다음 상황의 발생가능성을 추정한 후 상황 발생에 따른 결과를 추정한다. 마지막으로 이를 의사결정나무를 활용하여 표현한다.

아이디어를 추정하는 기법에는 다음과 같이 8가지가 있다.

① 아이디어 구조화 기법

'아이디어 구조화 기법'은 아이디어들을 제거하고 조합해서 아이디어를 구조화하는 기법이다. 다양한 아이디어들을 모아 의미가 없거나 필요가 없는 아이디어들은 제거하고, 비슷한 특성을 가졌거나 필요한 아이디어들은 서로 조합한다. 이러한 과정을 거쳐 아이디어를 구조화하는 방법이다. 이런 구조화를 통해 전체적인 아이디어들을 체계적으로 정리하고 한눈에 파악할 수 있다.

② 비용편익분석

'비용편익분석'은 비용과 편익을 서로 비교해서 아이디어의 타당성을 평가하는 기법이다. 비용편익(이익)분석은 CBA(Cost/Benefit Analysis)라고도 하며, 대안을 추진해서 얻을 수 있는 이익과 대안을 추진하는 데 발생하는 비용을 비교 평가해서 대안의 타당성을 평가하는 기법으로 모든 경제적 의사결정의 기본적인 평가기법이라고 할 수 있다. 비용편익분석은 경제적 분석이 필요한 의사결정의 대안을 평가할 때는 매우 유용하지만, 반면 무형적인 비용과 이익을 측정하기 힘든 상황에서는 적용하기가 어렵다. 비용편익분석의 적용 4단계는 다음과 같다.

1. 비용의 추정
2. 이익(편익)의 추정
3. 이익과 비용에 대한 각각 경제적 가치 추정
4. 이익과 비용의 변화 분석

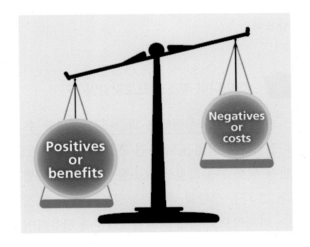

이익과 비용은 유형적 요소(tangible factors)뿐만 아니라 측정하기 힘든 무형적 요소(intangible factors)들로 구성되어 있다. 또한 비용과 이익은 장기간에 걸쳐서 발생하기 때문에 비용편익분석을 사용할 때는 이러한 점들을 주의해야 한다. 뿐만 아니라 불확실성 역시 존재한다는 것도 주의해야 한다. 만약 무형적 비용과 이익을 측정할 수 있다면 아마 비용편익분석은 매우 객관적인 기법이 될 것이다.

유통 회사의 영업 부서의 관리자는 컴퓨터 시스템을 이용한 영업 관리 시스템 도입을 검토 중임.

구분	항목	세부 내역
비용	컴퓨터 장비	10 PCs : 1,225/대; 1 server : 1,750; 소프트웨어 : 7,500 3 printer : 600/대; Cabling & Installation : 2,300
	교육 훈련비	컴퓨터 교육 : 8명 * 200 ; 키보드 교육 : 8명 * 200 시스템 교육 : 12명 * 350
	기타	업무손실 비용 : 40일/사람 * 100/일 전환과정에 판매손실 : 10,000 (추정) 업무숙달 과정에 발생한 손실 : 10,000 (추정)
	합계	55,800
이익	이익	우편물 관리 비용 절감 : 20,000/년 (추정) 텔레 마케팅에서 얻은 이익 : 10,000/년 (추정) 행정 및 관리 업무 절감 : 25,000/년 (추정) 고객만족 및 고객유지 이익 : 15,000/년 (추정) 고객정보의 정확성 : 5,000/년 (추정) 마케팅 활동의 집중에서 얻은 이익 : 15,000/년 (추정)
	합계	90,000/년

③ 장/단점 나열법

'장/단점 나열법'은 아이디어의 좋은 점과 나쁜 점을 찾아 타당성을 평가하는 기법이다. 사람의 장점과 단점을 작성해보듯 아이디어들에 대해 각각 좋은 점(장점)과 나쁜 점(단점)을 찾아 나열해보고, 장점과 단점의 비교분석을 통해 어떤 아이디어가 좋은지 그 타당성을 따져보는 기법이다. 각 아이디어들에 대한 장점과 단점을 골고루 잘 찾는 것이 중요하다고 할 수 있다. 이 기법은 대안의 결과를 계량하기 힘들고, 정상적인 요소로 측정되는 대안의 장/단점을 비교 평가하는 데 유용하다. 장/단점 나열법의 적용 5단계는 다음과 같다.

1. 그룹의 분류
2. 대안찬성그룹의 대안 개발
3. 대안반대그룹의 대안 분석
4. 검토그룹의 대안 검토
5. 대안의 창출 및 종합 분석

전자 유통 회사의 사업부를 이끌어 갈 신임 본부장을 선발하는 방안을 구성 중

구분	내부 선발		외부 선발		사장 겸직	
	Pros	Cons	Pros	Cons	Pros	Cons
1	업무이해 높음	변화 가능성 부족	변화가능성 높음	업무이해 부족	업무이해	과한 업무 부당
2	선발 쉬움		조직혁신	조직동요 가능성	선발 쉬움	조직사기 낮음
3	조직사기 높음			시간 소요		

④ **의사결정나무분석**

'의사결정나무분석'은 의사 결정 규칙을 나무 구조로 표현하는 기법이다. 즉, 어느 대안이 선택될 것인가라는 것과 일어날 수 있는 불확실한 상황 중에서 어떤 것이 실현되는가 라는 것에 의해 여러 결과가 생긴다는 상황을 나뭇가지와 같은 모양으로 도식화한 것이다. 주로 문제의 대안을 분석하는 데 유용하며 대안을 평가할 때 가장 널리 이용하는 방법 중 하나이다.

의사결정나무를 구성하는 요소에는 결정나무의 골격이 되는 '대안'과 '불확실한 상황', 결과로서의 '이익' 또는 '손실', '불확실한 상황과 결과가 생기는 확률'이 있다. 이들의 요소들이 결정점과 불확실점으로 결합되어 최종적으로 의사결정나무를 만들게 된다. 의사결정나무분석 기법을 활용하면 대안을 추진했을 때 발생하는 확률과 성과를 측정해서 대안의 기대이익을 측정할 수 있다.

decision tree analysis

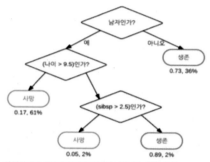

타이타닉호 탑승객의 생존 여부를 나타내는 결정 트리.
("sibsp"는 탑승한 배우자와 자녀의 수를 의미한다.) 잎 아래의
숫자는 각각 생존 확률과 탑승객이 그 잎에 해당될 확률을 의
미한다.

대안의 결과의 발생확률과 그에 따른 성과를 계량적으로 측정하기 때문에 대안을 객관적으로 분석할 수 있다는 장점이 있다. 의사결정나무 기법의 분석 5단계는 다음과 같다.

1. 목표변수와 관계가 있는 설명변수들의 선택
2. 분석 목적과 자료의 구조에 따라 적절한 분리 기준과 정지 규칙을 정하여 의사결정나무의 구조 작성
3. 부적절한 나뭇가지는 제거(가지치기)
4. 이익(Gain), 위험(Risk), 비용(Cost) 등을 고려하여 모형평가
5. 분류(Classification) 및 예측(Prediction)

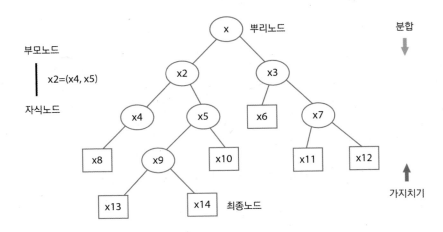

의사결정나무의 구조는 위의 그림과 같이 이루어져 있는데, 의사결정나무의 맨 위쪽에 위치하는 마디를 가리켜서 '뿌리마디(Root Node)'라고 부르는데, 분류대상이 되는 모든 개체집단을 의미한다. 하나의 마디가 하부마디로 분화가 될 때 특정마디 위쪽에 존재하는 마디를 '부모마디(Parent Node)'라고 부르고, 특정마디 아래쪽에 존재하는 마디를 '자식마디(Child Node)'라고 부른다. 더 이상 마디가 분화되지 않는 최종마디를 '최종노드(Terminal Node)'라고 부른다.

⑤ 아이디어 결과의 시나리오 분석

'아이디어 결과의 시나리오 분석'은 아이디어 결과가 일어날 수 있는 3가지 상황에서 발생할 수 있는 결과를 추정해 위험을 분석하는 기법이다. 아이디어 결과가 일어날 수 있는 3가지 상황은 각각 최악의 상황, 일반적인 상황, 최고의 상황이다. 이렇게 각각의 상황에서 아이디어의 결과가 일어날 수 있는 시나리오에 대한 분석을 진행하는 것으로, 시나리오를 통한 분석 기법은 미래의 불확실성을 감안해 다양한 미래의 모습을 상정함으로써 기존에 사용되던 단순한 예측 기법의 한계를 보완하는 것이라고 할 수 있다.

⑥ 리스크 매트릭스 기법

'리스크 매트릭스 기법'은 <u>위험요인들을 발생가능성과 영향력의 측면에서 분류하여 아이디어의 위험을 평가하는 기법</u>이다. 리스크 매트릭스 (Risk Matrix)는 한마디로 위험 매트릭스로, 위험을 정량화하며 위험관리(Risk management)의 중요한 부분인 위험평가(Risk Assessment)의 위험분석방법이다. 위험에 대해서 정확히 예상하고 분석하여 아이디어의 위험을 평가하며, 결과적으로는 그 위험을 줄이기 위한 방법이다.

RISK MATRIX　　　　　　　　　　　　　HELP

CONSEQUENCE			Insignificant	Small	Moderate	Large	Very large
	Cost		0-0,63 mill DKK	0,63-2,5 mill DKK	2,5-6 mill DKK	6-13 mill DKK	13-38 mill DKK
	Time		0-3 days	3 days-1,7 weeks	1,7 weeks-1 months	1-2 months	2-6 months
	Quality		Minor temporary quality impact	Major temporary quality impact	Minor permanent quality impact	Moderate permanent quality impact	Major permanent quality impact
PROBABILITY		Weight	1	2	3	5	8
Almost certain	50% - 100%	6					
Likely	25% - 50%	4					
Possible	10% - 25%	3					
Rare	5% - 10%	2					
Unlikely	1% - 5%	1					
Very unlikely	0% - 1%	0,25					

리스크 매트릭스 기법에서는 각 아이디어들에 대해 빈도와 강도를 예측하고, 리스크 매트릭스의 4부분 중 어디에 상당하는지 판단한다. 작성된 리스크 매트릭스에 대해서는 결과에 따라 여러가지 대응을 할 수 있는데, <u>대응에는 총 6가지</u> 방법이 있다.

- <u>피하기</u> : 리스크의 원인을 없앤다.
- ✓ *EX) 어떤 나라의 회사와의 계약은 하지 않는다.*
- <u>옮기기</u> : 이동하여 리스크 강도를 낮춘다.
- ✓ *EX) 코스트경쟁력 격화/시장 변화에 대비하여 생산 일부를 해외로 이*

동한다.

- <u>분산</u> : 리스크를 분산시켜 강도를 낮춘다.

✓ *EX) 본사 기능이 있는 장소와 생산공장의 장소를 분리한다.*

- <u>줄이기</u> : 리스크 빈도를 낮춘다.

✓ *EX) 품질담당의 책임자·담당을 교육하여 품질 문제 발생을 낮게 한다.*

- <u>보완</u> : 백업하기

✓ *EX) 정전에 대비하여 자사 공장 내에 발전 장치를 설치한다.*

- <u>강화</u> : 리스크 내구력을 높인다.

✓ *EX) 동업 타사를 흡수·합병한다.*

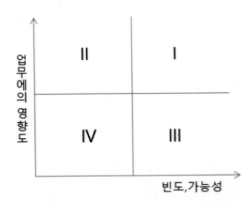

I : 커다란 위협이 되는 고 리스크 항목
II : 발생한 경우 임팩트가 높은 항목
III : 발생 가능성은 높은 항목
IV : 우선도가 낮은 항목

⑦ **위험분석기법**

'위험분석기법'은 <u>아이디어의 위험요소를 찾아내고 위험의 정도를 평가</u>
<u>해서 이를 관리할 수 있는 방안을 수립하는 기법</u>이다. 대안을 추진할 때 만나
게 되는 위험요소는 <u>외부환경요소</u>(경제, 기술, 정치/규제, 사회/문화, 경쟁사, 고객, 협력사, 대체
재)와 <u>내부환경요소</u>(인력, 자원, 조직문화, 전략, 기술)로 나누어질 수 있다. 이 기법은 대
안을 추진할 때 영향을 줄 수 있는 위험 요소들을 찾아서 어떻게 대응해야 하
는지를 분석할 수 있게 해준다.

피해의 크기 발생가능성	낮음	중간	높음	매우 높음
낮음	낮음	낮음	중간	높음
중간	낮음	중간	높음	매우 높음
높음	중간	높음	매우 높음	매우 높음

위험분석은 크게 정량적 분석(Quantitative)과 정성적 분석(Qualitative)로 나눌 수 있다.

구분	정량적 분석	정성적 분석
장점	• 객관적인 평가 기준이 적용된다. • 정보 가치가 논리적으로 평가되고 화폐 가치로 표현되어 납득이 더 잘된다. • 위험관리 성능 평가가 용이하다. • 위험분석 결과가 금전적 가치, 백분율 등으로 표현되어 이해가 쉽다.	• 계산에 대한 노력이 적게 든다. • 비용/이익을 평가할 필요가 없다.
단점	• 계산이 복잡하여 분석하는데 시간과 노력, 비용이 많이 든다. • 수작업의 어려움으로 자동화 도구 사용 시 벤더에 의존된다.	• 위험분석 과정이 지극히 주관적이라 사람에 따라 달라진다. • 측정 결과를 화폐로 표현하기가 어렵다. • 위험완화 대책의 비용/이익 분석에 근거가 제공되지 않고 문제에 대한 주관적인 지적만 있다. • 위험관리 성능을 추적할 수가 없다.
기법	• 과거자료 분석법, 수학공식 접근법, 확률 분포법, 점수법	• 델파이기법, 시나리오법, 순위결정법, 질문서법, 브레인스토밍, 스토리보딩

⑧ 리스크 프로파일링 기법

'리스크 프로파일링 기법'은 아이디어 실행 상의 위험과 불확실성 요소를 모두 찾아내고, 각 요소에 따른 상황, 발생가능성, 결과를 분석하는 기법이다. Risk Required, Risk Capacity, Risk Tolerance 요소에 따른 분석을 진행한 후 최종적으로 취합하여 Risk Profiling을 한다.

 ## 아이디어 선택단계

캡스톤디자인 문제해결 프로세스의 여섯 번째 단계는 '아이디어 선택단계'로, 해당 단계의 아이디어 선택 방법은 크게 4가지로 다음과 같다.

 ### 1 아이디어 순위 결정하기

아이디어의 순위를 결정할 때는 적절한 평가기준과 평가방법을 활용해 아이디어의 결과와 발생 가능성, 장/단점 등을 평가해서 아이디어들의 순위를 결정해야 한다. 대표적인 예로는 가중치평가기법, 2차원 그리드기법, 스티커투표, 장/단점 평가기법 등이 있다.

 ### 2 아이디어 심층적 분석하기

순위를 결정한 후 우선순위가 높은 2~3개의 아이디어들을 심층적으로 분석해야 하는데, 이때 WHAT-IF 분석과 GOAL-SEEKING 분석 방법을 사용해야 한다.

 아이디어 최종 선택하기

아이디어를 최종 선택할 때는 핵심평가기준에 초점을 두고 위험에 대한 태도를 고려하며 아이디어 결과에 대한 시나리오 분석을 하고 그룹을 결정해야 하며, 기업의 관점에서 아이디어를 선택하고 의사결정자의 판단을 존중하고 아이디어는 변화할 수 있다는 것을 인지하고 오류를 점검해야 한다.

 아이디어 동의 구하기

아이디어를 실행하는 과정에서 영향을 줄 수 있는 이해당사자들을 찾아내고 이들의 동의를 구해야 한다. 이때 이들의 이해와 니즈를 분석해 합의를 도출하는 과정이 필요하다.

아이디어를 선택하는 기법에는 다음과 같이 8가지가 있다.

① 가중치 평가 기법
'가중치 평가 기법'은 평가기준에 가중치를 부여해 아이디어를 평가하고 선택하는 방법이다. 가중치란 평균치를 산출할 때 각 개별치에 부여되는 중요도이다. 비중을 서로 달리하는 여러 품목에 대한 하나의 평균치를 산출할 때, 비중에 따라 각 개별품목에 알맞은 중요도를 결정하고 이를 적용시켜 평균치를 얻게 된다. 중요도에 따라 가중치를 부여하게 되는데, 가중치 평가 기법은 이런 가중치를 아이디어 평가에 부여하여 이에 따라 선택하는 방법이다.

평가 기준 아이디어	① (가중치 : 0.5)	② (가중치 : 0.3)	③ (가중치 : 0.2)	가중 점수 총점	최종 순위
A	1(0.5)	2(1.0)	2(1.0)	2.5	2
B	3(1.5)	2(1.0)	3(1.5)	4.0	1
C	2(1.0)	1(0.5)	0	1.5	3
D	0	1(0.5)	1(0.5)	1.0	4

N개의 아이디어가 있다면 가중치 순위 행렬을 완성하기 위해서 각 평가기준에 대해 N(N-1)/2 회의 비교를 수행해야 하고, 평가기준이 M개면 총 M*N(N-1)/2 회의 비교를 수행해야 한다. <u>가중치 평가 기법의 진행 순서</u>는 다음과 같다.

1. 가중치의 합계가 1이 되도록 선정된 평가 기준에 각각 가중치를 할당한다. 가중치는 평가 기준을 선정할 때의 중요도에 따라 할당한다.
2. 가장 왼쪽 열에 도출된 아이디어로, 가장 위쪽 행에 평가 기준과 가중치를 기록한 가중순의 행렬을 만든다.
3. 각 평가기준에 대해 도출된 아이디어를 2안 비교순위 결정법 또는 쌍비교 분석법을 활용해서 점수를 매긴다.
4. 각 아이디어가 획득한 점수에 평가 기준의 가중치를 곱해서 가중 점수를 계산한다.
5. 각 아이디어의 가중 점수의 총점을 계산한다.
6. 총점을 기준으로 아이디어의 최종 순위를 결정한다.

② 2차원 그리드 기법

'2차원 그리드 기법'은 <u>2차원 그리드를 만들어 아이디어를 시각적으로 비교 평가하는 기법</u>이다. 이 기법은 <u>여러가지 평가기준을 여러 개의 2차원 그리드(Grid)로 만들어서 대안을 시각적으로 평가</u>한다. 예를 들어 평가기준이 중요도와 긴급도라고 하면, 어떠한 문제가 얼마나 중요한지와 얼마나 긴급한지를 가지고 우선순위를 결정한다. 그리고 이 둘을 2차원 Grid에 표현하여 결합하였을 때 가장 중요하면서도 동시에 긴급한 문제나 방법, 아이디어를 선택하는 것이다.

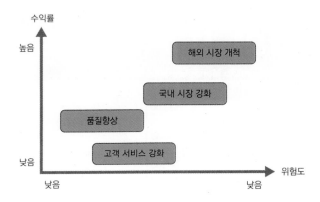

전자회사가 사업을 확장하려고 하는데, 해외시장 진출, 국내시장 강화, 고객서비스 강화, 품질향상의 네종류의 전략적 대안을 검토 중 대안평가기준으로 투입비용, 수익률, 불확실성, 타사업부서와 시너지 등 선정, 2차원 비교분석.

이 기법은 대안을 그림과 도표로 표현해서 시각화하기 때문에 여러 구성원들의 의견과 생각을 공유하고 수렴해서 대안이나 아이디어를 평가하고 선택하는데 유용하다. 2차원 그리드 기법의 적용 3단계는 다음과 같다.

1. 평가 기준을 결정하기
2. 평가 기준의 선택과 2차원 그리드 개발하기
3. 다양한 종류의 그리드를 개발하고 분석하기

③ WHAT-IF 분석

'WHAT-IF 분석'은 상황변화에 따라 목표가 어떻게 변화하는지를 분석하는 방법이다. 즉 어떤 조건이 변화할 때 그에 따른 결과가 어떻게 달라지는지를 검증하는 일종의 시뮬레이션 방법이라고 할 수 있다. 의사결정 환경, 의사결정 변수, 변수들의 관계, 제약조건의 4가지 요인의 변화에 따라서 대안의 결과가 어떻게 변화(What-If)하는지를 분석해서 대안의 타당성을 분석한다. 이 기법은 복잡한 대안을 다양한 각도에서 심층적으로 분석하는 데 유용하다. <u>WHAT-IF 분석의 적용 4단계</u>는 다음과 같다.

    1. 의사결정 변수 변화 추정하기

    2. 제약조건 변화 추정하기

    3. 환경의 변화 추정하기

    4. 변화관계의 변화 추정하기

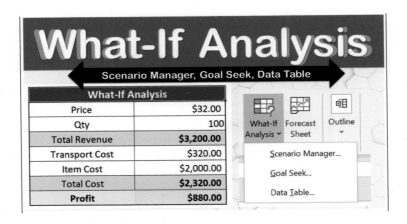

WHAT-IF 분석의 장점과 단점은 각각 아래와 같다.

장점	단점
• 특별한 기법이나 계산과정이 필요없다. • 제품 수명주기의 어느 단계에서도 활용할 수 있다. • 상대적으로 비용이 적게 든다. • 분석결과를 단순한 표로 제시한다.	• 분석에 팀의 노력을 필요로 한다. • 질문에 대하여 참가자들의 경험과 직관에 의존한다. • 주관적인 측면이 강하다. • 수리적인 결과없이, 정상적인 결과만이 얻어진다.

전자제품 제조 회사에서 최근 판매량 증가에 따라 생산시설을 확대할
수 있는 대안으로 현 공장의 증설과 신규 공장 건설을 검토 중에 있음.
기본적인 경제성 분석 결과 두 대안 모두 타당성이 있는 것으로
판명된 상태

1. 의사결정의 변수의 변화 – 2교대 라인을 투입 / 생산시설 및
   생산프로세스를 변화시키면 어떻게 될까?

2. 제약조건의 변화 – 투자예산이 줄어들 경우 / 인건비가 증가하면
   어떻게 될까?

3. 환경 변화 – 현재 가정하고 있는 수요의 감소 / 수요가증가하면
   어떻게 될까?

4. 변수들간의 관계 변화 – 원가 구조의 변화 / 생산 수율이 변화
   하면 어떻게 될까?

④ GOAL-SEEKING 분석

'GOAL-SEEKING 분석'은 목표를 달성하기 위해 상황이 어떻게 변화
하는지를 분석하는 방법이다. 어떻게 보면 WHAT-IF 분석에서 분석 순서를
뒤집어 놓은 것과 같다고 볼 수 있다. GOAL-SEEKING 분석은 결과값 또는
목표변수값을 먼저 정해두고, 정해진 값이 얻어질 때까지 다른 변수값들을
지속적으로 변화시켜주는 분석 방법이다. 이 기법은 의사결정모형의 가장 기
본적인 기능을 담당하고 있기도 하며, 실제로 의사결정지원시스템에서 가장
많이 사용되는 분석 방법 중 하나이다.

Goal Seek in Excel

한마디로 GOAL-SEEKING은 출력값을 알고 있을 때 올바른 입력값을 찾는 것이다. 종종 Microsoft Excel의 목표 탐색 기능이나 컴퓨터 프로그램을 통한 WHAT-IF 분석을 사용하여 수행된다. 그렇기에 GOAL-SEEKING 분석은 WHAT-IF 분석의 하나라고 볼 수 있다.

⑤ 아이디어 평가 매트릭스

'아이디어 평가 매트릭스'는 아이디어의 매력도와 적합성의 측면에서 평가하고 선택하는 기법이다. 한마디로 아이디어에 대한 평가를 통해 선택하는 방법으로, 여러 평가 기준 중에서 아이디어의 매력도와 적합성에 기반한다. 아이디어가 얼마나 매력적인지, 그리고 특정 상황이나 케이스에 적합한지를 판단한 후 매력도와 적합성이 적절히 충족되는 아이디어를 최종 선택한다.

⑥ 바틀렛기법

'바틀렛기법'은 아이디어를 버리기, 등급 나누기, 점수 부여하기의 과정을 거쳐 선택하는 기법이다. 아이디어 버리기(Culling), 등급에 따라 나누기(Rating), 점수 부여하기(Scoring)의 3단계에 따라서 단계적으로 평가하여 최종적으로 모든 것에 최적화된 아이디어를 선택하는 방법이다.

⑦ 불확실한 상황의 선택기준

'불확실한 상황의 선택기준'은 <u>아이디어의 결과가 일어날 수 있는 확률을 전혀 모르는 상황에서 아이디어를 선택하는 방법</u>이다. 의사 결정자는 대안 결과의 발생 확률을 측정해야 하는데, 대안 결과의 발생확률을 전혀 알 수 없는 상황에서는 라프라스 기준(Laplace Criterion), 맥스민 기준(Maxmin Criterion), 맥스맥스 기준(Maxmax Criterion), 후르비츠 기준(Hurwicz Criterion), 미니맥스 기준(Minmax Criterion)과 같은 기준을 이용해서 대안을 선택한다. <u>불확실한 상황의 선택 기준의 적용 5단계</u>는 다음과 같다.

1. 라프라스 기준(Laplace Criterion) 적용
2. 맥스민 기준(Maxmin Criterion) 적용
3. 맥스맥스 기준(Maxmax Criterion) 적용
4. 후르비츠 기준(Hurwicz Criterion) 적용
5. 미니맥스 기준(Minmax Criterion) 적용

투자 자문회사에서는 세 종류의 주식을 비교 평가해서 투자하려 하는데, 각 주식은 주식시장이 호황, 정체, 침체일 때의 기대수익은 다음과 같을 경우 대안을 선택하는 방안 구상 중

대안	주식 시장		
	호황	정체	침체
회사A	6억 원	1억 원	-2억 원
회사B	3억 원	2억 원	5천만 원
회사C	2억 원	1억5천만 원	1억 원

1. 라프라스 기준 적용 : 회사B 선택
2. 맥스민 기준 적용 : 회사C 선택
3. 맥스맥스 기준 적용 : 회사A 선택
4. 후르비츠 기준 적용 : 회사A 선택
5. 미니맥스 기준 적용 : 회사C 선택

⑧ 아이디어 킬러 대응하기

'아이디어 킬러 대응하기'는 <u>최종 선택된 아이디어에 대한 부정적인 반</u>

응과 대응방안들을 찾는 방법이다. 아이디어 킬러는 아이디어에 대한 부정적인 반응을 보여주며 아이디어의 실천을 막는 사람들을 일컫는다. <u>아이디어 킬러의 대표적인 4가지 부정적인 반응들</u>은 다음과 같다.

    1. 아이디어를 낸 사람에게 겁을 준다.

    2. 아이디어의 실행 시기를 자꾸 딜레이시키는 태도를 가지고 있다.

    3. 아주 사소한 점을 끄집어내 주위를 산만하게 하며 혼란에 빠뜨린다.

    4. 아이디어나 그를 제시한 사람을 대놓고 비웃는 행위를 보인다.

아이디어 킬러들은 이렇게 부정적인 반응을 보여주는데, 아이디어 킬러 대응하기 방법은 <u>의도적으로 아이디어 킬러가 되어</u> 아이디어에 대한 부정적인 반응을 살펴보며 이에 대한 대응방안을 찾아내는 방법이다.

아이디어 실행단계

캡스톤디자인 문제해결 프로세스의 일곱 번째 단계는 '아이디어 실행단계'로, 해당 단계의 아이디어 실향 방법은 크게 4가지로 다음과 같다.

 아이디어 실행계획 수립하기

구체적인 실행계획이 없다면 아이디어 실행에 많은 혼란이 발생할 수 있다. 따라서 아이디어를 <u>효율적으로 추진할 수 있는 실행계획을 수립</u>해야 한다. 대표적인 예로는 <u>마일스톤차트</u>, <u>간트 차트</u>, <u>HOW-HOW 기법</u>, <u>실행 체크리스트 기법</u> 등이 있다.

 아이디어 통제계획 수립하기

아이디어가 <u>올바르게 실행되고 있는지 관리할 수 있는 통제 계획을 수립</u>

해야 한다. 대표적인 예로는 잠재적 문제분석 기법, 시나리오 분석기법, 비상 상황계획기법 등이 있다.

 아이디어 실행하기

아이디어를 실행할 때는 추진 팀을 구성해야 한다. 이때는 필요한 업무를 정확하게 분석하고 적당한 팀원으로 정확하게 구성해야 한다. 그리고 의사결정에 관련한 권한을 팀원에게 배분하는 점 등을 고려해야 한다.

 아이디어 미래문제에 대비하기

아이디어를 실행할 시 예상치 못한 문제가 발생할 수도 있다. 이에 대비하기 위해 먼저 현재 문제의 특성과 목표, 아이디어, 불확실성 요소, 결과 등을 분석하여 다양한 미래문제들을 도출해야 한다. 그리고 이를 분석하여 미래문제에 대응할 대응방안을 수립할 필요가 있다.

아이디어를 실행하는 기법에는 다음과 같이 7가지가 있다.

① HOW-HOW 다이어그램
'HOW-HOW 다이어그램'은 어떻게 추진할 것인가의 연속적인 질문을 통해 아이디어의 추진계획을 수립하는 기법이다. 아이디어를 '어떻게(HOW) 추진할 것인가'의 질문을 통해 1단계 실행계획을 찾아내고 1단계 실행계획을 '어떻게(HOW) 추진할 것인가'의 연속적인 질문을 통해 아이디어의 추진계획을 구체적으로 수립하는 방법이다.

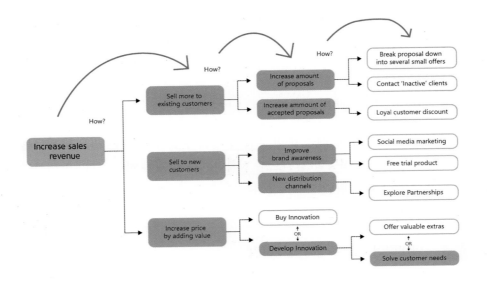

HOW-HOW 다이어그램의 진행단계는 다음과 같다.

1. 문제를 정의한다.

: 문제를 명확하게 정의한 후 문제가 니즈에 의해 정의되었는지 확인한다. 그렇지 않을 경우 HOW 방법 질문이 작동하지 않는다.

2. "HOW?"의 질문을 던진다.

: "HOW?(어떻게?)"라고 질문을 물은 뒤 그에 대한 답변을 생각해서 적는다. 최대한 많은 해결책들을 적도록 노력한다.

3. 질문을 반복한다.

: 생성된 솔루션에 초점을 맞추고 다시 한번 "HOW?"를 질문한다. 화살표를 사용하여 후속 작업을 연결하고 아래에 서로 다른 솔루션을 배치한다.

4. 만족할 때까지 반복한다.

: 아이디어를 충분히 구체화하고 결과에 만족할 때까지 "HOW?" 질문을 반복한다.

5. 구현할 항목을 선택한다.

: 완료되면 결과에 대해 논의하고 실행할 아이디어를 결정한다.

② 실행 체크 리스트 기법

'실행 체크 리스트 기법'은 <u>아이디어 실행 과정상의 활동들을 체크 리스트로 만들어 실행계획을 수립하는 기법</u>이다. 대안을 실행하는 과정에 영향을 줄 수 있는 요소들을 중심으로 checklist를 만든 후, <u>이 checklist를 이용해서 대안의 타당성을 분석하고 추진 관점에서 발생할 수 있는 위험을 줄이는 기법</u>이다. 실행 체크 리스트 기법의 성공여부는 타당성 있는 checklist를 어떻게 만들어 내느냐에 달려 있기 때문에 그룹으로 함께 찾아내는 것이 바람직하다. <u>실행 체크리스트 기법의 적용 3단계</u>는 다음과 같다.

1. 대안의 성공에 영향을 주는 속성을 탐색한다.
2. 속성에 따른 checklist를 작성한다.
3. checklist에 따른 대안의 평가를 진행한다.

한 은행에서 은행의 경쟁력을 높이기 위한 방안의 새로운 경영혁신을 추진하기로 함. 이 경영혁신 추진하기 위해서 대안의 타당성을 분석하고, 추진 과정에 예상되는 어려움을 검토코자 함.

1. 경영혁신을 추진하는데 필수적인 속성은 전략, 직원태도, 조직문화, 성과 및 보상시스템, 정보시스템과 같은 요소로 구성

2. 상기 속성들을 중심으로 세부 실행 항목들을 개발하고, 이들 항목들을 중심으로 대안이 추진될 수 있는지를 확인

3. 구체적인 실행 체크리스트를 가지고, 대안의 타당성을 분석하고, 추진과정에서 발생할 수 있는 문제점을 발견

---

③ 잠재적 문제분석기법

'잠재적 문제분석기법'은 <u>아이디어를 실행하는 과정에서 발생할 수 있는 문제점을 사전에 찾아 제거하는 기법</u>이다. 이 기법은 문제점을 사전에 찾아 제거하기 때문에 아이디어를 효율적으로 추진할 수 있게 해준다. Who, What, Where, When, Why와 같은 질문을 통해서 대안을 추진하는 과정에

서 발생할 수 있는 문제점을 찾아낼 뿐만 아니라 대안의 실현 가능성을 확인할 수 있게 해준다. 잠재적 문제분석은 PPA(Potential Problem Analysis)라고도 부르며, 다음과 같은 프로세스로 체계적으로 분석이 진행된다.

1. 잠재적 문제의 과제화
: 실시하려고 하는 것과 달성하지 않으면 안될 일을 기술하는 것으로, "무엇을 언제까지 달성하느냐"가 명확하게 표시되어야 한다.

2. 실시계획의 작성
: 목표달성을 위한 Time-Schedule을 작성하는 것으로, 중대영역의 확인과 잠재적 문제상정의 계기가 된다.

3. 중대영역의 확인
: 실시계획 달성에 중대한 영향을 미칠지도 모르는 영역을 설정한다.

4. 잠재적 문제의 상정과 평가
: 중대영역 중 '장래에 발생할 수 있는 불리한 상황', '일어날 수 있는 위기' 등 잠재적 문제를 예측하여 기술하고 발생가능성(Probability) 및 발생 시 심각성(Seriousness)을 H,M,L 구분하여 평가한다.

5. 원인 상정하기
: 잠재적 문제가 발생한다면 어떤 원인에 의해서 발생할 것인가를 상정하는 것으로, 그 상정된 원인을 발생가능성(Probability)에 따라 H, M, L로 평가한다.

6. 대책 수립하기
- 예방대책 : 잠재적 문제의 상정 원인을 제거하거나 그 발생을 억제함으로써 문제발생을 예방하기 위한 대책
- 발생 시 대책 : 잠재적 문제가 발생하였을 때 계획에 미치는 악영향을 최소화하기 위한 대책

7. 결행시점(Trigger Point)
: 문제 발생 시 대책은 어떤 상황일 때 누가 실행에 옮기는가를 결정해 두는 것.

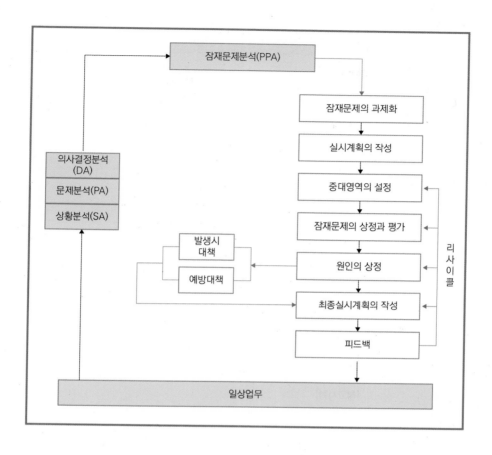

잠재적 문제 분석 기법은 급변하는 환경 속에서 유효한 장래의 대책을 강구하고, 실행계획의 잡다한 요소에까지 세밀한 계획을 세우려고 노력하는 동안, 정작 마련해야 할 부분의 탈락을 방지하고, 조직이나 개인의 장래를 원하는 방향으로 만들어 나가는 기회를 얻을 수 있을 것이며, 이러한 사고를 통하여 장래에 취할 행동을 준비할 수 있다.

이 외에도 잠재적 문제를 효과적으로 분석할 수 있는 질문들이 있는데 다음과 같다.

항목	질문
① 실행계획 작성과 중대영역	[실행계획] – 기한 내에 목표를 달성하기 위해서는 어떤 계획으로 실시하는 것이 좋은가? – 잠재문제의 과제화로부터 작성한 스케줄은 좀더 세분화할 필요가 없는가 또는 너무 세분화된 것은 아닌가? [중대영역] – 작성한 계획 중 가장 위험한 영역은 어디인가? 　외부요인: 　내부요인:
② 결정할 목표의 작성	[목표 결정] – 이 결정으로 어떤 성과를 기대하고 있는가? – 이 결정에 관한 어느 정도까지의 경영자원 투입이 가능한가?(인적, 물적, 시간) – 열거한 목표의 의미는 명확한가? – 중복이나 누락은 없는가? [목표 분류] – 목표 가운데 필수적인 것, 계량가능한 것, 현실적인 것은 무엇인가?(절대목표) – 희망목표 중 가장 중요한 것은 무엇인가? – 희망목표로 설정된 목표들의 가중치 부여는 적절한가? [참고사항] – 목표결정시 달성성과(기대성과)와 활용 가능한 경영자원을 생각한다. – 절대목표 이외의 것은 희망목표가 된다. – 희망목표는 1~10점을 사용하되 최종적으로는 책임자의 판단에 의한다.
③ 대체안의 작성-평가	[대체안의 작성] – 단순선정: 결정문제의 과제화로부터 생각되는 안은 어떤 것들이 있는가? – 입안전개: 결정목표를 가지고 작성할 수 있는 안은 무엇인가? [대체안의 평가] – 이 안은 절대목표 요건을 충족하고 있는가? – 희망목표의 각 목표에 대한 평가는 어떠한가? [1차 선정안] –안 가운데 희망목표 요건을 가장 균형 있게 충족시키는 안은 어느 것인가? –채택가치가 있는 안은 어느 것인가? [참고사항] – 안의 작성은 결정사항의 문제화나 목표에 맞추어 생각하면 좋다. – 각 안의 평가는 목표에 적합한 것에 10점, 다른 안에는 1~9 점의 점수를 준다. (단순선정)

138　캡스톤디자인의 이해

④ 마이너스요인 검토	– 만일 이 안을 실시한다면 어떤 좋지 못한 일이 일어날 것인가? 　1) 절대목표 항목에는? 　2) 가중치가 높은 희망목표 항목에는? – 각 마이너스 요인의 발생가능성은 어느 정도인가? – 각 마이너스 요인이 발생했을 경우의 심각성은 어느 정도인가? – 대책은 무엇인가? – 이들 마이너스 영향을 받아들 일 수 없다면 어떤한 수정안이 필요한가?
	[참고사항] – 다음의 경우 마이너스 요인을 검토하지 않는 경우가 있으니 주의할 것. 　1) 안이 일견 훌륭하게 보일 때. 　2) 시간적 여유가 없을 때. 　3) 강한 선입관이 있을 때. 　4) 과거 똑같은 것을 반복 경험했을 때
⑤ 최종안의 결정 　및 피드백	– 각 안 가운데 목표 요건을 가장 잘 충족시키고 또한 마이너스 영향이 적은 　것은 무엇인가? – 이 결정 가운데 아직도 애매한 곳은 어디인가? 어떻게 하면 그점이 보강될 　것인가? – 마이너스 요인에 대한 사전대책은 필요한가? – 실시는 누가 담당하고 결과를 언제까지 누가 보고하는가?

④ 시나리오 분석기법

'시나리오 분석기법'은 불확실한 상황을 시나리오로 만들어 아이디어의 결과에 대한 영향을 분석하고 대응방안을 수립하는 기법이다. 한마디로 불확실한 미래에 일어날 수 있는 여러 상황을 시나리오로 만들어서 시나리오가 현실화되었을 때 대안이 어떤 결과를 가져다 주는지를 분석하고 이에 대한 대응전략을 수립하는 방법이다. 특정 문제에 대해 특정한 상황을 가정해서 분석해야하며, 불확실성이 높은 전략적 의사결정을 분석할 때 매우 유용하다. 시나리오 분석의 적용 8단계는 다음과 같다.

1. 문제의 결정하기
2. 핵심 동인의 결정하기
3. 시나리오 결정하기

4. 시나리오의 이름 결정하기

5. 시나리오 상황 분석하기

6. 시나리오에 대한 대응방안 수립하기

7. 시나리오 모니터링 지표 결정하기

8. 시나리오별 대응방안 추진하기

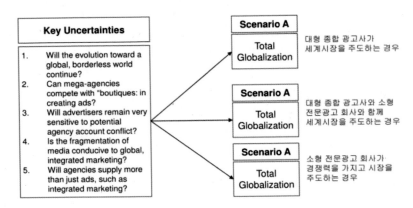

Source: P. Schoemaker, "Scenario Planning : A Tool for Strategic Thinking,"
Sloan Management Review, 1995

시나리오 기법은 그 <u>수립 방법에 따라</u> 탐색적 기법과 규범적 기법으로 나눌 수 있다.

- 탐색적 기법(Future Forward)
  ✓ 현재로부터 출발하여 "무엇이 발생할 것인가?"라는 질문에 해답을 구하는 것.
  ✓ 변화동인 기반의 여러가지 시나리오 도출 후 대응책 마련
  ✓ 현재에서 미래로 가는 진정한 시나리오 기법
  ✓ *EX) 유가 및 환율 대응*
- 규범적 기법(Future Backward)
  ✓ 미래의 한 시점에서 출발하여 "어떻게 도달할 것인가"라는 질문에 대한 답을 풀어가는 것.

✓ 미래상황을 예측 결정 후 대응책을 마련

✓ 미래에서 현재로 가는 기법

✓ *EX) 9.11 테러*

단계	결정요소	기법
핵심이슈 선정	중요도, 시급성, 사회이슈	브레인스토밍
의사결정요소 도출	시장크기, 성장률, 물가전망	통계기법
변화동인 규명	의사결정요소의 상세동인	PEST, 5Force
시나리오 도출	변화동인기반 시나리오도출	불확실성 메트릭스
시나리오 쓰기	시나리오를 기술하고 대응책 기술	시나리오 기술서
대응전략 수립	각 시나리오 별 의사결정트리형식의 대응책 마련	Logic tree, MECE, 의사결정트리
모니터닝	시나리오 예의주시	조기경보

시나리오 플랜의 절차는 위와 같으며, 시나리오 기법의 효과는 크게 3가지로 들 수 있다. 첫 번째는 시뮬레이션으로, 발생가능한 미래 상황에 대한 사전 체험을 할 수 있다는 점이다. 두 번째는 신속한 대응이 가능하다는 것으로, 미래의 예측하지 못한 환경 변화에 대한 신속하고 유연한 대응이 가능하다. 마지막으로 환경동인 이해가 가능하다는 점이다. 즉 사업에 영향을 미치는 외부 환경 동인의 이해가 가능하다.

⑤ **비상상황계획기법**

'비상상황계획기법'은 새로운 상황과 변화를 찾고 이에 대해 어떻게 대응할 것인지를 분석하는 기법이다. 이 아이디어를 추진하고 있는 과정에서 예상치 못한 상황이 발생하면 의사결정자는 심한 스트레스를 받게 되기 때문에, 스트레스를 주는 상황을 피하려고 한다든지 무슨 행동을 해야할지 주저한다든지, 또는 패닉상태에 빠져 비이성적인 행동을 하는 경우가 많다. 이와 같은 상황을 피하기 위해서 추진과정에서 발생할 수 있는 여러 사건들을 예측해서 그에 대한 대응방안을 수립함으로써 대안의 성공 가능성을 높이는 방법이다. 비상상황계획기법의 적용 3단계는 다음과 같다.

1. 대안(아이디어) 추진 과정을 진행하고, 사건을 탐색한다.
2. 대안(아이디어) 추진 과정에서 발생한 사건의 인지 방법을 분석한다.
3. 발생 사건에 대한 대응 방안을 수립한다.

⑥ 아이디어 결과 평가기법

'아이디어 결과 평가기법'은 아이디어의 결과가 문제해결의 목표를 달성하였는지 여부를 평가하는 기법이다. 미리 선정한 평가기준에 따라 아이디어의 우선순위를 결정한 후에, 다양하게 도출된 아이디어를 평가하여 최적의 개선안을 선정한다. 이렇게 아이디어의 결과에 따라 아이디어가 문제 해결의 목표를 달성하였는지의 여부를 평가할 수 있게 된다. 이에 앞서 아이디어를 평가하는 5가지 기준이 있는데, 아이디어의 평가 기준은 각각의 아이디어의 특징을 나타낸다고 볼 수 있기 때문에 아이디어 결과의 평가에도 영향을 미친다.

단순성	• 뛰어난 아이디어는 대부분의 경우 단순한 것이 특징이다. • 고객이 이해할 만큼 단순한 아이디어인가?
합리성	• 독창적인 아이디어는 합리적이다. 합리적인 형태로 변형이 가능한가? • 아이디어가 정말로 독창적인 것인가?
경제성	• 경제성이 있어야 실용 가능하다. 얼마나 경제적으로 만들 수 있는가? • 현실적이고 실용적인 아이디어인가? • 사람들이 과연 내 제품 또는 서비스를 기꺼이 돈을 주고 살 것인가? • 기존 업체들과 경쟁할 수 있는가?
용이성	• 누구나 쉽게 이용할 수 있어야 한다. 얼마나 쉽게 이용할 수 있는가? • 아이디어가 너무 방대하지는 않은가? • 확장하고 확대할 수 있는 아이디어인가?
수용성	• 수용 집단에게 꼭 필요한 것이어야 한다. 표적 집단이 아이디어를 얼마나 수용할 것인가? • 시장에서 대안보다 나은 아이디어인가? • 이 세상을 더 행복하게 만드는 아이디어인가?

⑦ 미래문제 대응기법

'미래문제 대응기법'은 현재 문제의 실행결과를 분석해서 미래 문제를 찾아내고 미래 문제에 관한 대응방안을 수립하는 기법이다. 현재 문제의 실행결과를 분석하면 미리 미래의 문제를 찾아낼 수 있는데, 사전에 미래의 문제를 찾아내어 이에 관한 대응 방안을 수립하는 방법이다. 미래문제 대응기법을 활용할 시 미래문제에 더욱 빠르고 민첩하게 대응하고 대처할 수 있다. 미래에 어떤 문제가 발생할 지를 정확하게 예측할 수는 없지만, 현재의 문제를 정확하게 분석하여 최대한 비슷한 방향으로 미래 문제를 찾아내는 것이 중요하다.

≫ 내용

- 자아확신기법

  https://m.blog.naver.com/PostView.naver?isHttpsRedirect=true&blogId=
  bonafide2010&logNo=120192695256

- 파레토기법

  https://m.blog.naver.com/PostView.naver?isHttpsRedirect=true&blogId=
  kdoil4532&logNo=221259838864

  https://blog.naver.com/procve/222562093160

- KPI 분석기법

  https://blog.naver.com/careerners/222584546662

- 7S 모형기법

  https://blog.naver.com/rion840915/221577734149

- STEP모형기법

  https://gobooki.net/%ED%9C%B4%EB%84%B7%EA%B0%95%EC
  %9D%98-%EC%9A%94%EC%95%BD%EA%B1%B0%EC%8B%
  9C-%ED%99%98%EA%B2%BD-%EB%B6%84%EC%84%9D-
  %EB%B0%A9%EB%B2%95steep/

  https://m.blog.naver.com/PostView.naver?isHttpsRedirect=true&blogId=
  avarlon&logNo=220860900687

- 경쟁세력모형기법

  https://mbanote2.tistory.com/entry/5-Forces-Model-
  %ED%8F%AC%ED%84%B0%EC%9D%98-%EC%82%B0%EC%97%85%E

A%B5%AC%EC%A1%B0%EB%B6%84%EC%84%9D

https://cafe.naver.com/sangmuron11/4

- STP 분석기법

https://mbanote2.tistory.com/entry/%EB%A7%88%EC%BC%80
%ED%8C%85-STP%EC%A0%84%EB%9E%B5-%E2%80%93-
%EC%8B%9C%EC%9E%A5%EC%84%B8%EB%B6%84%
ED%99%94-%ED%91%9C%EC%A0%81%EC%8B%9C%EC%9E-
%A5%EC%84%A0%EC%A0%95-%ED%8F%AC%EC%A7%80%EC%85%9
4%EB%8B%9D

- 고객의 3불 분석기법

https://mapia.thinkwise.co.kr/mapia/mapia_view/mapia_board/
eNortjKxUjKxMDVSsgZcMBALAm4

- 360도 레이더스크린 기법

https://m.blog.naver.com/newsolution/221206476452

https://prezi.com/a8-2022i-mxu/4/?frame=9ecea5adfd4635da56b16c4f
cf4ffa8f53c43bde

- 이해 관계자 분석기법

https://readbiz.tistory.com/1

- 벤치마킹 분석기법

https://blog.daum.net/beauty_beast/848378

- 인지기법

의사결정과 문제해결 기법(문제진단/대안개발/대안선택).pdf

(인터넷에서 다운받았으나 현재 사이트를 찾을 수 없음, pdf파일은 소장하고 있음)

- 단어게임기법

  의사결정과 문제해결 기법(문제진단/대안개발/대안선택).pdf

- 시스템다이어그램

  의사결정과 문제해결 기법(문제진단/대안개발/대안선택).pdf

- 인과관계다이어그램

  https://ko.wikipedia.org/wiki/%EC%9D%B4%EC%8B%9C%EC%B9%B4%E

  C%99%80_%EB%8B%A4%EC%9D%B4%EC%96%B4%EA%B7%B8%EB%

  9E%A8

  https://m.blog.naver.com/PostView.naver?isHttpsRedirect=true&blogId=

  infodate&logNo=120148379310

  https://www.shutterstock.com/ko/image-illustration/fishbone-

  diagram-one-method-find-out-1036213675

- WHY-WHY 기법

  https://m.blog.naver.com/jiwoo6941/220246908212

  https://blog.daum.net/namsunju615/177

- KT 기법

  https://velog.io/@changhtun1/How-to-catch-a-fish-3-%EC%BC%

  80%ED%94%84%EB%84%88-%ED%8A%B8%EB%A0%88%EA%B3%A0-

  %EB%B6%84%EC%84%9D

- DO-NOTHING 기법

  https://m.blog.naver.com/PostView.naver?isHttpsRedirect=true&blogId=

  haeyun010&logNo=220741915808

- 가정분석기법

  https://m.blog.naver.com/PostView.naver?isHttpsRedirect=true&blogId=legisaid&logNo=220452460569

- 문제범위확대기법

  의사결정과 문제해결 기법(문제진단/대안개발/대안선택).pdf

- 문제우선순위 분석기법

  https://brunch.co.kr/@flyingcity/46

- 목표스토밍기법

  https://brunch.co.kr/@flyingcity/46

- 가치나무기법

  https://terms.naver.com/entry.naver?docId=2177806&cid=51072&categoryId=51072

  https://openpracticelibrary.com/practice/lean-value-tree/

  의사결정과 문제해결 기법(문제진단/대안개발/대안선택).pdf

- SMARTA 기법

  https://m.post.naver.com/viewer/postView.naver?volumeNo=32157779&memberNo=41222095

- WHY-METHOD 기법

  의사결정과 문제해결 기법(문제진단/대안개발/대안선택).pdf

- Best practice 기법

  https://ko.wikipedia.org/wiki/%EB%AA%A8%EB%B2%94_%EC%82%AC%EB%A1%80

- Brainstorming 기법

  https://ko.wikipedia.org/wiki/%EB%B8%8C%EB%A0%88%EC%9D%B8%E
    C%8A%A4%ED%86%A0%EB%B0%8D

  https://m.blog.naver.com/PostView.naver?isHttpsRedirect=true&blogId=
    runturtle&logNo=120206764808

- 속성나열기법

  의사결정과 문제해결 기법(문제진단/대안개발/대안선택).pdf

- SCAMPER 기법

  https://www.wowideas.co.kr/web/idea_sc.html

  https://brunch.co.kr/@dprnrn234/173

- ERRC 기법

  https://m.blog.naver.com/PostView.naver?isHttpsRedirect=true&blogId=
    linuxwares&logNo=221334183716

  https://www.mobiinside.co.kr/2017/09/22/%EC%A4%91%EB%94%A9%E
    C%9D%80-%EB%AA%A8%EB%A5%B4%EB%8A%94-%EB%A7%88%E
    C%BC%80%ED%8C%85%EC%9D%B4%EC%95%BC%EA%B8%B0-12-
    %EC%8B%9C%EC%9E%A5%EA%B8%B0%ED%9A%8C%EC%9D%98-
    %EB%B6%84%EC%84%9Derrc-business-can

- 악마의 옹호자 기법

  의사결정과 문제해결 기법(문제진단/대안개발/대안선택).pdf

- 단어 다이아몬드 기법

  의사결정과 문제해결 기법(문제진단/대안개발/대안선택).pdf

- 분할기법

  https://blog.naver.com/pacarmu/220530748593

- 역가정 기법

  의사결정과 문제해결 기법(문제진단/대안개발/대안선택).pdf

- 역할연기법

  https://m.blog.naver.com/PostView.naver?isHttpsRedirect=true&blogId=
  warmspeech3&logNo=220545319288

- 유추기법

  https://post.naver.com/viewer/postView.naver?volumeNo=11350042&m
  emberNo=29951711

- 마인드 맵핑

  https://brunch.co.kr/@brunch87cw/19

  https://www.12manage.com/methods_mind_mapping_ko.html

- 만다라트 기법

  https://brunch.co.kr/@eunsan3/100

  https://terms.naver.com/entry.naver?docId=5772875&cid=43667&categ
  oryId=43667

  https://blog.naver.com/gom_mi/222226662033

- 비용편익분석

  의사결정과 문제해결 기법(문제진단/대안개발/대안선택).pdf

  https://m.blog.naver.com/PostView.naver?isHttpsRedirect=true&blogId=
  mcfly2012&logNo=110171798978

http://rootconsulting.webmoa21.co.kr/kr/sub/community/terms06.asp

- 장/단점 나열법

  의사결정과 문제해결 기법(문제진단/대안개발/대안선택).pdf

- 의사결정나무분석

  http://contents.kocw.or.kr/document/dcoll/354.pdf

  https://blog.naver.com/shoutjoy/222489257182

  https://dlsdn73.tistory.com/655

- 아이디어 결과의 시나리오 분석

  https://www.mk.co.kr/news/home/view/2000/04/34958/

  창의적 문제해결, 내 안의 아이디어를 춤추게 하라.pdf

  (인터넷에서 다운받았으나 현재 사이트를 찾을 수 없음, pdf파일은 소장하고 있음)

- 리스크 매트릭스 기법

  https://www.koreascience.or.kr/article/JAKO201330251815418.pdf

  http://smtech.ciclife.co.kr/down/07_04.pdf

  https://m.blog.naver.com/PostView.naver?isHttpsRedirect=true&blogId=
  molbio87&logNo=221332141755

- 위험분석기법

  https://sg-moomin.tistory.com/entry/정량적-위험분석-기법과-정성적-위험
  분석-기법정보보호기사

  https://m.blog.naver.com/PostView.naver?isHttpsRedirect=true&blogId=
  wnrjsxo&logNo=221393899247

- 리스크 프로파일링 기법

  https://www.masthead.co.za/newsletter/factors-that-every-financialadvisor-must-consider-when-doing-a-clients-risk-profile/

- 가중치 평가 기법

  http://contents2.kocw.or.kr/KOCW/document/2017/wonkwang/

  sonhyukmin/4.pdf

- 2차원 그리드 기법

  의사결정과 문제해결 기법(문제진단/대안개발/대안선택).pdf

- WHAT-IF 분석

  의사결정과 문제해결 기법(문제진단/대안개발/대안선택).pdf

  https://www.youtube.com/watch?v=FXaV4lckino

  https://itpenote.tistory.com/156

- GOAL-SEEKING 분석

  https://www.investopedia.com/terms/g/goal-seeking.asp

  https://www.educba.com/goal-seek-in-excel/

- 바틀렛기법

  창의적 문제해결, 내 안의 아이디어를 춤추게 하라.pdf

- 불확실한 상황의 선택기준

  의사결정과 문제해결 기법(문제진단/대안개발/대안선택).pdf

- 아이디어 킬러 대응하기

  https://blog.daum.net/easyroad/15718753

- HOW-HOW 다이어그램

  https://hatrabbits.com/en/how-how-diagram/

- 실행 체크 리스트 기법

  의사결정과 문제해결 기법(문제진단/대안개발/대안선택).pdf

- 잠재적 문제분석기법

  https://m.blog.naver.com/PostView.naver?isHttpsRedirect=true&blogId=lym2ym&logNo=70029232146

  https://www.ktpm.co.kr/tpmworld/251/a02.html

  https://www.ktpm.co.kr/tpmworld/252/a02.html

- 시나리오 분석기법

  의사결정과 문제해결 기법(문제진단/대안개발/대안선택).pdf

  https://needjarvis.tistory.com/173

  https://bomb-watch-out.tistory.com/62

  https://www.slideserve.com/alagan/ii

- 비상상황계획기법

  의사결정과 문제해결 기법(문제진단/대안개발/대안선택).pdf

- 아이디어 결과 평가기법

  https://blog.naver.com/PostView.nhn?blogId=sigmagil&logNo=221523242650&categoryNo=106&parentCategoryNo=0&viewDate=&currentPage=1&postListTopCurrentPage=1&from=search

- 미래문제 대응기법

  https://eiec.kdi.re.kr/publish/naraView.do?cidx=5395

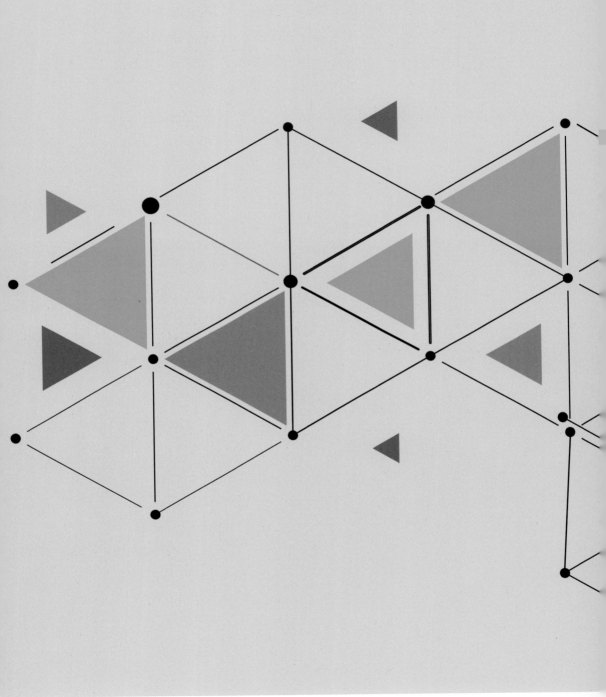

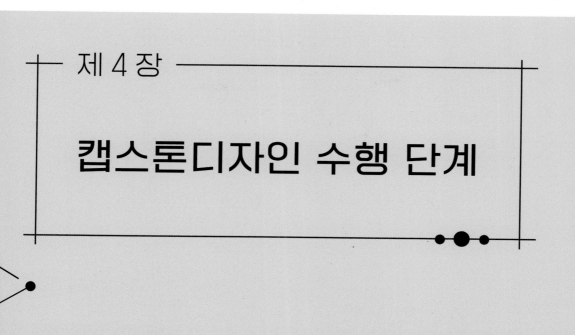

제 4 장

캡스톤디자인 수행 단계

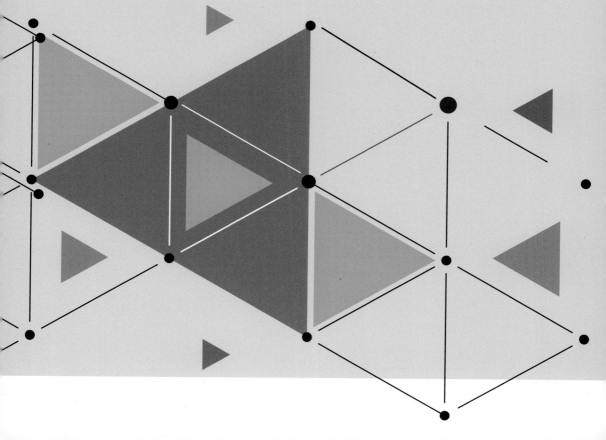

 과제선정

1 과제발굴

○ 캡스톤디자인 과제는 다음과 같이 6개 유형으로 구분 가능
　① 현장실습연계형 작품 개발
　　: 현장실습기관의 애로기술 해결, 실습기관에 부여하는 프로젝트를 팀
　　단위로 수행하는 소규모 연구활동
　② 창업연계형 작품 개발
　　: 캡스톤디자인을 통한 창업아이템을 발굴하여 창업까지 이어지는 프
　　로젝트 수행
　③ 산학연계형 작품 개발
　　: 산업체의 애로기술 해결 및 산업체와 공동으로 진행하는 프로젝트
　　진행
　④ 전공심화형 작품 개발
　　: 대학에서 배운 전공지식을 활용하여 전공분야와 관련한 소규모 프
　　로젝트 진행
　⑤ 지역발전 공익형 작품 개발
　　: 창의적 아이디어를 통해 지역사회 발전에 도움이 되는 공익 프로젝
　　트 진행

⑥ 자율프로젝트형 작품 개발
  : 창의적인 아이디어 발굴을 통한 자율적인 프로젝트 진행

2   과제선정

1. 캡스톤디자인 과제 유형 중에서 <u>팀이 희망하는 분야</u> 선정
2. 선정된 분야에서 <u>개선의 니즈가 있는 문제</u> 탐색
3. <u>팀이 해결할 수 있는 문제</u>를 선정
4. 과제 <u>확정</u>

3   고객정의

◉ **고객의 개념**
  - <u>좁은 의미</u> : 단순히 우리의 상품과 서비스를 구매하거나 이용하는 손님을 지칭
  - <u>넓은 의미</u> : 상품을 생산하고 이용하며 서비스를 제공하는 일련의 과정에 관계된 자기 이외의 모든 사람을 지칭

내부고객	가치생산에 직접 참여하는 고객 (ex. 종업원 등)
중간고객	기업과 최종고객이 되는 소비자 사이에서 그 가치를 전달하는 고객 (ex. 도매상, 중간상, 대리점 등)
외부고객	기업이 생산한 가치를 사용(소비)하는 고객 (가장 중요한 고객인 '소비자')

◉ **고객이 원하는 것은 무엇일지? 어떻게 충족시킬 수 있을지?**
  - 캡스톤디자인 작품이 제공하고자 하는 핵심 기술을 기술
  - 우리 제품을 사용하는 고객을 구체적으로 기술
  - 우리 작품이 정의한 고객에게 어떤 혜택을 줄 수 있는지 구체화

◐ 이익창출은 결국 고객으로부터 나오므로 무엇보다도 고객관리가 중요하다. 그러나 모든 고객을 일률적으로 통일하여 대할 수는 없으므로, 각 고객의 범주를 명확히 하여 고객별로 고객특성에 맞는 특화된 서비스를 제공하는 것이 중요하다.

◐ 고객의 분류

① 고객행동결과에 따른 분류

✓ 구매용의자 : 자사의 상품을 구매할 능력이 있는 모든 사람

✓ 구매가능자 : 자사의 상품을 필요로 할 수 있으며 구매능력이 있는 사람으로, 이들은 이미 자사 제품에 대한 정보를 갖고 있음

✓ 비자격잠재자 : 구매가능자 중에서 경쟁회사의 임직원처럼 자사 상품에 대한 필요성을 느끼지 않거나, 구매능력이 없다고 확실하게 판단되는 소비자는 목표고객에서 제외시킴

✓ 최초구매자 : 자사의 상품을 1번 구매한 소비자로 자사의 고객이 될 수도 있고 경쟁사의 고객이 될 수도 있음

✓ 반복구매자 : 자사의 상품을 적어도 2번 이상 구매한 소비자

✓ 단골고객 : 자사의 지속적인 유대관계를 지니고 있는 소비자로서 경쟁사의 전략에 쉽게 동요되지 않음

✓ 옹호고객 : 단골고객 중 자사 상품에 대해 다른 이들에게 적극적으로 구전활동을 하는 소비자

✓ 비활동 고객 : 자사의 고객이었던 사람 중에서 정기적인 구매를 할 시기가 지났는데도 더 이상 구매하지 않는 사람

② 기업(조직)에 이익을 주느냐의 여부에 의한 분류

✓ 잠재고객 : 회사(조직)에 대해 인지하고 있지 않거나 인지하고 있어도 관심이 없는 고객

✓ 가망고객 : 회사(조직)에 대해 인지하고 있으며, 어느 정도의 관심을 보이는 신규고객이 될 가능성이 있는 고객

✓ 신규고객 : 처음으로 회사(조직)와 거래를 시작한 단계의 고객

✓ 기존고객 : 회사(조직)와 지속적인 거래를 하여 어느 정도의 고객데이터가 쌓여 효율적인 마케팅이 가능해지며 반복구매가 가능해지는 단계의 고객

✓ 충성고객 : 기업(조직)들이 가장 바라는 고객으로, 기업(조직)에 대한 충성도가 높아 별도의 커뮤니케이션이 없어도 자신이 뭔가를 구매하려고 마음먹었을 때 언제나 그 기업(조직)을 제일 먼저 떠올리는 고객이며, 때로는 입소문도 내주는 고객

③ 참여관점에 따른 분류

✓ 직접고객(1차고객) : 제공자로부터 제품 또는 서비스를 구입하는 사람

✓ 간접고객(개인 또는 집단) : 최종 소비자 또는 2차 소비자

✓ 공급자 집단 : 제품과 서비스를 제공하고 반대급부로 돈을 지급받는 자

✓ 내부고객 : 회사(조직) 내부의 종업원(직원) 및 그 가족과 주주

✓ 의사결정고객 : 직접고객(1차고객)의 선택에 커다란 영향을 미치는 개인 또는 집단으로, 직접적으로 구입을 하거나 돈을 지불하지 않는 고객

✓ 의견선도고객 : 제품이나 서비스의 구매보다는 제품의 평판, 심사, 모니터링 등에 영향을 미치는 집단(소비자 보호단체, 기자, 평론가, 전문가 등)

✓ 법률규제자 : 소비자보호나 관련 조직의 운영에 적용되는 법률을 만드는 의회나 정부

✓ 경쟁자 : 전략이나 고객관리 등에 중요한 인식을 심어주는 고객

✓ 단골고객 : 기업의 제품이나 서비스를 반복적/지속적으로 애용하지만, 고객을 추천할 정도의 로열티는 없는 고객

✓ 옹호고객 : 단골고객이면서 고객을 추천할 정도의 로열티가 있는 고객

✓ 한계고객 : 기업(조직)의 이익실현에 해가 되므로 디마케팅의 대상이 되는 고객으로, 고객명단에서 제외하거나 해약유도 등을 통해 고객의 활동이나 가치를 중지시킨다.

✓ 체리피커(Cherry Picker) : 신포도 대신 체리만 골라먹는다고 해서 붙여진 명칭으로, 특별이벤트 기간에 가입해 혜택은 전부 누리고, 그 이후부

터는 찾지 않는 고객을 말한다. 즉, 실제상품구매, 서비스 이용 실적은 좋지 않으면서 기업(조직)의 서비스체계, 유통구조 등에 있는 허점을 찾아내 자신의 실속을 챙기는 소비자를 말한다.

④ **현대 마케팅 관점에서의 고객의 범주**

✓ 소비자 : 물건, 서비스를 최종적으로 사용하는 사람

✓ 구매자 : 물건을 사는 사람

✓ 구매승인자 : 구매를 허락하고 승인하는 사람

✓ 구매영향자 : 구매의 의사결정에 직/간접적으로 영향을 미치는 사람

⑤ **그레고리스톤의 고객분류**

✓ 1954년 그레고리스톤은 의료기관조직 또는 동일조직이라 하더라도 수행하는 관점에 따라서 다양한 성격의 고객으로 분류할 수 있는데, 이는 고객의 속성을 파악하고 적절한 마케팅 대책을 수립한다면 고객만족을 극대화할 수 있다고 한다.

경제적 고객 **(절약형 고객)**	고객가치를 극대화하려는 고객을 말하며, 투자한 시간, 돈, 노력에 대하여 최대한의 효용을 얻으려는 고객이다. 여러 서비스기업의 경제적 강점을 검증하고 가치를 면밀히 조사하는 요구가 많고 때로는 변덕스러운 고객이며, 이러한 고객의 상실은 잠재적 경쟁위험에 대한 초기경보신호라고 할 수 있다.
윤리적 고객 **(도덕적 고객)**	윤리적인 기업(조직)의 고객이 되는 것을 고객의 책무라고 생각하며, 기업(조직)의 사회적 이미지가 깨끗하고 윤리적이어야 고객을 유지할 수 있다.
개인적 고객 **(개별화추구 고객)**	개인간의 교류를 선호하는 고객으로, 형식적인 서비스보다 자기를 인정하는 서비스를 원한다. 최근 개인화되어가는 경향으로 고객정보를 잘 활용할 경우 가능한 마케팅이다.
편의적 고객	자신이 서비스를 받는 데 있어서 편의성을 중요시하는 고객으로, 편의를 위해서라면 추가비용을 지불할 의향이 있다.

○ 공감 지도(Empathy Map) 개념
- 고객에 대한 다양한 통찰을 얻을 수 있는 도구
- 사용자(고객)의 행동 및 태도에 대한 지식을 캡쳐한 시각물이며, 팀이 사용자(고객)을 더 잘 이해할 수 있도록 도와주는 유용한 도구
- 리서치 단계에서 얻은 관측치를 공감하고 종합하여 사용자의 니즈에 대한 예기치 않은 통찰력을 이끌어내는데 도움이 된다.
- 집중시킬 수 있는 4가지 주요영역을 제공하여 개인의 경험에 대한 개요를 제공하며, 지도는 4개의 사분면으로 구성되고 사용자를 관찰 및 리서치 단계에서의 정보로 배치한다.

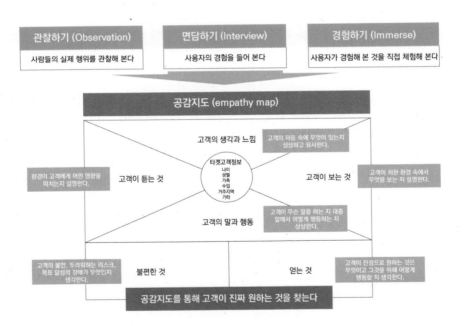

○ Empathy Mapping
- 고객이 생각하고 느끼는 것은 무엇인가?(Thinking and Feeling)

✓ 고객이 걱정하거나 두려워 하는게 무엇인가?

✓ 고객이 만족하고 있는가? 왜 그런가? 또 왜 그렇지 않은가?

✓ 고객의 우선순위는 무엇인가?

✓ 고객의 꿈과 열망은 무엇인가?

✓ 고객에게 감정적인 반응을 일으키는 것은 무엇인가?

- 고객에게 들은 것은 무엇인가?(Hear)

✓ 고객에게 영향을 미친 것은 무엇이며 또는 사람은 누구인가?

✓ 고객들이 영향을 받기 쉬운가?

✓ 고객이 어디서 정보를 얻는가?

✓ 고객이 대부분 사용하는 정보채널은 무엇인가?

- 고객이 보고 있는 것은 무엇인가?(See)

✓ 고객이 공공장소 또는 개인 장소에서 많은 시간을 보내고 있는가?

✓ 고객의 환경은 무엇과 비슷한가?

✓ 고객이 자신의 환경과 어떻게 상호작용을 하는가?

- 고객이 말하고 행동하는 것은 무엇인가?(Say and Do)

✓ 고객이 다른 사람들 앞에서 자신을 어떻게 묘사하는가?

✓ 고객은 대화할 때 무슨 단어를 사용하는가?

✓ 고객이 다른 사람들과 공유할 때 어떤 정보를 보류하거나 생략하는가?

✓ 그들이 말하는 것과 행동하는 것 사이에 차이가 무엇인가?

- 고객의 고통은 무엇인가?(Pains)

✓ 고객이 극복해야 할 장애물이 무엇인가?

✓ 고객에게 어떤 좌절감이 있는가?

✓ 왜 고객이 그들의 목표를 이루지 못했는가?

- 고객이 얻는 것은 무엇인가?(Gains)

✓ 고객이 성공하기 위해 사용하는 방법은 무엇인가?

✓ 성공은 어떻게 측정되고 어떤 모습인가?

✓ 고객의 장기적/단기적 목표는 무엇인가?

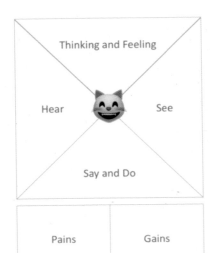
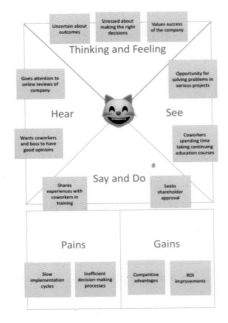

시장조사(Market Research, 기존제품 및 지식재산권 현황조사)

○ 시장조사(Market Research) 개념

- 한 상품이나 서비스가 어떻게 구입되며 사용되고 있는가, 그리고 어떤 평가를 받고 있는가 하는 시장에 관한 조사
- 마케팅의 1차원적인 과정으로서 마케팅 전략수립과 관련한 의사결정을 지원하기 위한 소비자 관련 정보 수집 방법이기도 하다.
- 시장 연구의 중요한 부분으로, 특정 시장 소비자들의 감정과 기호에 대해 측정하는 것으로, 규모, 설계, 목적 등은 다르지만 기업(조직)과 단체들이 어떤 제품과 서비스를 제공하고 마케팅해야 할지 결정하는데 중요하게 사용되는 자료이다.

◉ 시장조사 분류

- 구입사용실태조사

✓ 시장조사 중에서도 가장 기본적인 조사로, 상품의 구매와 사용의 실태가 조사된다.

✓ 해당 조사는 특정한 문제를 해결하기 위한 조사를 계획하는 데도 없어서는 안 될 기초적인 자료를 제공한다.

- 판매계획조사

✓ 구체적으로 어떤 판매계획을 세웠을 때 매출이 최대가 되고, 또 이윤이 최대가 될 수 있는가 하는 판매촉진정책으로서는 광고선전계획, 세일즈맨 정책, 판매점정책 등이 있다.

✓ 이러한 방책이 구체적으로 어느정도 판매촉진에 기여하고 있는가를 소비자 입장에서 조사하는 '소비자조사', 판매자의 입장에서 조사하는 '판매점조사', 그리고 '세일즈맨조사'로 분류된다.

✓ 현단계로서는 아직까지 소비자조사가 중심이 되어 있다.

- 제품계획조사

✓ 신제품의 개발이나 기존제품의 개량을 위한 여러가지 조사의 총칭이다. 따라서 구입사용실태조사나 판매계획조사의 결과도 제품계획조사에 활용될 수 있다.

✓ 제품계획을 위한 조사연구로 가장 특징적인 것으로는 '상품화테스트'와 '시장실험'을 들 수 있다.

✓ '상품화테스트'는 신제품 또는 개량품의 각종 시장품을 소비자에게 제시하여 이들 제품의 기능, 성능, 품질, 형상, 색채 및 가격 등에 대하여 각각 어떤 조건의 것이 가장 인기를 끄는가를 조사하는 것이다.

✓ '시장실험'은 단순히 조사만 하는 것이 아니라 일정한 지역에서 일정한 기간 동안, 실제로 이들 시작품을 발매해 봄으로써 제품테스트를 하는 것이다.

- 수요예측조사

  ✓ 문제의 성질상 일반적으로 상당히 섬세하고 교묘한 조사가 요구됨으로써 표본수가 많아진다는 점, 조사결과의 분석처리에서 고도의 통계적 방법이 적용되는 등의 특징이 있다.

  ✓ 해당 조사는 경제적 지표뿐만 아니라 사람들의 그 상품에 대한 태도, 이미지, 평가라는 심리적 지표나 계급, 계층, 집단 및 집단규범 또는 역할이라는 사회적 지표까지도 동시에 고려함으로써 예측의 정확도, 정밀도를 높이는 등, 여론조사나 시장조사의 기술의 진보를 수요예측에 도입하기도 한다.

● 시장조사 단계

[Part 01. 올바른 시장에 접근하기]

① 시장 조사의 목적을 명확하게 한다.

: 어떤 계획을 세우기 전에 시장 조사의 목적이 무엇인지 명확하게 해야 한다. 알고 싶은 것이 무엇인가? 시장에서 제품을 얼마나 잘 받아들일지 평가해 보고 싶은가? 마케팅이 얼마나 효과적인지, 타겟 소비자들에게 잘 접근하고 있는지 알아보고 싶을 수도 있다. 이유야 무엇이든 명확한 목표를 마음 속에 두고 있어야 한다.

  ✓ EX) 컴퓨터 장비를 판매 및 수리하는 사업을 있다고 할 경우, 시장 조사의 목적은 그 지역 대학생들이 자신의 회사에 대해 얼마나 알고있으며, 새로운 컴퓨터를 구매하거나 고장 난 컴퓨터를 수리할 경우, 자신의 회사를 얼마나 이용할 지를 알아보는 것이다.

② 시장의 성격, 크기, 범위를 정한다.

: 조사를 하기 전에 어떤 시장을 대상으로 하고 있는지 알아야 한다. 지리적, 인구통계학적 지표를 살펴보고 제품 종류에 따른 고객을 확인한다. 또한 시장의 소비자지수도 확인해야 한다.

  ✓ 시장 조사 대상을 구매 습관, 평균 수입 같은 원하는 자료의 목록으로 압축한다.

✓ EX) 컴퓨터 사업의 경우, 대학생을 대상으로 하지만, 돈을 많이 버는 사람들이나 기술적인 부분에 관심이 많은 학생들처럼 더 많이 구매할 가능성이 있는 사람들에 집중할 수도 있다.

③ 시장의 어떤 측면을 조사할지 결정한다.

: 마케팅 목표에 따라 달라질 것이며, 선택할 수 있는 여지는 많다. 신제품이 있다면, 이 제품이 얼마나 시장에 잘 알려지고 사람들이 사고 싶어할지 알아보고 싶을 것이다. 또는 구매자들이 언제, 어디서 얼마나 사는지 같은 구매 습관을 알아보고 싶을 수도 있다. 무엇을 알아보고 싶은지 확실하게 하자.

✓ 어떤 유형의 정보가 필요한지 명확하게 하자. 제품 및 서비스 개선점과 같이 숫자로 표현불가능한 경으 정성조사를 할 수 있고, 이와 반대로 제품 성능관련은 1에서 10 사이의 숫자로 평가하는 정량조사를 할 수도 있다.

✓ 과거 고객들이 어떤 이유로 제품을 구매하게 되었는지 알고 싶을 수도 있다. 이런 경우, 구매한 고객들에게 구매 후기나 어떻게 제품을 알게 되었는지와 같은 특정한 질문들을 던져볼 수 있다. 또한 구매한 사람들이 원하는 문제를 해결했는지도 확인해 볼 수 있다.

✓ EX) 컴퓨터 사업의 경우, 과거 고객들이 다시 방문할 가능성이 어느 정도인지, 새 고객이 경쟁사에 가지 않고 우리 가게로 올 가능성은 얼마인지 등을 따져 볼 수 있다.

④ 언제 어디에서 고객에게 접근할 수 있는지 알아본다.

: 마트, 거리, 전화, 인터넷, 우편 등으로 조사를 실시할 수 있다. 한 해 중 언제 했느냐에 따라 결과가 달라지기도 한다. 자신에게 맞는 방식을 사용하도록 한다.

✓ 고객에게 다가갈 때, 대상이 누구인지 항상 생각한다. 처음에 설정했던 인구통계학적 결과에 따른 사람들일 수도 있고, 과거 고객들일 수도 있다.

✓ 항상 대상 고객들을 마음에 둔다. 특히 온라인 조사를 한다면 더욱 그러해야 한다. 목표로 한 시장이 인터넷에 접근이 불가능한 사람일 수도 있다. 나이가 많으신 분들일수록 더욱 그럴 가능성이 높다.

✓ EX) 컴퓨터 사업의 경우, 대학 캠퍼스 중심지에서 설문지를 돌릴 수도 있고, 또는 온라인 커뮤니티를 활용할 수도 있다.

⑤ 조사 방법을 선택한다.

: 방법은 크게 '설문'과 '인터뷰' 2가지 방법으로 나뉜다. 유일한 차이는 응답자의 정보를 기록하는 방식의 차이이다. 설문지에서는 응답자는 질문에 대한 답만 기록하지만, 인터뷰에서는 인터뷰를 진행하는 사람이 응답자가 말하는 것을 기록한다. 그 외에는 조사를 어떻게 진행할 것인가를 선택할 수도 있다. 조사의 경우 개인적으로 또는 그룹으로 진행할 수 있다.

✓ 설문지의 경우 만나서, 우편으로, 인터넷으로 진행할 수 있다. 인터뷰는 직접 만나서 하거나 전화를 통해서 할 수 있다.

✓ 설문지는 시장 연구와 범위가 정해진 질문들에 대한 답을 받는데 유용하다. 하지만 인쇄 비용이 많이 들고 응답자의 생각을 전부 다 받는데 어려움이 있을 수 있다.

✓ 인터뷰의 경우 응답자의 생각을 좀 더 명확하게 알아볼 수 있다는 장점이 있다. 하지만 시간이 더 많이 걸린다.

✓ 그룹 설문지의 경우에는 응답자들이 질문에 대한 생각을 모아서 답을 하기 때문에 좀 더 유용한 정보를 얻을 수 있다는 장점이 있다.

⑥ 온라인 설문 프로그램을 활용해본다.

: 온라인 설문 프로그램을 활용하면 조사에 필요한 비용을 줄일 수 있다. 인터넷에 검색을 해보고 어떤 업체의 프로그램이 가장 적절한지 조사해본다. 조사 프로그램이 신뢰할만해야 한다는 점을 잊지 말아야 한다. 또한 설문 참가자들이 컴퓨터를 잘 활용할 수 있어야 한다는 점도 잊어서는 안 된다.

✓ 잘 알려진 프로그램으로는 SurveryMonkey, Zoomerang, SurveyGizmo, PollDaddy, 구글설문지, 네이버 폼 등이 있다.

[Part 02. 최선의 결과 얻기]

① 표본 크기를 결정한다.

: 표본 크기는 통계적으로 신뢰할만한 결과를 도출하기 위한 정도가 되어야 한다. 또한 특정 부류의 사람들이 많아서 생기는 결과의 편향을 방지하기 위해 '여자', '18~24세' 등과 같은 하위 표본을 만드는 것도 좋은 방법이다.

✓ 결과가 얼마나 정확하게 나오기를 원하는지에 따라 표본 크기는 결정된다. 조사 규모가 클수록 결과는 신뢰할 수 있게 된다.

✓ 가능하다면 참가자가 자신의 인구통계학적 정보를 입력하게 한다. 구체적으로 할지 일반적으로 할지는 스스로 결정할 사항이다. 관련된 질문은 설문 시작할 때 하도록 한다. 하지만, 주의해야 할 점은 사람들은 개인정보를 많이 요구하는 설문은 하려하지 않는다.

✓ EX) 컴퓨터 사업의 경우, 적절한 결과를 얻기 위해 통계적으로 가치가 있는 숫자의 학생을 인터뷰하고 또한 그들을 전공, 나이, 성별 등으로 나누어야 할 것이다.

② 시장 조사에 활용할 질문 목록과 각 질문에 대한 선택 항목들을 준비한다.

: 질문은 구체적이고 주제와 면밀한 관련이 있어야 하며 짧고 명확하게 만들어야 한다.

✓ 고객의 직접적인 생각을 알고싶다면, 사지선다 또는 평점 매기기 같은 것보다 자신의 생각을 직접적으로 적을 수 있도록 열린 질문을 던지는 것이 좋다.

✓ 하지만 수치적인 결과를 원한다면 선택 항목들에 그것을 반영해야 한다. 예를 들어, 제품이나 서비스를 1~10 점수로 평점을 매기게 하는 등의 방법이 있다.

③ 받은 답변을 정량화할 방법을 찾는다.

: 선호도에 대한 질문을 한다면, 느낌을 수치로 표현하거나 단어로 나타내게 한다. 돈에 대한 질문이라면 값의 범위를 활용한다. 답변이 설명적이라면 그 답변을 어떻게 분류할지 결정한다.

✓ EX) 컴퓨터 사업의 경우, 얼마나 다시 오고 싶은지를 1에서 10 사이의 값으로 적어 달라고 하고, 가장 갖고 싶은 컴퓨터 부속품이 무엇인지 등 원하는 정보를 요청한다.

④ 결과에 영향을 줄 변수를 인식한다.

: 설문에 답을 해줄 사람들의 성향과 관련이 많기 때문에, 편향되지 않은 결과를 얻으려면 이런 부분을 어떻게 줄일지 고민해야 한다.

✓ EX) 컴퓨터 사업의 경우, 사장으로서 설문에 참여할 학생을 제한하는 것으로 시작해도 된다. 가게에 찾아오는 학생들이 대부분 공학과 학생이라면 영문과나 사학과 학생들의 설문 답변률이 높다 할지라도 공대 학생들로부터만 설문을 받아 본다.

⑤ 다른 사람에게 설문을 검토받는다.

: 설문지를 친구나 동료 등을 통해 질문이 이해하기 쉬운지, 답변이 측정 가능한지, 작성하기 쉬운지 등의 검토를 받은 후에 시작하도록 한다. 특히 다음과 같은 것들을 물어보도록 한다.

✓ 설문이 너무 길거나 복잡하지는 않은가
✓ 대상 시장에 대한 비이상적인 예상을 담고있지는 않은가
✓ 질문들이 직접적인가

[Part 03. 설문하러 가기]

① 설문할 시간과 장소를 정한다.

: 가장 큰 표본을 얻을 수 있도록 시간과 장소를 잘 조합한다. 또는 설문이 인터넷을 통해 진행된다면, 최대한 명확한 트래픽이나 가장 받아볼

만한 사람에게 보내도록 한다.

✓ 온라인 설문을 할 때 답변하는데 얼마나 시간이 걸리는지 알아보는 것도 중요하다.

✓ EX) 컴퓨터 사업의 경우, 대상 엔지니어들은 대게 낮에는 연구소에서 바쁘기 때문에 아침이나 퇴근 시간에 받는 것이 좋다.

② 설문지를 사용한다면, 설문지 양식을 확인한다.

: 양식을 여러 번 다시 읽어보고 다른 사람에게도 검토를 부탁한다. 설문은 5분 이상 소요되지 말아야 하며, 답변하기 간단한 질문들이어야 한다.

③ 표본 크기와 답변의 정확성을 최대화하며 설문을 실행한다.

: 좋은 결과를 얻고 싶다면 같은 설문을 여러 장소에서 여러 번 실행해야 한다. 시간과 장소가 달라지더라도 설문의 내용은 바뀌지 말아야 한다는 것을 주의한다.

✓ EX) 컴퓨터 사업의 경우, 사장으로서 여러 장소 및 시일을 정해서 여러 가지 서로 다른 일정을 가진 학생들에게 설문조사를 진행할 수 있다.

④ 결과를 분석한다.

: 수치를 기록해 표로 만들고, 평균 및 의미있는 값들(특히 높거나 낮은 값들)을 계산한다. 열린 질문에 대한 답변을 분석하며 참가자들의 의견은 어떠한지 살펴본다. 개인적으로만 활용할 것이라고 해도 발견한 내용들을 정리한 보고서를 작성한다.

✓ 고객의 답변 중에 나중에 활용할만한 문구가 있다면 기록해 놓는다. 기억할 만하거나 창의적이거나 긍정적인 문구는 나중에 광고할 때 활용할 수 있다.

✓ 시장조사 팁

- 설문이라는 것은 근본적으로 유연하지 못하다. 따라서 결과를 표준화하기 위해서 각 응답자를 대하는 방법은 동일해야 한다. 한마디로, 준비과정에서 보지 못했던 중요한 변수가 빠졌다는 사실을 알게 되었다

고 해도 설문의 중점을 설문 과정에서 바꾸면 안된다는 것이다. 이것이 설문의 장점이자 단점이며, 준비할 때부터 철저하게 생각을 해두어야 한다.

- 한 가지 주제에 대해 구체적으로 다가가는 설문이 여러 주제를 폭넓게 다루는 것보다 낫다. 적은 주제를 다룰수록 좀 더 자세하고 유용한 자료를 얻을 수 있다.
- 정확한 결과를 제공하도록 한다. 표본의 크기를 키우고자 '가짜' 정보를 추가하는 것보다 작은 표본에서 정확한 결과를 가져오는 것이 낫다.

6 과제기술서 작성

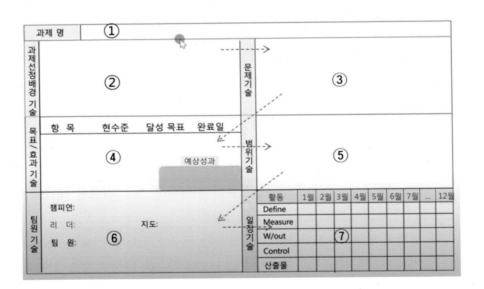

과제연구

 핵심가치(Core Value) 발굴

◯ **핵심가치(Core Value) 정의**
- <u>외부의 환경변화와 상관없이 개인이나 조직이 계속해서 지켜나가야 하는 믿음 및 의사결정의 기준</u>이며, 개인과 조직의 미션과 비전 달성을 위해 구성원들이 일관되게 지켜나가야 하는 원칙이나 판단의 기준이다.
- <u>고객 세그먼트에 제품이나 서비스를 조합해 전달, 창조하는 가치</u>

◯ **핵심가치의 역할**
- <u>구성원 공통의 판단 기준이 된다.</u>
: 목표를 추구하는 과정에서 구성원들은 다양한 상황에 직면하게 되고 그때그때 최선의 의사결정을 해야 한다. 이때 핵심가치가 무엇이 중요한지를 판단하는 기준이 되어준다.
- <u>구성원 공통의 행동 방향을 제시한다.</u>
: 핵심가치는 공동의 판단 기준이므로, 이에 근거한 공통된 행동 방향 역시 알려준다. 저마다 다른 구성원 개개인의 행동양식을 한 방향으로 묶어주는 역할을 한다.

◯ **핵심가치 특성**
- 새로운 것, 성능향상, 디자인, 가격, 비용 가치 절감 등

◯ **캡스톤디자인 핵심가치 사례**
- K대학교 컴퓨터 공학과 이지라이프는 스마트 도어락과 예약시스템을 결합한 모바일 체크인 시스템을 개발해 핵심고객을 펜션이나 호텔 등으로 정의하고, 고객에게 제공할 핵심가치로 다중관리의 편리함, 부재 시 손님 관리의 용의성 등으로 설정했다.

● **고객의 잠재니즈 파악**

- 누구나 알고있는 일반적인 현상 속에서 아무도 생각하지 못했던 새로운 관점을 얻는 것, 고객 스스로조차 인지하지 못했던 니즈를 발견하는 것으로, '사용자 통찰'이라고 볼 수 있다.
- 고객의 잠재니즈를 파악하기 위해서는, 고객 마음속의 '비밀의 경계선'을 넘어가야 하며 고객의 생활환경 안으로 직접 들어가야 한다.
- 또한 <u>표현-동기-관점</u>이라는 3가지 렌즈를 통해 고객을 관찰하고 'WHY(왜)?'라는 질문을 던져야 한다.
- 사용자 통찰 발견을 위한 5가지 질문

① **<u>독특한 자구책이나 원래 용도와 다른 사용은 없는가?(workaround)</u>**

   ✓ 특정 주제 영역에서 문제를 해결하기 위해 원래의 용도와는 전혀 다른 목적으로 사용하는 물건이나 도구를 발견하는 것이다.

   ✓ 일반인들에게 적용할 수 있는 익숙해진 불편함이나 숨겨진 욕구의 증거를 발견할 수 있기 대문에 관심을 가지고 살펴봐야 한다.

② **<u>반복적이거나 공통적인 행동 패턴은 무엇인가?(behavioral patterns)</u>**

   ✓ 관찰이나 소통의 과정에서 개인에게 반복적으로 나타나거나 여러 사람들에게 공통적으로 나타나는 패턴이 있는지 파악한다. 이러한 행동 패턴으로부터 겉으로 드러난 기능적 불편함을 쉽게 이해할 수 있다.

   ✓ 세대나 지역에 따라 달리 나타나는 행태적 특성은 기능적 필요를 넘어 감성적, 문화적 코드를 품고 있는 경우가 많기 때문에 비즈니스 기회의 실마리를 줄 수 있다.

③ **<u>익숙해진 불편함은 없는가?(pain-point)</u>**

   ✓ 관찰에서 놓쳐서는 안될 부분 중 하나가 바로 사람들의 익숙해진 불

편함을 찾는 것이다. 너무 오랫동안 습관적으로 해오던 행동들은 그 것의 불편함마저 느끼지 못할 때가 많기 때문에, 날카로운 혁신의 눈 으로 찾는 것이 필요하다.

④ 행동유발의 근본적인 원인은 무엇인가?(root-cause)

✓ 관찰 대상이 특이하거나 의미 있다고 생각되는 행동을 했을 때 그 행 동을 하게 된 근본적인 원인을 파악한다.

✓ 하나의 팩트로 결론을 내리기보다는 다양한 팩트들을 수집하고 또 다 른 사람들의 행동까지 파악해 종합적으로 그 원인이나 사용자 욕구를 판단하는 것이 중요하다.

⑤ 기존의 것과 다른 관점은 없는가?(new perspective)

✓ 관찰이나 소통의 과정에서 일반인들이 특정 대상에 대해 가지고 있는 상식과 전혀 다른 의미를 발견하는 것은 사용자 통찰 활동의 가장 큰 수확이다.

✓ 기존의 가치와 다른 관점을 발견하는 것은 그만큼 중요하며, 그것은 경쟁자와 차별화된 제품이나 서비스를 만들어낼 가능성을 높이는 길 이다.

○ 설문조사(Survey)

- 미리 구조화되어 있는 설문지나 면접을 통해 사회현상에 관한 자료를 수집하고 분석하는 연구 방법
- 설문조사의 목적은 어떤 모집단을 대표할 것이라고 추정되는 대규모 응답자들을 통하여 정보를 구하는 것이다.
- 과거에는 종이에 인쇄된 설문지를 주로 사용하였으나, 인터넷과 스 마트폰 등의 정보통신기술 발전으로 온라인 설문조사가 자리를 잡 아가고 있다.
- 설문조사에서 제일 중요한 것은 설문지를 잘 작성하는 것이다. 설문지 를 이용한 자료수집과정에서는 응답자가 질문에 답변하는 과정에서 발

생할 수 있는 오류, 즉 편의(bias)를 최소화하도록 설문지의 각 문항을 간결하고 명확하게 작성해야 하며, 애매한 표현은 가능한 피하도록 해야한다.

– 설문지 작성 절차

① 필요한 정보 결정
✓ 설문조사를 통하여 얻고자 하는 정보는 무엇인가?
✓ 의사결정에 꼭 필요한 내용들만을 엄선하여 조사할 수 있도록 해야 함

② 자료 수집 방법 선정
✓ 필요한 정보획들에 가장 적합한 자료수집방법은 무엇인가?
✓ 설문지를 이용한 자료수집방법에 속하는 대인조사, 전화에 의한 조사, 우편에 의한 조사 혹은 인터넷을 통한 조사 중에서 시간과 비용, 그리고 설문내용 등을 고려하여 이 중에 가장 효과적인 방법을 선정하여 자료를 수집하도록 해야 함

③ 개별항목의 내용결정
✓ 필요한 정보에 대한 세부적인 개별항목으로는 어떤 내용이 포함되어야 하는가?
✓ 이 질문은 꼭 필요한 것인가?
✓ 응답자가 답변에 필요한 정보를 알고 있는가?
  -〉 경험함으로써 질문에 효과적으로 답변할 수 있는 응답자만을 선정하여 조사해야 함
✓ 응답자가 그 정보를 부담없이 솔직하게 제공해 줄 수 있는가?
  -〉 개인의 사적인 정보나 사회적으로 민감한 주제에 관한 질문으로 인해 응답자에게 답변함으로써 얻게되는 심적 부담을 주어서는 안됨

④ 질문형태의 결정
✓ 응답자에게 답변에 대한 부담을 덜 주면서도 가능한 많은 정보를 얻

을 수 있는 질문형태는 무엇인가?
- ✔ 개방형 질문(open-ended questions)
- ✔ 다지선다형 질문(multiple choice questions)
- ✔ 양자택일형 질문(dichotomy questions)

⑤ 적절한 질문 완성
- ✔ 가능한 한 전문용어를 사용하지 말아야 함
- ✔ 다지선다형 질문에서는 가능한 모든 응답내용을 제시해 줄 수 있어야 함
- ✔ 다지선다형 질문은 응답항목들 간에 내용이 중복되어서는 안 됨
- ✔ 한 가지 질문에 두 가지 내용을 질문해서는 안 됨
- ✔ 대답하기 곤란한 질문을 직접 물어봐서는 안되며, 개인의 사적인 정보나 사회적으로 민감한 주제에 대해 너무 자세하게 질문하지 않도록 해야함
- ✔ 특정한 대답을 유도하는 질문을 해서는 안 됨
- ✔ 어떠한 상황을 조사자 임의대로 가정해서는 안 됨

⑥ 질문 순서 결정
- ✔ 완성된 여러 질문들에 대하여 질문하는 순서는 어떻게 정하는 것이 좋은가?
- ✔ 첫 번째 질문은 응답자가 설문지 전체에 대한 내용을 짐작할 수 있도록 하는 내용의 질문이 바람직함
- ✔ 응답자가 쉽게 대답할 수 있는 질무은 전반부에 배치하고, 응답하기 어려운 질문들은 후반부에 배치해야함
- ✔ 응답자 개인의 신상에 관한 인구통계학적인 질문은 가능한 설문지의 맨 뒤에 하는 것이 바람직함

⑦ 설문지 초안 작성
- ✔ 설문지 전체의 형식과 질문순서를 고려하여 초안을 작성함
- ✔ 응답자에 대하여 비밀을 보장하겠다는 다짐, 설문진행 단계별로 응답

자가 주의해야 할 사항들을 명확하게 박스형태로 표기함

⑧ 설문지 사전조사
✓ 설문지 초안이 작성되면 일단 가상적인 응답자들을 선정하여 이들을 대상으로 설문지의 문제점을 찾기 위한 설문조사를 실시함

⑨ 설문지 완성
✓ 한두 번의 사전조사와 수정과정을 거치게 되면 최종적으로 완전한 설문지가 완성됨

◯ 인터뷰(Interview)
- 질문을 하고 답변을 받는 대화형식.
- 면접자가 상대방에게 어떤 문제에 대한 질문을 해서 정보나 의견 등을 알아내는 방법.

 3 1차 프로토타입 제작

◯ 프로토타입(Prototype) 개념
- 신속하고 투자비가 적게 드는 방식으로 구체적인 솔루션을 만들어내는 방법
- 정보시스템의 미완성 버전 또는 중요한 기능들이 포함되어 있는 시스템의 초기모델
- 사용자의 모든 요구사항이 정확하게 반영될 때까지 계속해서 개선 및 보완된다.

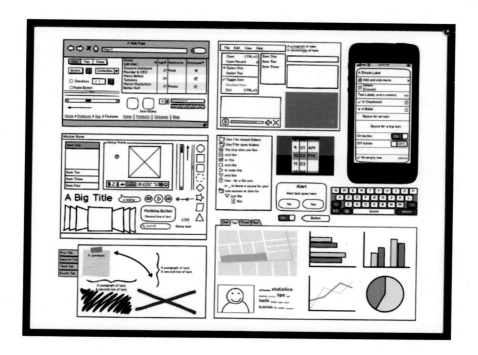

○ 프로토타이핑(Prototyping)
- 개발초기에 시스템의 모형(원형)을 간단히 만들어 사용자에게 보여주고, 사용자가 정보시스템을 직접 사용해 보게 함으로써 <u>기능의 추가, 변경 및 삭제 등을 요구하면 이를 즉각 반영하여 시스템 설계를 다시하고 프로토타입을 재구축하는 과정으로</u>, 사용자가 만족할때까지 반복해 나가면서 시스템을 개선시켜 나가는 방식이다.

○ 프로토타이핑 단계
① 기본적인 사용자 요구사항을 분석한다. 설계자는 기본적인 요구사항이 도출되기까지 사용자와 함께 작업한다.
② 설계자는 위의 단계에서 도출된 요구사항을 만족시키는 프로토타입을 개발한다.
③ 사용자가 만들어진 프로토타입을 실제 사용함으로써 요구사항이 이행되고 있는지를 확인하며 프로토타입의 보완을 위한 여러가지 제안을

한다.

④ 프로토타입의 수정과 보완이 이루어진다. 사용자가 만족할 때까지 3
단계와 4단계는 계속 반복된다.

◯ **프로토타입 설계 방법**

① 모델 만들기

② 스토리 보드

③ 역할극

④ 다이어그램

4 비즈니스모델 캔버스 작성

◯ **비즈니스모델 캔버스** : 비즈니스모델(BM : 기업이 수익을 내며 생존해 나가기 위한 목적으
로 사업을 수행하는 방식)을 용이하게 디자인하도록 도움을 주는 방법

① 고객 세그먼트(Customer Segments)

- 상이한 유형의 사람들이나 조직 중에서 선정한 하나 또는 복수의 목표 고객
- 우리가 응대하고자 하는 고객은 누구인가? 불특정다수의 대중인가? 특정 계층인가? 특정 연령대인가? 그들은 어디 있는가?

② 가치 제안(Value Propostion)

- 특정한 고객 세그먼트가 필요로 하는 가치를 창출하기 위한 상품/서비스의 조합
- 요소간의 정합성과 시너지가 중요
- 고객이 우리를 선택할 수밖에 없는 제품/서비스의 모두 합한 우리가 제공하는 실체는 무엇인가?(혹은 무엇이 되어야 하는가?)

③ 채널(Channels)

- 고객 세그먼트에게 가치를 제안하기 위해 의사소통하고 상품/서비스를 주문/전달하는 경로
- 고객에게 VP(Value Proposition)를 전달하기 위해 어떤 통로를 이용하는가? 그 통로가 효율적이며 합리적인가?

④ 고객관계(Customer Relationships)

- 특정한 고객 세그먼트와의 거래와 접촉을 통해서 맺는 관계의 형태
- 우리가 고객과 접점을 맺고 있는 관계는 얼마나 친밀하며 직접적인가? 고객은 그 방식을 좋아하는가?(혹은 좋아할 것인가?)

⑤ 수익(Revenue Streams)

- 비즈니스를 통해 각 고객 세그먼트로부터 창출하는 현금을 의미
- 자금조달(Funding) 및 가격책정(Pricing)을 포함
- 결국 수익이 생기는 지점은 어디인가? 어디서 얼마나 벌 수 있는가?

⑥ 핵심 자원(Key Resources)

- 해당 비즈니스모델을 원할히 수행하기 위해 가장 필요한 자원
- 이 비즈니스를 하기 위해 꼭 필요한 자원은 무엇인가? 설비, 자금, 인력, 시설, 장비 등등(혹은 필요 없는 것은 무엇인가?)

⑦ 핵심 활동(Key Activities)

- 해당 비즈니스모델을 원활히 수행하기 위해 가장 중요한 활동
- 우리가 고객에게 제품이나 서비스를 제공하기 위해서 다른 누구보다 가장 잘하고 있는 핵심활동은 무엇인가?(혹은 무엇이어야 하는가?)

⑧ 핵심 파트너(Key Partners)

- 비즈니스모델을 원활히 작동시켜줄 수 있는 공급자 및 파트너와의 네트워크
- 우리가 모든 것을 다할 것인가? 아니면 누군가 다른 협력/유통업체나 외부의 도움을 받아야 하는가? 그들은 누구인가?(혹은 누구여야 하는가?)

⑨ 비용구조(Cost Structure)

- 비즈니스를 운영하는 과정에서 발생하는 고정비와 변동비를 의미
- 설비투자(Investment) 및 비용절감(Cost Reduction)을 포함
- 이 사업을 하기 위해 어떤 비용이 어디에 얼마나 드는가? 그 비용은 꼭 필요한가? 줄이거나 없앨 방법은 없는가?

○ 비즈니스모델 캔버스는 새로운 사업 모형을 개발하고 기존의 모형을 문서화하기 위해 사용하는 경영전략 템플릿 중 하나이다. 기업이나 제품의 밸류 프로포지션, 인프라스트럭처, 고객, 재정의 시각적 차트를 제공하며, 잠재적인 트레이드-오프를 묘사함으로써 사업체들이 자신의 활동을 조정할 수 있도록 돕는다.

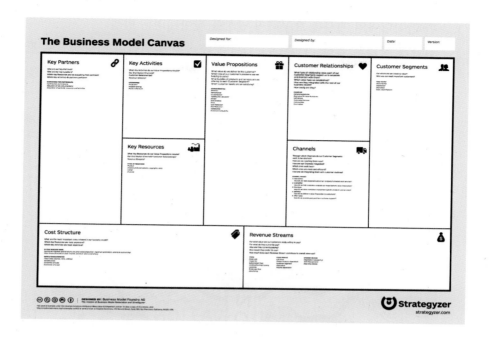

○ 비즈니스모델 캔버스는 다음과 같은 구조의 캔버스 템플릿을 활용하여 작성하며, 작성순서는 ① 고객 세그먼트 -> ② 가치 제안 -> ③ 채널 -> ④ 고객관계 -> ⑤ 수익원 -> ⑥ 핵심 자원 -> ⑦ 핵심 활동 -> ⑧ 핵심 파트너십 -> ⑨ 비용 구조로 진행된다.

과제해결

창의적 아이디어 도출

○ 브레인스토밍(Brainstorming)
  - 아이디어 도출 방법
  - 일정한 테마에 관하여 회의형식을 채택하고, 구성원의 자유발언을 통

한 아이디어의 제시를 요구하여 발상을 찾아내려는 방법
- 집단적 창의적 발상 기법으로, 집단에 소속된 인원들이 자발적으로 자연스럽게 제시된 아이디어 목록을 통해 특정한 문제에 대한 해답을 찾고자 노력하는 과정이다.
- 효과적인 발상을 위한 2가지 원리 : ① 판단보류, ② 가능한 많은 숫자의 발상

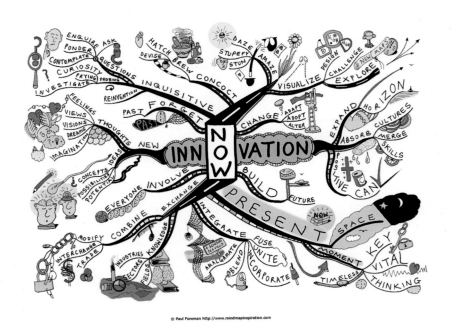

© Paul Foreman http://www.mindmapinspiration.com

- 브레인스토밍 4원칙
① 양에 포커스 맞추기 : '양이 질을 낳는다(Quantity breeds Quality)'는 격언을 따라 문제 해결을 꾀한 것으로, 발상의 다양성을 끌어올리는 규칙이다. 많은 숫자의 아이디어가 제시될수록 효과적인 아이디어가 나올 확률이 올라간다는 것을 전제로 두고 있다.
② 비판, 비난 자제하기 : 브레인스토밍 중에는 제시된 아이디어에 대한 비판은 추후의 비판적 단계까지 보류하고 계속해서 아이디어를 확장

하고 더하는 데 초점을 두어야 한다. 비판을 유예하는 것으로 참여자들은 자유로운 분위기 속에서 독특한 생각들을 꺼낼 수 있다.

③ 특이한 아이디어 환영하기 : 많고 좋은 아이디어 목록을 얻기 위해서 엉뚱한 의견을 가지는 것도 장려된다. 새로운 지각을 통해서 혹은 당연하다고 생각해오던 가정을 의심하는 것으로부터 더 나은 답을 줄 수 있는 새로운 방법이 떠오를 수 있다.

④ 아이디어 조합 및 개선하기 : 1+1이 3이 될 수도 있다는 슬로건에 따라 아이디어들을 연계시키는 것으로써 더 뛰어난 성과를 얻을 수 있다고 여긴다.

○ 명목집단법(Nominal Group Technique)

- 아이디어 촉진
- 집단 의사 결정에서 구성원 간에 의도적으로 토론이나 의사소통을 하지 못하게 하여 각 구성원들이 서로 영향을 받지 않은 상태에서 진실로 마음속에 생각하는 바를 제시하게 하는 방법이다.
- 진행방법 : 아이디어를 적어 제출 -> 포스트잇 붙이기 -> 아이디어를 하나씩 읽어가며 조정 -> 장단점, 타당성 논의, 우선순위를 묻는 투표 -> 선택
- 명목집단법 장/단점

장점	단점
• 다양한 지식, 정보, 아이디어를 활용 • 구성원 간의 상호자극 • 결정에 대한 수용도와 응집력 제고 • 문제 분담에 의한 전문화 기능 • 커뮤니케이션의 원활화	• 많은 시간과 에너지 소비 • 집단사고(Group think)의 위험성 • 차선책 선택의 오류 가능성 • 결정이 특정인에 의해 좌지우지될 가능성 • 의견 불일치 시 갈등 발생우려 • 신속하고 결단력 있는 행동 방해

○ 멀티보팅(Multi-Voting)

- 의사결정 스킬
- 다수결로 의견을 정하는데 한 사람이 하나의 아이디어만 고르는 것이

아니라, 여러 개의 아이디어에 투표를 할 수 있도록 하는 방법. 그 결과 가장 <u>많은 표를 받은 아이디어가 선정</u>.

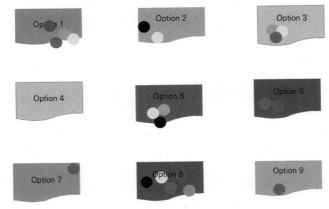

- 진행방법
① 모아진 아이디어들을 목록으로 만들고, 투표할 때 혼선을 방지하기 위해 각 아이디어에 번호를 부여한다.
② 참석자들은 전체 아이디어들 중에서 가장 중요한 1/3을 선정하고 투표한다.
- 비밀 유지가 필요한 경우에는 무기명 투표를 이용한다.
③ 항목별 득표 수를 표시하고, 다음 라운드 투표를 위해 다수 득표 항목들을 파악한다.
④ 최종 3~7개 가량의 아이디어들이 선정될 때까지 위 절차를 반복한다.

2 창의적 과제해결을 위한 아이디어 도출 방법론

◯ Diversity : 같은 대상 다른 시각
◯ Focusing : 초점 맞추기

○ Wacky : 엉뚱한 생각
○ If : 만약
○ Why : 왜

 3 **캡스톤디자인 작품의 가치 차별화 포인트 찾기**(브랜드화 방안)

○ <u>브랜드 구성 요소 : 브랜드 네이밍 + 심볼, 로고, 색상 = Identity</u>
○ 브랜드의 중요성

브랜드는 기본적으로 브랜드 오너와 소비자 사이에 맺어진 하나의 계약이고 양자를 묶어주는 끈과 같다. 뿐만 아니라 <u>브랜드는 브랜드 오너뿐만 아니라 소비자 사이의 직접적인 커뮤니케이션의 도구</u>라는 점에서 브랜드 오너와 소비자에게도 중요한 것이다.

브랜드 오너 입장	소비자 입장
• 기업, 제품, 서비스의 정체성	• 제품, 서비스 출처 확인 수단
• 경쟁 브랜드와의 차별화	• 제조업자의 분명한 책임 소재 수단
• 소비자와의 직접적 커뮤니케이션	• 구매 위험 및 시간 절감 수단
• 지적재산권의 법적 보호 수단	• 사회적/심리적 만족 수단
• 소비자 품질 만족도 조사 수단	• 제품/서비스의 품질 판단 수단
• 막대한 부의 창출 수단	• 브랜드 오너와의 계약 수단

○ 브랜드 아이덴티티(Brand Identity)

- 브랜드 아이덴티티, 즉 BI는 <u>다른 상품과 구별되는 가치를 브랜드 정체성을 지닌 것</u>으로, 기업 또는 상품의 정체성 그 자체이다.
- 상품을 통하여 얻게 될 기대치, 모양새, 사용성 등 다양한 경험을 포함한다.
- 브랜드 아이덴티티를 사람에 비유하면 외모, 스타일, 말투, 성품, 줄 수 있는 가치 등 떠오르는 브랜드의 이미지를 다양하게 연상해 볼 수 있다.

- 브랜드의 이런 이미지를 만들어가는 과정이 브랜드 경험의 제공일 수 있다. 접하는 공간, 사용한 경험, 가지게 되는 감정, 보이는 이미지, 체험했을 때의 촉감 등이 다양한 경험이 모여 브랜드 아이텐티티로 추구하던 이미지가 실현되기 때문이다.
- 유형적(tangible)요소만 국한시킬 것이 아니라 철학적 가치와 같은 무형적(intangible)요소까지 브랜드 아이덴티티 요소로 포함시켜야 한다.
- 브랜드 아이덴티티를 명확하게 하기 위한 질문
  ✓ 브랜드의 존재 이유나 존재 가치는 무엇인가?
  ✓ 브랜드가 소비자와 이해 관계자들(투자자, 내부종사자, 협력업자, 유통업자 등)과 중장기적으로 공유할 수 있는 가치는 무엇인가?
  ✓ 경쟁브랜드와의 차별점은 무엇인가?
  ✓ 브랜드의 개성은 무엇인가?
  ✓ 브랜드의 핵심 영역은 무엇인가?
  ✓ 소비자들에게 전달하고자 하는 브랜드 이미지의 목표는 무엇인가?
  ✓ 브랜드 아이덴티티 요소는 무형의 브랜드 가치와 소비자들에게 제공하려는 효익을 연상시킬 수 있는 것인가?

◯ 브랜드 경험
- 인격화한 브랜드를 좀 더 매력있게 보이도록 하는 일련의 활동
- 좋은 가치와 경험을 제공한다면 고객은 이 브랜드를 기억할 뿐만 아니라, 브랜드 아이덴티티를 통하여 본인의 아이덴티티를 표현하기도 한다.

◯ 브랜드 아이덴티티와 브랜드 이미지
- 브랜드 아이덴티티는 브랜드 오너, 즉 브랜드 정보를 주고자 하는 전달자의 과제이고, 브랜드 이미지는 소비자, 고객, 일반 대중에게 전달되는 브랜드 아이덴티티의 연상 작용으로 브랜드 정보를 받아들이는 수용자의 과제이다.
- 브랜드 오너는 브랜드 이미지 강화의 측면보다 브랜드 아이덴티티 강화의 측면에서 보다 적극적으로 노력하는 것이 결국 더 좋은 브랜드 이

미지를 얻는 방법이 된다.

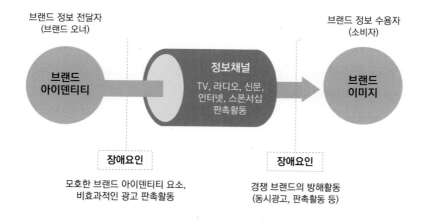

- ● 장 노엘 카페레(Jean Noel Kapferer) 브랜드 아이덴티티 이론
  - 카페레 교수는 브랜드 아이덴티티를 육변형 프리즘으로 설명한다.

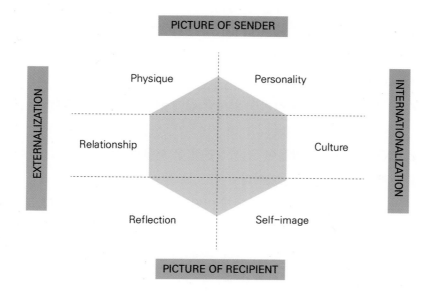

① 브랜드는 실체적 특징(Physique)이 있어야 한다.
- ✓ 소비자가 브랜드 이름을 듣자마자 즉시 마음에 와닿는 두드러지게 나타나는 특징들을 결합함으로써 브랜드의 중추적 가치를 말한다.
- ✓ 브랜드가 꽃이라면 브랜드의 실체는 그 줄기이다. 그래서 브랜드 개발의 첫 단계는 브랜드의 실체적 특징을 정의하는 일이다.
- ✓ EX) 콜라캔에 Coca-Cola 병의 사진을 넣는 것은 브랜드의 실체적 특징이 얼마나 중요한가를 말해준다.

② 브랜드는 독특한 개성(Personality)이 있어야 한다.
- ✓ 커뮤니케이션이 진행되면서 점차 브랜드의 독특한 성격이 형성된다.
- ✓ 마치 사람마다 개성이 있듯이 브랜드도 제품이나 서비스를 설명해주는 어떤 개성이 형성되도록 하여야 한다.

③ 브랜드는 추구하는 고유의 문화가 있어야 한다.
- ✓ 주요 브랜드는 브랜드 문화를 창출하기 위해 노력한다. 고유 브랜드 문화는 타 브랜드와의 차별화에 있어 결정적인 요소가 된다.
- ✓ 특히 동종업계에 있는 브랜드 간에 차별점이 존재하는 이유는 브랜드 문화의 차이에서 찾아볼 수 있다.
- ✓ EX) 스포츠 브랜드인 Adidas, Nike간에 존재하는 차별점이나 신용카드사인 Visa, Amex 간에 존재하는 차별점이 대표적이다.

④ 브랜드는 관계 설정(Relationship)의 기능을 갖고 있다.
- ✓ 브랜드는 제품이나 서비스와 사람 간에 관계를 맺어주는 중요한 역할을 한다.
- ✓ EX) IBM하면 사람들이 '질서정연함'을 떠올릴 수 있다.

⑤ 브랜드는 반사(Reflection)이다.
- ✓ 브랜드는 사용자나 구매자에게 어떤 특정한 반사를 갖게 한다.
- ✓ EX) 사람들에게 BMW, Ford, KIA 등의 자동차 브랜드에 대한 의견이나 시각을 묻는다면, 각자가 그 브랜드에 대해 지각하고 있는 형태에 따라 여러가지로 반응한다.

⑥ 브랜드는 소비자의 자아 이미지(Self-Image)이다.

✓ 반사(Reflection)가 목표 고객의 외향적 거울이라면, 자아 이미지(Self-Image)는 목표 고객의 내향적인 거울이라고 할 수 있다.

✓ EX) Lacoste 고객은 제품을 구매함으로써 자신이 스포츠 클럽의 일원이라는 자아 이미지를 가지게 된다.

◑ 브랜드 네임(Brand Name)

- 브랜드 네임은 브랜드 아이덴티티 요소 중 하나로, 브랜드는 브랜드 네임 없이 존재할 수 없기 때문에 <u>브랜드 네임은 브랜드의 심장</u>이라 할 수 있다.

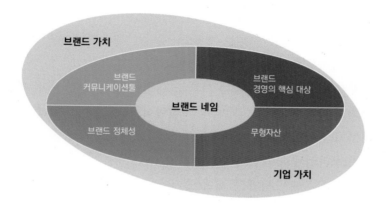

- 브랜드 네임이 중요한 이유

① 브랜드 네임은 기업, 제품, 서비스, 공공기관, 심지어 국가, 도시 등 장소의 핵심 가치와 연상을 목표 대중들에게 전달하는 기본적인 커뮤니케이션 툴이다.

② 브랜드 정체성은 브랜드 네임으로부터 나온다.

③ 브랜드 네임은 상표권을 취득함으로써 기업의 중요한 지적재산이 된다.

④ 브랜드 네임은 브랜드 경영의 핵심 대상이다.

- 브랜드 네임 개발기준

① 창의적이어야 한다.

✓ 브랜드 네임은 기업, 제품 또는 서비스의 특성을 경쟁 브랜드와 차별하여 소비자들에게 전달하는 툴이기 때문에, 그것이 창의적이지 못할 경우 차별화 기능을 상실한다.

✓ 경쟁 브랜드 네임과 유사할 경우 브랜드 정체성이 희석될 수 있는 위험이 크다.

② 발음하기, 쓰기, 기억하기 쉬워야 한다.

✓ 소비자들이 브랜드 네임을 쉽게 발음할 수 있어야 하고 쉽게 쓸 수 있어야 기억하기가 쉬워진다.

③ 컨셉트에 적합해야 한다.

✓ 기업 브랜드 네임은 사업의 성격이나 기업의 철학에 적합하도록 개발되어야 하고, 제품/서비스 브랜드 네임은 제품이나 서비스의 컨셉트에 적합하도록 개발되어야 한다.

✓ 소비자들이나 일반 대중은 브랜드 네임을 듣는 순간 어떤 연상을 갖게되기 때문에 브랜드 네임이 기업이나 제품 또는 서비스 개념에 일치하거나 적합할수록 소비자들이 강한 브랜드 연상성을 갖게된다.

④ 세계화 관점에서 개발하여야 한다.

✓ 세계화 시각에서 브랜드 네임이 개발되지 않는다면 그 브랜드 네임은 그만큼 세계화의 장애 요인이 될 것이다.

✓ 브랜드 네임은 전세계에서 모든 사람들이 쉽게 발음하고, 쉽게 쓰고 그리고 쉬운 연상을 가질 수 있도록 세계화 관점에서 개발되어야 한다.

⑤ 소비자 취향에 맞추어야 한다.

✓ 브랜드를 선택하는 사람들은 소비자들이고, 궁극적으로 브랜드를 사용하는 사람들도 소비자들이다. 따라서 브랜드 네임이 소비자들의 취향에 맞도록 개발되어야 한다.

✓ 소비자들의 문화, 소비자들이 추구하는 가치, 소비자들이 원하는 취향, 소비자들이 공감할 수 있는 언어감각 등 소비자 중심의 브랜드 네임이어야 한다.

⑥ 상표등록을 할 수 있어야 한다.

✓ 브랜드 네임은 특허청에 등록하여 독점 배타권을 가짐으로써 상표 또는 상표권이 된다. 즉, 브랜드 네임이 상표로 등록될 수 없다면 그것은 법률적으로 보호를 받을 수 없게 된다.

✓ 브랜드 네임 개발이란 상표법상 등록 가능한 상표를 개발하는 것을 말한다.

- 브랜드 네임 개발절차

① 프로젝트 브리핑과 이해

✓ 프로젝트 환경, 프로젝트 목적, 제품 컨셉트, 소비자 세그먼트, 브랜드 포지셔닝, 기업 가치 등

② 브랜드 네임 개발 전략 수립

✓ 브랜드 이미지 맵

✓ 브랜드 네임 스펙트럼

③ 기초 조사 및 자료 수집

✓ 기초 산업 조사, 자료 수집 분석

✓ 문헌 연구, 현장 현물 조사

✓ 경영진 인터뷰

④ 키워드 및 네임 개발

✓ 각종 언어의 키워드 및 1차 네임 개발

⑤ 1차 후보 네임 선정

✓ 상표 검색, 언어 검색

⑥ 소비자 반응 조사

✓ 목표 소비자 반응 조사

⑦ 최종 후보 네임군 선정

✓ 최종 후보안 선정

✓ 특허청 상표 등록 출원

브랜드의 속성을 나타내기 위해서는 브랜드 네임이 용이, 브랜드 이미지

확장을 위해서는 디자인의 힘이 도움됨

 프로젝트 성과 발표

1 블랭크 차트(Blank Chart)를 활용한 발표자료 준비

◉ 블랭크 차트(Blank Chart) 개념
- 빈칸이 있는 차트, 특정 주제에 관한 학습팀의 토의 내용 또는 자신의 생각을 완성된 형태로 만들기 전에 스케치한 결과물
- 과제해결안의 최종 결과물의 대략적인 목차 및 표현 방법을 이미지로 먼저 작성한 후, 이를 토대로 과제 해결 계획을 수립하고 계획에 따라 조사 및 학습을 수행하여 결과물을 완성하기 위한 방법이다.
- 블랭크 차트를 작성하면, 최종 결과물에 대한 대략적인 이미지 및 순서, 구조를 파악할 수 있어서 과제를 전체적인 안목으로 파악하여 무엇을 조사할 것인지를 계획할 수 있다.
- 구성 : Title, Head Message, Contents

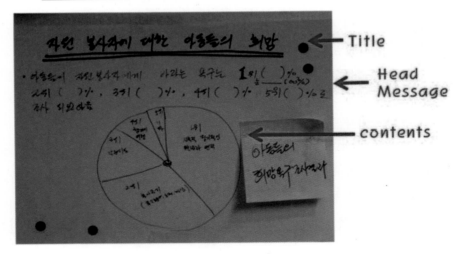

○ 블랭크 차트 작성방법

　① 과제 정하기

　② 과제의 최종 결과물에 포함될 내용 : 아이디어 도출하기

　③ 도출된 아이디어로 논리적인 목차 구성하기

　④ 항목별로 Blank Chart 작성하기

　⑤ 작성된 Blank Chart 배열하기

　⑥ Blank Chart 구성에 대한 논의

　⑦ 이후 활동 계획 수립 : 개인별 및 그룹별 역할 분담

　⑧ 다음 회의 시 준비할 사항 정리 및 성찰

○ 블랭크 차트 장점

　- 자유롭게 표현할 수 있다.

　- 세세한 디자인에 신경 쓰지 않아도 된다.

　- 항목별 내용의 밸런스를 맞출 수 있다.

　- 작업을 분담할 수 있다.

○ 블랭크 차트 작성 시 유의사항

　- 가설과 분석하고자 하는 내용이 일치하는가?

　- 차트의 도형/도표가 분석하고자 하는 내용을 제대로 표현하고 있는가?

　- 개개 장표들 간에 중복은 없는가?

　- 전체 흐름의 논리구성에는 문제가 없는가?

　- 가설은 설정되었으나 블랭크 차트 작성에 빠진 것은 없는가?

2　설득력 있는 발표를 위한 방법

○ **스토리가 있는 내용 구성**(Story)

○ **내용전달을 효율적으로 할 수 있는 슬라이드 디자인**(Design)

○ **파워풀한 발표/전달**(Delivery)

프로젝트 평가

1 평가표

◉ 평가표는 크게 인문사회 계열과 공학 계열로 나눠서 항목별로 채점된다.

◉ <u>인문사회 계열</u>

구분	평가항목	상		중		하
창의성	✓ 과제 선정의 독창성 ✓ 과제 해결 방법의 창의성 ✓ 과제 결과의 창의성	30	25	20	15	10
제안의 기술적 완성도	✓ 과제의 중요성 ✓ 과제 해결 과정의 논리적 타당성 ✓ 과제 해결 결과의 완성도	30	25	20	15	10
보고서 및 발표	✓ 현장 발표능력 및 질의에 대한 답변의 완성도 ✓ 최종보고서 및 과제보고서의 완성도 ✓ 팀원 간 원활한 협업의 정도 　(팀 참가자에 한함)	30	25	20	15	10
기대 효과	✓ 과제 제출물의 실무 적용가능성 ✓ 과제 결과의 사회/경제적 파급효과의 정도	30	25	20	15	10
총점						

◉ <u>공학계열</u>

구분	평가항목	상		중		하
창의성	✓ 아이디어의 독창성 ✓ 작품 및 분야의 창의성	30	25	20	15	10

제안의 기술적 완성도	✓ 개념 설계 과정의 논리적 타당성 ✓ 결과물의 완성도	30	25	20	15	10
보고서 및 발표	✓ 현장 발표능력 및 질의에 대한 답변의 완성도 ✓ 최종보고서 및 과제보고서의 완성도 ✓ 팀원 간 원활한 협업의 정도 (팀 참가자에 한함)	30	25	20	15	10
기대 효과	✓ 출품 과제의 상품성 및 생산 가능성	30	25	20	15	10
총점						

 2 동료팀 평가

◉ 평가표를 기반으로 동료팀과 서로 평가

≫ 내용

- https://m.blog.naver.com/PostView.naver?isHttpsRedirect=true&blogId=
chodbzzang&logNo=165501403

- https://thod.tistory.com/entry/Empathy-Map-감정이입-맵

- https://ko.wikipedia.org/wiki/시장_조사

- https://ko.wikihow.com/시장조사-하는-법

- https://m.blog.naver.com/PostView.naver?isHttpsRedirect=true&blogId=
galodng&logNo=80204013308

- https://dbr.donga.com/article/view/1203/article_no/7737/ac/magazine

- https://ko.wikipedia.org/wiki/설문지

- https://m.blog.naver.com/zzaseup/221841059235

- https://ko.wikipedia.org/wiki/인터뷰

- https://ko.wikipedia.org/wiki/프로토타입

- https://brunch.co.kr/@givemore/3

- https://cafe.naver.com/socialenterprise1/77

- http://www.casenews.co.kr/news/articleView.html?idxno=1092

- https://ko.wikipedia.org/wiki/브레인스토밍

- https://blog.daum.net/beson54/44

- https://m.blog.naver.com/PostView.nhn?isHttpsRedirect=true&blogId=c
ay012&logNo=10157617445

- http://www.brands.or.kr/board/view.php?board_code=theory&idx=10&board_
code=theory&page=2

- http://www.brands.or.kr/board/view.php?board_code=theory&idx=228&board_code=theory&page=1
- http://www.brands.or.kr/board/view.php?board_code=theory&idx=229&board_code=theory&page=1
- https://blog.daum.net/sig101/13638762
- https://brunch.co.kr/@mystalin/51

》 그림

- 공감지도 개념

  https://blog.naver.com/jh5860jh/221416540581
- Empathy Mapping

  https://thod.tistory.com/entry/Empathy-Map-감정이입-맵
- 과제기술서

  https://www.youtube.com/watch?v=zBLmK-ov_Zw
- 프로토타입

  http://superjang.com/archives/1964
- 비즈니스모델 캔버스 양식

  https://ko.wikipedia.org/wiki/비즈니스_모델_캔버스
- 비즈니스모델 캔버스 구조

  http://www.casenews.co.kr/news/articleView.html?idxno=1092
- 브레인스토밍

  https://www.pinterest.co.kr/moonseong39/마인드맵/

- 멀티보팅

  https://samstory.coolschool.co.kr/zone/story/daliplanet/streams/15681

- 브랜드 아이덴티티와 브랜드 이미지

  http://www.brands.or.kr/board/view.php?board_code=theory&idx=228&board_
      code=theory&page=1

- 장 노엘 카페레 브랜드 아이덴티티 이론

  http://www.brands.or.kr/board/view.php?board_code=theory&idx=228&board_
      code=theory&page=1

- 브랜드 네임

  http://www.brands.or.kr/board/view.php?board_code=theory&idx=229&board_
      code=theory&page=1

- 블랭크 차트

  https://m.blog.naver.com/PostView.naver?isHttpsRedirect=true&blogId=
      wind0631&logNo=220831509409

》》 표

- 고객의 개념

  https://m.blog.naver.com/PostView.naver?isHttpsRedirect=true&blogId=
      chodbzzang&logNo=165501403

- 그레고리스톤의 고객분류

  https://m.blog.naver.com/PostView.naver?isHttpsRedirect=true&blogId=
      chodbzzang&logNo=165501403

- 명목집단법 장/단점

  https://najuhyer.tistory.com/353

- 브랜드의 중요성

  http://www.brands.or.kr/board/view.php?board_code=theory&idx=10&board_

  code=theory&page=2

- 프로젝트 평가표

  캡스톤디자인의 이해 교재

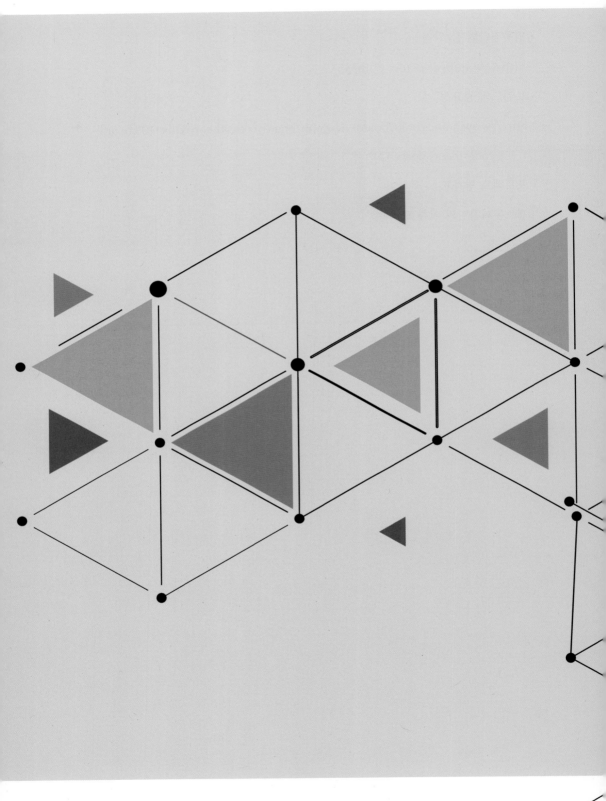

제 5 장

캡스톤디자인 사례 분석(1)

- 빅데이터를 통한 수요예측과 챗봇을 통한
재고자산 회전률 증가 사업 -

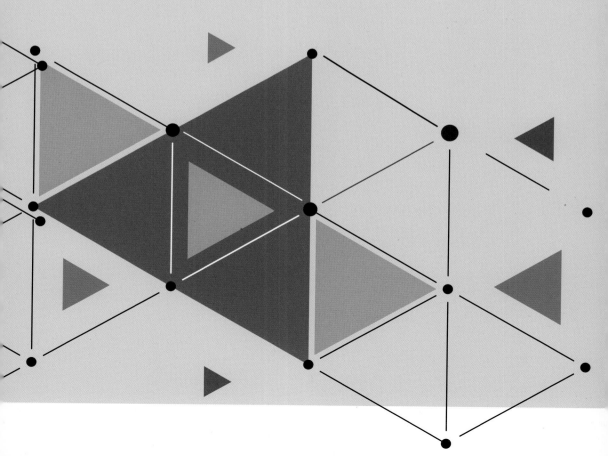

빅데이터를 통한 수요예측과 챗봇을 통한
재고자산 회전률 증가 사업

목차

초록
챗봇
1. 챗봇의 정의
2. 본 사업의 유형
빅데이터
1. 창업배경과 사업의 개념
　1) 창업배경
　2) 사업의 개념
2. 기술적 배경
3. 시스템의 구성
　1) 핵심 기능 개요
　2) 핵심 기능 구현
4. 환경분석
　1) 국내시장분석
　2) 국외시장분석
5. 비즈니스 모델분석 및 사업 타당성 분석
　1) 비즈니스 개념과 수익모델
　2) 3C 분석
　　① 자사(Company)
　　② 고객(Customer)
　　③ 경쟁자(Competitor)
　3) SWOT 분석
　　① SWOT 분석
　　② SWOT 분석을 통한 전략

6. 마케팅 실행전략
　1) STP 전략
　　① 시장 세분화(Segmentation)
　　② 목표시장 선정(Targeting)
　　③ 포지셔닝(Positioning)
　2) 4P MIX 전략
　3) 글로벌 시장 전략
7. 조직 및 인력 계획
　1) 대표조직
　2) 대표자 역량
　3) 조직 및 인력 구성
8. 재무관리 계획
　1) 소요 자금
　2) 자금 조달 계획
　3) 매출 계획
　4) 추정 재무제표
　5) 손익분기점
9. 사업화 추진 계획
10. 결론
11. 참고자료
12. 부록(설문조사 자료)

초록

최근 신세계, 아마존 등 여러 유통업을 영위하는 기업들은 빅데이터를 활용한 수요예측을 통해 소비자 맞춤의 제품을 홍보하거나, 판촉을 진행하여 소비자 만족도를 높여 기업의 이윤을 높이고, 잠금효과(lock-in)도 누리고 있다.

본 사업은 빅데이터를 활용한 수요예측과 더불어 인공지능 채팅 프로그램인 챗봇을 활용해 각 지사의 창고에 회전율이 낮은 재고를 분석하고, 수요예측을 활용해 얻은 각 소비자의 소비패턴과 연동하여, 회전율이 낮은 재고를 챗봇을 활용해 소비자에게 홍보하고, 쿠폰과 할인권 등의 프로모션을 통해 소비를 유도하는 사업이다.

본 사업의 고객은 물류와 유통 사업을 운영하는 기업들을 대상으로 한다. 고객들의 사내 유선망에 빅데이터 프로그램을 설치하고, 각 창고에 IoT 단말기를 설치하여 회사의 재고를 실시간으로 파악할 수 있도록 한다. 또한 빅데이터 프로그램을 통해 고객의 회사를 이용하는 이용자들의 소비 내용을 분석하여, 이용자의 소비패턴과 소비예측을 도출해낸다. 위의 내용을 활용하여, 재고 회전율이 낮은 재고를 소비패턴과 예측에 맞추어 이용자들에게 우선적으로 제안하고, 쿠폰 등을 활용하여 판촉을 진행한다. 이를 통해 고객의 회사는 재고 회전율을 높이고, 효율적인 공급사슬관리를 이루어낼 수 있다. 이를 통해 본 사업은 이용료를 받아 수익을 달성한다.

현재 국내외 시장은 빅데이터의 무궁한 활용력을 바탕으로 다양한 사업에 적용해 나가고 있다. 물류와 유통 역시 마찬가지이다. 빅데이터를 활용하는 방법은 현장에 적용 중이고, 개선과 개발을 이루어가고 있다. 하지만 이는 대기업을 중심으로 시작하고 있는 단계이며, 중소 유통 업체들에게는 아직 적용하기 힘든 현실이다. 따라서 중소기업들을 대상으로 사업을 진행한다면 높은 수익성을 가진 사업이다.

챗봇은 그 개념에 비해 배경 기술의 발전이 이루어지지 않아, 미완성의 기술이다. 챗봇에 가장 중요한 기능은 인공지능 기술인데, 이 기술들은 많은 발전을 이루었지만, 아직 상용화는 불가능하다. 때문에 현재 기업들에서 활용하고 있는 챗봇들은 비교적 간단한 업무에 활용되고 있다. 또한 미완성의 기술이다 보니 이를 활용하기 위한 노력은 적은 편이다. 따라서 현재 챗봇의 활용은 효율적으로 이루어지고 있지 않다. 본 사업은 챗봇을 다른 기업들에 비해 더 효과적으로 활용하지만, 기본 개념은 같기 때문에 더 효율성이 높다.

본 사업은 아직 발전 중이고, 활용도의 개선이 필요한 기술들인 빅데이터와 챗봇을 활용한 사업이다. 또한 중소 유통업체들을 대상으로 진행하는 사업이기 때문에 다수의 고객층이 존재한다. 따라서 다수의 고객들에게 개선된 수익성을 보장하고, 경쟁자들에 비해 효과적이고, 효율적인 기술의 활용으로 고객 만족도를 달성하여, 수익을 창출할 수 있다.

 ## 챗봇

 ### 1 챗봇의 정의

챗봇이란, '채팅하는 로봇', 즉, 채팅봇이라는 용어의 약자로써 최근 유행하는 4차 산업혁명 주요 기술 중 하나다.

챗봇은 기본적으로 대화형 챗봇, 시나리오 기반 챗봇 유형으로 나눌 수 있다. 기존의 웹 기반의 홈페이지나 모바일 앱이 없이도 메신저 플랫폼을 활용하여 기존의 디지털 플랫폼의 역할을 대신 할 수 있는 신기술 영역이다. 향후 웹 기반의 서비스 및 모바일 애플리케이션 영역을 상당 부분 대체할 것으로 예측되고 있다.

첫 번째로, 대회형 챗봇은, 말 그대로 대화가 가능한 챗봇이다. 사용자가 문장으로 물어보면 답변을 해주는 형태이다. 중요한 부분은 선택하는 형태, 즉 객관식 적인 형태가 아니라는 점이다. 대표적으로 아이폰의 시리, 갤럭시의 빅스비 등이 있다.

두 번째는 시나리오 챗봇이다. 궁극적으로는 목적에 맞춰 탈출구가 없도록 설계된 서비스 형태이다. 객관식, 트리형으로 불리기도 한다. 간단하게 가게에서 음식 주문할 때를 생각하면 된다. 종업원을 불러야 하고, 메뉴를 정해야 하고, 수량을 정해야지만 음식 주문이 들어가서 서비스를 받을 수 있다는 부분을 생각하면 된다.

위의 대표적인 유형들을 세분화하여 비용, 전문성, 시간, 방법으로 총 5가지의 대표적인 유형들이 존재한다. 이는 대화형, 트리형(버튼)형, 추천형, 시나리오형, 결합형이다.

첫 번째로 대화형 챗봇은 자연스럽게 대화가 가능한 챗봇이다. 인공지능을 기반으로 머신러닝 및 딥러닝을 기본으로 한다. 자연스러운 대화를 통해 특정 콘텐츠를 노출시키거나, 트리거를 발생시켜 서비스를 실행하기도 한다. 결과적으로 질문을 분석하여 답변하는 프로세스이다. 하지만 인공지능을 기반으로 하고, 비정형 데이터를 확보해 구축해야하기 때문에 전문성이 높고, 비용과 시간이 많이 필요하다.

출처: Tonyaround, 챗봇의 5가지 대표 유형. https://tonyaround.com/챗봇-기획-단계

두 번째는 트리형 챗봇이다. 정해진 트리구조에 따라 답변을 얻는 형태이다. 인공지능이 아니고, 객관식 문제를 푸는 것처럼 최종답변을 향해 나아가는 구조이다. 구축이 쉽기 때문에 초기 챗봇에 많이 사용되었던 유형이다. 전문성과 비용, 시간의 요구가 매우 낮다.

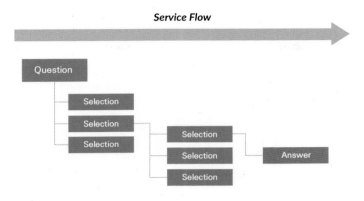

출처: Tonyaround, 챗봇의 5가지 대표 유형. https://tonyaround.com/챗봇-기획-단계

    세 번째는 추천형 챗봇이다. 표면적으로는 대화형을 띄고 있지만, 답변을 제공하는 방식이 대화형과 다르다. 인공지능 기반일수도 아닐 수도 있다. 질문에 대해 사전에 정해진 답변리스트에서 알고리즘 결과의 우선순위별로 답한다. 대화형 챗봇으로 가는 중간과정이다. 따라서 시간과 비용, 전문성 역시 추천형과 대화형의 중간치를 요구한다.

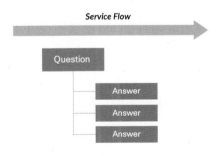

출처: Tonyaround, 챗봇의 5가지 대표 유형. https://tonyaround.com/챗봇-기획-단계

    네 번째는 시나리오형 챗봇이다. 원하는 아웃풋을 제공하기 위해 정해진 시나리오를 수행하는 챗봇이다. 제공해야 할 서비스 혹은 결과물이 정해져 있을 때 많이 사용되는 유형이다. 챗봇의 유형들 중 투자대비 효과가 가장 좋은

유형으로 알려져 있다. 비용과 시간, 전문성은 높지 않은 보통치를 요구한다.

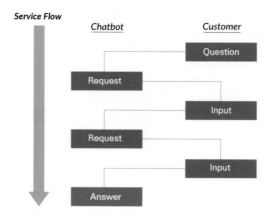

출처: Tonyaround, 챗봇의 5가지 대표 유형. https://tonyaround.com/챗봇-기획-단계

마지막 다섯 번째는 결합형 챗봇이다. 비즈니스 목적에 따라 위의 챗봇 유형들을 결합하여 설계가 가능하다. 최근에 출시되는 챗봇의 유형들은 대부분이에 해당한다. 다양한 결합들이 존재하는데 최종 목적은 고객이 챗봇에서 모든 서비스를 완료하는 것이다. 비용과 시간, 전문성은 어떻게 조합하냐에 따라 다르며, 정답은 없다. 비즈니스에 가장 최적한 조합을 찾는 것이 가장 중요하다.

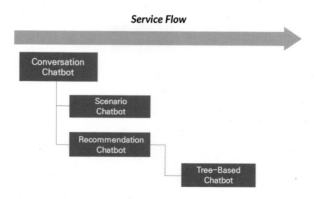

출처: Tonyaround, 챗봇의 5가지 대표 유형. https://tonyaround.com/챗봇-기획-단계

2 본 사업의 유형

본 사업에서 사용할 유형은 트리형 챗봇으로 초기 구축이 용이하고, 고객에게 챗봇을 이용하는 기업의 제품들을 제공하며, 고객의 선택이나 유형에 따라 제공되는 프로모션들 중 하나를 선택하여 소비를 유도하는 시스템을 구축할 것이다. 이후 사업이 발전됨에 따라 추천형을 넘어 대화형 챗봇으로 개발할 것이다. 이는 초기에 구축한 트리형은 고객과의 대화가 아닌 프롬모션을 제공하는 형태로 일방적인 소통을 하나, 추천형과 대화형은 고객의 요구를 반영할 수 있기 때문에 비교적 양방향의 소통이 가능하기 때문에 더욱 효율적으로 고객 맞춤형 프로모션을 제공할 수 있기 때문이다.

 빅데이터

빅데이터란 디지털 환경에서 생성되는 데이터로 그 규모가 방대하고, 생성 주기도 짧고, 형태도 수치 데이터뿐 아니라 문자와 영상 데이터를 포함하는 대규모 데이터를 말한다. 빅데이터 환경은 과거에 비해 데이터의 양이 폭증했다는 점과 함께 데이터의 종류도 다양해져 사람들의 행동은 물론 위치정보와 SNS를 통해 생각과 의견까지 분석하고 예측할 수 있다.

등장배경은 PC와 모바일 기기의 이용이 생활화되며 사람들이 남긴 데이터의 흔적들이 기하급수적으로 증가하였고, 이는 이전에 경험해보지 못한 속도와 규모, 다양성을 가졌기 때문이다. 따라서 기존의 데이터처리 프로세스로는 처리하지 못하였고, 이를 위해 새로운 프로세스가 필요하게 되었다. 이를 빅데이터라 부르게 되었다.

빅데이터의 특징은 3V로 정의할 수 있다. 데이터의 양(Volum), 데이터의 생성 속도(Velocity), 형태의 다양성(Variety)이다. 최근에는 가치(Value)와 복잡성(Complexity)를 덧붙이기도 한다. 이러한 데이터는 미래에 경쟁우위를 좌우하는 중요자원으로 활용될 수 있기 때문에 주목받고 있다. 빅데이터에서 중요한 기술은 데이터를 분석하는 것이다. 방대한 데이터는 실시간으로 쌓이고, 이들 중 비즈니스에 맞게 찾아서 분석하는 것이 중요한 기술이다.

본 사업에서 빅데이터는 두 가지 부분에서 활용된다. 첫 번째는 창고에 설치한 IoT센서들을 이용해 창고의 재고를 실시간으로 파악하여, 재고회전률이 낮은 제품군을 찾아내고, 이들이 단기적인 것인지, 장기적인 것이지를 파악하여 중앙 서버에 제공한다. 두 번째는 소비자의 소비패턴을 분석하는 것이다. 이를 통해 소비예측을 이루어낸다.

위의 두 데이터를 연결해 각 창고별로 회전률이 낮은 재고를 파악하고, 창고의 영역에 있는 소비자들의 소비예측을 통해 맞춤형 제품을 판촉한다. 판촉에 있어서 회전율이 낮은 제품을 우선적으로 제공하고, 이와 함께 쿠폰 등의 프로모션을 함께 제공하여 재고 자산을 낮추도록 한다.

 창업배경과 사업의 개념

1. 창업배경

유통업계에 있어서 재고관리는 이익과 직결되는 큰 요소 중 하나이다. 때문에 유통업계는 재고를 효율적으로 관리하기 위한 다양한 방법들을 개발하였고, 이를 적용하였다. 하지만 재고관리에 있어서 정답은 없다. 때문에 현재 유통업을 영위하는 기업들은 현재까지도 이를 해결하기 위해 다양한 방법들을 연구하고 있다.

재고관리와 직결되는 부분은 수요예측이다. 때문에 아마존, 신세계 등과 같은 대기업들은 최근 빅데이터를 이용한 수요예측 기술을 개발하고 있다. 이를 통해 재고관리의 효율성을 높이길 소원하고 있다.

이에 착안하여 수요예측을 통한 재고관리의 관계를 새롭게 추가하여 본 사업을 구상하게 되었다. 본 사업은 예측을 통해 재고의 양을 결정하는 관계가 아닌, 재고의 양과 예측의 상호작용의 관계를 통해 회전율이 낮은 재고를 우선적으로 프로모션하여 재고의 회전율을 높이는 사업이다. 재고의 부담을 해소할 효율적인 방법이 될 수 있다.

2. 사업의 개념

본 사업은 유통업을 영위하는 기업을 대상으로 한 사업이다. 유통업계는 현재 레드오션이라할 수 있을 만큼 다수의 기업이 있다. 이들 중 중소기업을 고객층으로 선정하였다. 중소기업에게 빅데이터 프로그램과 수요예측프로그램, 이를 연결하는 핵심 프로그램을 제공한 뒤 이용료를 받는 수익구조를 가진다.

본 사업의 고객들은 고객의 소비자들에게 맞춤형 마케팅을 통해 소비자 만족도를 증진시키고, 재고관리의 효율성을 증진시키기 때문에 높은 만족도를 가질 것으로 예상한다. 또한 빅데이터와 챗봇을 활용하는 다수의 잠재적 경쟁자가 존재하지만, 본 사업이 활용하는 방식을 사용하는 기업이 존재하지 않기 때문에 경쟁성을 가지고 있다.

2 기술적 배경

본 사업은 낮은 회전율을 가진 재고를 분석한 후, 재고의 회전율을 높여 재고관리의 효율성을 높이기 위해 개발하였다. IoT센서를 통해 창고의 재고를 파악한 후, 이의 회전율을 분석하고, 장기적으로 회전율이 낮은지, 장기적으로 회전율이 낮은지를 분석하기 때문에 빅데이터를 활용한다. 그리고 소비예측을 위한 소비자 패턴분석을 위해서 빅데이터를 활용한다.

챗봇의 비즈니스 활용은 고객과 회사의 커뮤니케이션에 활용된다. 이를 정보제공, 단순문의 등과 같이 활용하는 간접적 대응과 개인화된 답변을 처리하는 인공지능 기반의 직접적 대응으로 분류할 수 있다.

본 사업의 초기 단계에서는 인공지능의 구축 비용과 대상 고객들의 지불 능력을 고려하여 간접적 대응 방식을 선택하였다. 이 후 사업이 발전함에 따라 중견기업을 대상으로한 제품을 개발을 위해 인공지능을 구축하여 직접적 대응 방식으로 발전할 것이다.

 3 시스템의 구성

1. 핵심 기능 개요

① 토탈 프로세스

본 사업의 핵심 기능은 빅데이터와 챗봇, 그리고 이들을 연결하는 프로세스와 알고리즘이다. 먼저 사업을 관통하는 토탈 프로세스는 총 5단계로 구성되어있다. 1단계는 빅데이터를 활용하여 각 소비자의 소비패턴을 분석하고, 이를 바탕으로 수요예측을 시행한다. 2단계는 IoT센서와 빅데이터를 활용한 창고의 재고를 파악하고, 이들 재고의 특성 즉, 회전율과 회전율의 지속성, 제품군 등을 파악한다. 3단계는 창고의 영역을 설정하고, 이 영역에 포함되는 소비자 즉, 설정된 기간 내에 제품을 받을 수 있는 소비자를 선정한다. 4단계는 재고와 수요예측을 적용하는 것이다. 이는 특정 알고리즘을 통해 이루어진다. 이는 수요예측 알고리즘으로 따로 설명한다. 5단계는 챗봇의 프로모션이다. 이는 챗봇의 알고리즘을 통해 이루어진다. 이 역시 따로 설명한다.

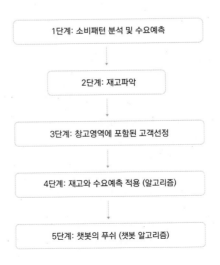

1단계: 소비패턴 분석 및 수요예측

2단계: 재고파악

3단계: 창고영역에 포함된 고객선정

4단계: 재고와 수요예측 적용 (알고리즘)

5단계: 챗봇의 푸쉬 (챗봇 알고리즘)

② 수요예측 알고리즘

　수요예측 알고리즘은 빅데이터를 통해 관측된 수요예측과 창고의 회전율이 낮은 재고를 비교하여 회전율이 낮은 제품을 예측과 일치하는 소비자에게 유사한 제품군 중 해당 제품을 우선적으로 연결하여 챗봇을 통해 판촉을 진행할 수 있도록 하는 알고리즘이다. 3가지 대질문과 1가지 소질문을 통해 분류하여 각 상황별로 대응한다. 첫 번째 대질문은 '창고의 재고와 소비예측의 결과가 일치한가?'이다. 일치한다면 두 번재 질문으로, 일치하지 않는다면 알고리즘은 끝난다. 두 번째 질문은 '소속된 창고에 제품이 있는가?'이다. 일치한다면 세 번째 질문으로 일치하지 않는다면 소질문으로 넘어간다. 소질문은 '창고에 유사한 제품이 있는가?'이다. 일치하지 않는다면 알고리즘은 끝나고, 일치한다면 기존에 영위하던 판촉을 챗봇을 통해 진행한다. 세 번째 질문은 '일치하는 제품이 회전율이 낮은 제품인가?'이다. 일치하지 않는다면 기존에 영위하는 판촉을 챗봇을 통해 진행하고, 일치한다면 설정한 판촉을 챗봇을 통해 진행한다.

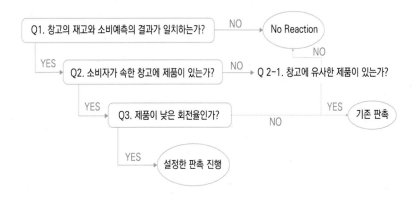

③ 챗봇의 알고리즘

　본 사업의 챗봇은 초기와 이후의 구조가 다르다. 초기는 트리형(버튼형) 챗봇, 이후 추천형 챗봇, 대화형 챗봇으로 발전할 것이다. 초기의 트리형 챗봇은 제공되는 선택지를 선택하여 진행된다. 수요예측의 알고리즘을 통해 적용된 소비자들에게 알림을 보낸다. 알림에는 할인 쿠폰, 배송비 할인, 다른 상품보기 등과 같은 선택지를 제공한다. 이를 선택하여, 구매 화면이나. 다른 알림을 제공하는 기초적인 챗봇이다.

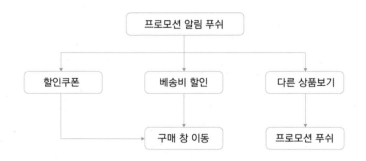

추천형 챗봇은 초기의 트리형 챗봇을 발전시킨 형태로 인공지능을 기반할 수도 아닐 수도 있다. 추천형 챗봇은 트리형과 다르게 소비자의 버튼을 클릭하는 행위와 대화를 통한 선택이 가능하다. 거절, 구매, 다른 상품을 보고 싶어 등과 같은 채팅으로 진행할 수 있다.

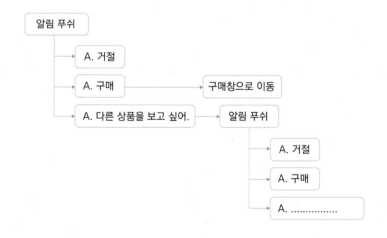

대화형 챗봇은 인공지능을 기반으로 이루어진다. 높은 기술력과 비용을 요구하기 때문에 사업이 발전된 이후 등장할 것이다. 이전의 채봇들과의 유사점은 알고리즘을 통해 선택된 소비자에게 알림을 제공한다. 차이점은 상호 간의 교류가 가능하다는 것이다. 이를 통해 수요예측과 다른 소비자의 욕구를 해소할 수 있다.

2. 핵심 기능 구현

① 빅데이터 엔진

본 사업에서 구축하는 빅데이터는 데이터를 문서화된 데이터, 이미지 데이터 등을 수집하고, 시멘틱 검색엔진으로 수집을 통해 학습된 의미를 스스로 이해하여 데이터를 검색한다. 텍스트마이닝 엔진을 통해 대용량의 데이터를 특성과 의미, 연관성을 바탕으로 검색, 재조직화, 분석을 수행한다. 스트림분석 엔진으로 실시간 정보를 수집하고, 분석한다. 인지분석 엔진을 통해 컴퓨터가 사람처럼 학습하여 데이터를 다양한 관점으로 인지하거나, 예측한다. 시각분석 엔진은 빅데이터와 그 결과를 다양한 관점에서 시각화하여 숨겨진 패턴을 발견하고 예측한다.

출처: Saultlux, 솔트룩스 / 빅데이터 분석기업. http://www.saltlux.com/

4 환경분석

1. 국내시장분석

① 빅데이터 국내시장

2019년 기준 국내 데이터 사업 시장의 규모는 약 16조 8천억 원 수준이다. 연평균 8.4%의 높은 성장을 보인다. 하지만 미국과 중국 등과 같은 데이터 분야 선진국에 비하면 한국의 데이터 시장은 초기 단계이다. 그 이유는 산업 전체에서 데이터의 활용이 활성화되지 않았기 때문이다. 전문가들은 한국의 데이터 시장이 2023년에는 30조 원 규모로 성장할 것으로 전망한다. 앞으로 개인의 데이터를 맞춤으로 분석하는 마이데이터와 에너지, 교육 등과 같은 국민생활과 밀접한 분야에서 일반적으로 사용된다면 시장이 크게 성장할 것으로 전망된다.

따라서 국내의 데이터 시장은 초기이고, 활용 분야가 넓다. 경쟁자들이 존재하지만 이들 역시 초기의 사업이고, 활용 범위가 매우 넓기 때문에 경쟁이 적은 시장이고, 발전가능성이 높은 시장이다.

② 챗봇 국내시장

세계의 챗봇 시장은 매우 크게 발전하고 있다. 국내 역시 마찬가지이다. 하지만 인공지능 기반기술, 인공지능 비성기술에 대한 집중, 챗봇의 비즈니스 활용방안의 부재, 미완성된 기술로 인해 최근 상승하는 시장이다. 하지만 코로나 사태와 함께 AI와 인공지능 상담원과 함께 챗봇의 기술이 주목받고 있다. 최근 삼성, KT 등 국내 굴지의 대기업들은 챗봇과 인공지능 상담기술 시장에 뛰어들었다. 이는 챗봇의 비즈니스적 활용이 확립되었다는 것이다. 이는 국내 시장의 경쟁자들이 최근들어 급증했다는 것이다. 국내시장의 규모 역시 거대해지고있다. 하지만 챗봇의 국내시장은 발전 가능성이 높은 시장이다. 또한 본 사업은 대기업과 경쟁하지 않고. 중소 유통기업을 대상으로 하기에 경쟁자들은 적다. 따라서 본 사업이 활용하는 챗봇의 시장은 경쟁자들이 적고 발전 가능성이 높은 시장이라 할 수 있다.

2. 국외시장분석

① 빅데이터 국외시장

빅데이터와 같은 4차 산업혁명을 이끄는 국가들이 있다. 미국, 중국, 독일 등과 같은 선진국들이며, 이들은 이와 관련된 시장들에 많은 투자들을 하고 발전중에 있다. 빅데이터에 있어서 중국시장은 2025년에 이르러 전세계 빅데이터 시장에 1/3을 차지할 것으로 전망된다. 이러한 이유로 빅데이터의 글로벌시장은 이미 대형 기업들에 의해 장악되어 있고. 이들이 앞으로의 기술을 선도할 것으로 예상된다. 이를 극복하기 위해서는 단순 빅데이터의 기술만이 아닌, 기술의 활용을 통해 시장을 개척해 나아가야 한다. 본 사업은 빅데이터를 활용하여, 창고의 재고관리와 소비패턴 분석을 통한 수요예측을 이루어낸다. 이는 기존의 선도 기업들이 연구 및 개발을 진해 중인 활용이다. 때문에 이 부분에 있어서 아직 글로벌시장은 블루오션이라 할 수 있다.

② 챗봇 국외시장

챗봇의 국외시장은 국내시장에 비해 발전한다고 보기 어렵다. 그 이유는 챗봇의 비즈니스로의 활용과 기술의 완성이 이루어지지 않았기 때문이다. 최근 들어 챗봇의 비즈니스의 활용이 확립되었으나, 이는 국내시장과 비슷하다. 하지만 인공지능에 있어서 국내에 비해 국외시장은 매우 발전된 형태이다. 아마존과 구글, 애플 등과 같은 선진의 미국의 그룹들과 바이두, 샤오미 등과 같은 미국의 기업들을 맹추격하는 중국의 기업들이 있기 때문이다. 따라서 단순 기술력만을 통해 국외시장에 진출하는 것은 한계를 가진다. 본 사업은 챗봇의 활용을 마케팅으로 이용하고, 이를 재고관리와 연동하여 높은 차별성을 가지고, 이는 높은 경쟁력을 가진다. 따라서 본 사업은 국외시장에 진출할 역량을 가진 사업이다.

 5 비즈니스 모델분석 및 사업 타당성 분석

1. 비즈니스 개념과 수익모델

본 사업은 중소 유통업, 즉 쇼핑몰 등을 영위하는 업체를 대상으로 하는 사업이다. 대상 기업들에게 본 서비스를 제공함으로써 효율적인 재고관리와 마케팅으로 기업들의 고객들에게 합리적이고, 효율적인 제품을 제공하며, 고객의 만족도를 높이고, 이를 통해 기업의 매출을 높이는 서비스이다. 따라서 대상 기업들에게 빅데이터 시스템을 구축하고, 챗봇 시스템을 설치하여. 이에 대한 이용료를 받는 수익구조를 이룬다. 초기 단계에는 고정적인 정기 이용료를 받는다. 후에 사업이 확장되고, 사업의 효과성이 증명되면, 증가된 매출액의 비율에 따라 인센티브를 추가로 받아 사업의 수익성을 높일 것이다. 이 인센티브는 증가된 매출액에 따라 받을 것이기 때문에 대상 기업들에게 있어서, 수익성을 낮추는 가격은 아니다.

2. 3C 분석

① 자사(Company)

본 사업이 추구하는 핵심자원은 알고리즘이다. 빅데이터를 통해 수집된 데이터와 분석을 통해 얻어진 수요예측들과 재고관련 데이터를 연결하는 알고리즘과 이를 고객에게 제공하는 챗봇의 알고리즘은 본 사업의 경쟁력을 결정하는 주요 요인이다. 따라서 이를 유지, 보수하고 발전해 나가는 것이 사업의 경쟁력을 유지하고, 높이는 것이라할 수 있다.

② 고객(Customer)

본 사업의 주요고객은 쇼핑몰 등과 같은 유통업을 영위하는 중소기업과 업체들이다. 이들에게 효율적인 재고관리와 마케팅, 고객만족도를 통해 얻어지는 보장된 수익을 제공한다. 이를 통해 국내와 국외에 존재하는 중소 유통기업들에게 기존의 비효율적인 재고관리와 비효과적인 마케팅을 벗어난 대안이 될 것이다.

③ 경쟁자(Competitor)

본 사업의 경쟁자들은 삼성과 아마존이라 할 수 있다. 이들은 자신들이 영위하는 유통사업 부분에서, 수요예측을 위한 빅데이터 개발을 진행 중에 있다. 이는 본 사업에 비해 매우 높은 경쟁력을 가진 빅데이터 기술일 것으로 예상된다. 하지만 이들은 자신의 사업을 영위하는 것에 이 기술들을 활용할 것이고, 자신들의 경쟁업체들에게 기술을 공개하지 않을 것으로 예상된다. 따라서 현재 위의 두 기업을 제외하고, 빅데이터를 통한 수요예측을 개발하는 기업이 없다. 이들의 목표는 자신들이 영위하는 유통업을 보다 효율적으로 운영하기 위함이기 때문에 본 사업이 목표로 삼은 고객층이 다르다. 또한 본 사업이 운영하는 챗봇의 활용은 현재 유일한 활용다. 따라서, 빅데이터와 챗봇을 영위하는 잠재적인 경쟁자들이 존재하나, 같은 활용이나, 같은 목표 고객을 가진 기업이 없기 때문에 직접적이 경쟁자는 없다.

3. SWOT 분석
① SWOT 분석

◯ **강점**(Strength)

본 사업의 강점은 활용성이다. 또한 이 활용성을 갖기 위한 알고리즘이다. 기존에 챗봇과 빅데이터 사업을 영위하는 기업들은 존재하고 있고, 현재에도 계속 생겨나고 있다. 하지만 이 기술을 단지 가지고 있는 것과 이를 활용하는 것은 비즈니스의 측면에서 매우 다른 것이다. 빅데이터를 재고관리에 활용하는 것과 챗봇을 마케팅에 활용하고, 이 둘을 연결하는 알고리즘은 본 사업이 같은 기술을 사용하는 잠재적 경쟁자들에게 있어서 높은 강점이 된다.

◯ **약점**(Weakness)

본 사업의 약점은 챗봇 기술의 미완결성에 있다. 이는 챗봇을 활용하는데 있어 제한점이 있다는 것이다. 챗봇은 완성된 인공지능이 필요하고, 개개인의 언어의 활용을 이해는 것이 필요하다. 따라서 현재 챗봇을 영위하는 기업들은 인공지능기반이 아닌 것과 미완성된 인공지능을 제한적으로 활용하는 기업들이다. 본 사업 역시 마찬가지이다. 때문에 이를 제한적으로 해결하기 위해, 챗봇을 버튼형과 시나리오형을 먼저 운영한다. 이후 지속적인 개발을 통해 미완성된 챗봇의 기술을 환성해 나갈 것이다.

◯ **기회**(Opportunity)

본 사업의 기회는 다수의 고객이다. 현재 쇼핑몰 사업과 유통사업은 포화상태이다. 또한 이 시장에 지속적으로 진입하는 기업들이 있다. 이들을 대상으로한 사업이고, 경쟁자들이 없기 때문에 다수의 고객이 있다고 할 수 있다. 또한 빅데이터와 챗봇 기술의 활용은 무궁하고, 현재 일부의 활용만이 등장했기 때문에 경쟁자들이 등장할 확률은 극히 낮다고 할 수 있다.

○ 위험(Threat)

본 사업의 위험은 잠재적 경쟁자이다. 이미 다수의 챗봇과 빅데이터를 활용하는 기업들이 존재한다. 또한 글로벌시장을 선도하는 대기업들 역시 존재한다. 이들이 본 사업과 같은 활용을 시도한다면 사업은 크게 흔들릴 것으로 보인다. 하지만 이러한 가능성은 매우 낮다. 하지만 발생한다면 사업이 크게 흔들릴 것이기 때문에 이에 대비해 지속적인 기술의 개발과 고객의 요구를 수용할 필요성이 있다.

② SWOT 분석을 통한 전략

본 사업은 다수의 잠재적 경쟁자들이 존재한다. 또한 이들 중에는 삼성, 애플, 아마존과 같은 글로벌기업들이 포함되어있다. 또한 기술이 미완성되어, 기술을 제한적으로 사용하는 약점이 있다. 하지만 다수의 고객층이 존재하는 기회를 가지고 있다. 또한 잠재적 경쟁자들이 경쟁자로 발전할 가능성이 매우 낮다. 이를 종합한다면. 잠재적 경쟁자들이 있지만 현재에는 다수의 고객을 가진 사업이다. 유일한 기업이고, 이를 유지할 단단한 기반 알고리즘을 가진 사업이다. 따라서 본 사업은 공격적인 시장장악을 목표로 삼는다. 이를 통해 시장을 장악하고, 잠재적인 경쟁자들의 진입을 제한하는 전략을 가진다. 또한 지속적인 기술 개발을 통해 마찬가지로 경쟁자들의 진입 장벽을 높이는 전략을 가진다.

6 마케팅 실행전략

1. STP 전략

① 시장 세분화(Segmentation)

본 사업의 목표 고객은 쇼핑몰 혹은 유통업을 영위하는 중소기업들이다. 이들은 매출액을 기준으로 상위 10%, 30%, 50%, 이외의 기업들로 분류할 수 있다.

② 목표시장 선정(Targeting)

목표시장은 선정한 고객들 중 매출액 상위 10%의 고객층으로 선정한다. 이는 빅데이터를 구축하고, 챗봇 시스템을 운영하며 이용료를 낼 수 있는 기업을 대상으로 하기 때문이다. 사업이 확장되고, 구축 비용이 내려간다면, 목표 고객층을 넓혀간다.

③ 포지셔닝(Positioning)

본 사업은 현재 경쟁자를 가지고 있지 않다. 하지만 고객들 역시 사업의 확신이 부족하다. 이를 해결하기 위해 본 사업의 서비스를 제공하는 초기에는 낮은 이용료를 받을 것이다. 이는 시장을 빠르게 장악하기 위해서이다. 또한 확실한 결과물을 보여주고, 개선점과 보안점, 고객의 불만족을 빠르게 수용하여 발전하는 유연성을 가질 것이다. 이후 시장을 장악한 이후 기술의 개발을 통해 경쟁자들에 비해 효율적이고, 효과적인 서비스를 제공할 것이다.

2. 4P MIX 전략

① 제품(Product)

본 사업의 제품은 인공 챗봇과 빅데이터 시스템이다. 이 두 가지 시스템이 한 묶음으로 고객에게 제공되어, 빅데이터를 통한 분석과 챗봇을 통한 마케팅을 제공하는 것이 핵심 제품이라고 할 수 있다. 이를 통해 고객에게 고효율의 수익성을 제공한다.

② 가격(Price)

초기 단계의 챗봇은 버튼형 챗봇이기 때문에 적은 초기 설치비용이 든다. 하지만 빅데이터 분석은 정기적인 소비패턴 분석과 재고자산 회전률의 분석을 요구하기 때문에 일 회에 한해서는 장기적으로는 무시할 수 없는 비용이다. 하지만 빅데이터의 분석 비용은 정기적으로 하는 것을 고려해 정기 결제 시 할인을 하는 등의 방법으로 경쟁력을 가질 수 있다.

사업 확장 후에는 AI기반의 추천형 챗봇을 구축할 것이기 때문에 유지비용은 비슷하나, 구축 비용이 증가한다. 하지만 확장 시기에는 시장에서 본 사업의 경쟁력을 입증하였기 때문에 프리미엄 전략으로 진행할 것이다.

③ 유통(Place)

본 사업의 유통은 분석, 설치를 통해 이루어진다. 분석을 통해 고객에게 필요한 서비스와 규모를 결정한 뒤, 이에 따라 설치를 함으로써 고객에게 제공된다. 이를 위해 본 기업에는 전문 분석가와 설치 전문가가 필요하다.

④ 촉진(Promotion)

본 사업의 촉진 전략은 인터넷 베너와 SNS광고이다. 목표 고객층은 중소 쇼핑몰 기업이다. 따라서 고객들은 소비 트렌드에 민감해, SNS와 인터넷을 통해 최근 동향을 분석한다. 이들에게 자주 노출될 수 있도록, 플랫폼 기업들의 베너광고와 SNS를 통한 광고를 통해 홍보할 것이다.

3. 글로벌 시장 전략

국내 챗봇과 빅데이터 시장은 글로벌 시장에 비해 후발주자이다. 따라서 본 사업의 빅데이터와 챗봇의 기술개발은 글로벌 시장과 국내 시장 전략에 있어서 매우 필수적이다. 이를 위해 본 사업은 초기 단계에서 매출액의 10%를 개발비용으로 투자할 예정이다.

본 사업이 국내시장과 글로벌시장에서 경쟁력을 갖는 요소는 연결 프로세스이다. 빅데이터를 통해 수요예측을 이루는 프로세스와 수요예측을 통해 소비자를 선정하고, 소비자에게 프로모션을 진행하는 프로세스는 핵심 경쟁 요소이다. 이를 기반으로 글로벌시장에서 경쟁력을 선보이고, 이를 다듬어 사업 영역에서 독보적인 위치를 잡을 것이다. 또한 이를 통해 다른 사업으로의 확장 역시 준비할 것이다.

7 조직 및 인력 계획

본 사업을 진행한 것은 재고자산의 효율적인 관리를 위해서이다. 재고자산의 효율적 관리를 위해 수요예측을 통한 재고 통제, 챗봇을 통한 공격적인 마케팅을 통한 재고의 회전율 증가로 재고자산의 효율성을 증대시키고, 챗봇을 통해 공격적이고 효율, 효과적인 마케팅을 제시하여 고객에게 보장된 수익 증대 효과를 제공할 것이다. 서비스를 제공받는 기업에게 이용료를 받는 수익구조를 통해 비교적 안정적이고, 정기적인 수익구조를 구축할 것이다. 이를 위해 사업을 진행하게 되었다.

1. 대표조직

표 1 사업자 등록

법인명	DataTalk
대표자명	
사업자등록번호	
업종	AI기반 데이터 분석 솔루션 공급기업
E-Mail	
주소	세종시 조치원읍 서창리 208

2. 대표자 역량

표 2 대표자 역량

성명	
성별	남
출생년월	1995년 03월
직위	대표
주요경력	– 고려대학교 세종캠퍼스 ***전공 학사 – (現) DataTalk 대표
재직기간	2020년 03월 ~ 현재

3. 조직 및 인력 구성

본 기업의 조직구조는 경영기획 및 분석팀, 개발팀, 마케팅팀으로 구성한다. 경영기획 및 분석팀에서는 본사의 경영전략을 수립하고, 진행하며, 인사관리, 재무 및 회계관리, 자금조달 계획을 수립하는 등의 회사의 경영과 고객의 기업에게 필요한 경영적 요인들을 분석하는 업무를 담당한다. 개발팀에서는 빅데이터와 챗봇의 개발 및 연구를 담당하고, 고객에게 빅데이터 분석과 챗봇 시스템을 구축해주는 업무를 담당한다. 마케팅팀에서는 본사의 마케팅 전략 수립과 진행을 담당하고, 고객이 챗봇을 통해 진행하게 될 마케팅 전략을 보조한다.

표 3　조직도 및 업무 내용

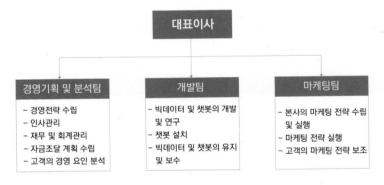

본 기업의 초기 인력 구성은 〈표 4〉이며, 2022년 이후 마케팅과 경영기획, 개발팀들에 있어서 사업이 확장됨에 따라 인원을 충원할 예정이다. 채용 계획은 〈표 5〉와 같다.

표 4 초기 인력 구성

부서명	성명
대표	***
경영기획팀	최아무개
경영기획팀	정아무개
마케팅팀	김아무개
개발팀-챗봇	이아무개
개발팀-빅데이터	박아무개

표 5 충원계획

	현재인원	채용계획	합계	업무
경영기획	3	2	5	자금 조달 계획 수립
마케팅	1	1	2	마케팅 전략 실행
개발	2	1	3	시스템 관리
합계	6	4	10	

8 재무관리 계획

1. 소요 자금

표 6 소요 자금

(단위: 백만 원)

항목	현금	현물	합계	참고
1. 인건비	155		155	

1-1. 마케팅 인건비	30		30	1인
1-2. 기획 및 개발인건비	75		75	3인
1-3. 관리인건비	50		50	2인
2. 영업비	15		15	
2-1. 영업 활동비	5		5	영업비
2-2. 광고비	10		10	광고비
3. 설비비	65		95	
3-1. 임차료	50		50	임차료
3-2. 서버유지비	10	5	15	서버유지비
3-3. 비품	5	25	30	비품 구매 및 관리비
4. 영업외 비용	10		10	
합계	245	30	275	

- 인건비 세부내용 :
- 마케팅 인건비-1명 / 경력 5년 전문인력 / 3000만 원 / 총 1명
- 기획 및 개발인건비-대표, 엔지니어, 기술전문가 / 각 2500만 원 / 총 3명
- 관리인건비-경영기획팀 / 각 2500만 원 / 총 2명

2. 자금조달 계획

스타트업 기업에게 안정적인 초기 자금조달은 사업의 성장과 사업의 유지에 결정적인 역할을 한다. 사업 초기 자기자금만을 가지고 창업을 시작한다면 매출이 발생하기 전에 자본금이 소진되어 재무위기에 처하게 된다. 따라서 본 사업은 정부의 지원 사업을 통해 지원금 조달 받아 창업과 초기 사업 운영 자금 등으로 사용한다.

표 7 자금 조달 계획

(단위: 백만 원)

소요자금			조달계획	
성격	항목	금액	조달방법	조달액
운전 자금	인건비	155	자기자금	30
	영업활동비	5	정부지원사업	100
	광고비	10	차입금	50
	영업외비용	10	기타	0
	합계	180	합계	180
시설 자금	설비비	65	정부지원사업	50
			자기자금	15
			기타	0
	합계	65	합계	65
	합계	245	합계	245
조달 계획 내역	– 자기자금 : 45 – 정부지원사업 : 150 – 금융권 차입금 : 50			

3. 매출 계획

본 사업은 챗봇의 구축 비용과 이용료, 빅데이터 분석 요금을 받아 수익을 내는 수익 구조를 갖는다. 빅데이터 분석요금은 1회당 요금을 책정하였지만, 마케팅 활용을 위해 정기적으로 이용할 것으로 예상된다. 이에 따라 빅데이터 분석요금도 정기권으로 묶어, 정기권 가격으로 책정하였다.

초기의 챗봇 구축비용은 추천형 챗봇으로 인공지능을 요구하지 않기 때문에, 구축비용은 100만 원으로 책정하였다. 1개월당 이용요금은 5만 원으로 1년에 60만 원으로 책정하였다. 빅데이터 이용료금은 1회당 재고자산 회전률 분석은 25,000원, 소비 패턴 분석은 100,000원이다. 묶음 상품으로는 1개월에 1회 분석으로 설정해 1년에 150만 원이다. 한 고객당 1년에 총 310만 원이다.

금액과 거래량은 ㈜솔트룩스의 인터뷰를 통해 산출하였다.

표 8 영업 수익

(단위: 백만 원)

항목	2021년			2022년			2023년		
	거래량	단가(만)	수익	거래량	단가(만)	수익	거래량	단가(만)	수익
영업수익	150	310	465	190	310	589	225	310	697.5

예상 매출액을 기반으로 추정 손익계산서를 산출할 수 있다. 2021년 추정 매출액은 465백만 원이고, 정기 지출액은 275백만 원이다. 영업비용은 10백만 원으로 총 375백만 원이다. 영업비용은 유사 업종들의 초기 재무제표를 바탕으로 책정하였다.

2022년 추정 매출액은 589백만 원이고, 정기 지출액과 영업비용의 합은 410백만 원이다. 2023년 추정 매출액은 697.5백만 원이고, 총 비용은 470백만 원이다.

매출액과 비용의 증가 추세는 유사 업종 기업들의 초기 재무제표를 바탕으로 책정하였다.

이를 바탕으로 추정 손익계산서는 다음과 같다.

표 9 추정 손익계산서

(단위: 백만 원)

	2021년	2022년	2023년
영업수익	465	589	697.5
영업비용	375	410	470

영업이익	90	179	227.5
기타 및 금융 비용	6	9	14
법인세비용차감전순이익	84	170	213.5
법인세 비용(15%)	12.6	25.5	32
당기순이익	71.4	144.5	181.5

4. 추정 재무제표

본 사업의 재무비율은 기존의 기업들과 유사 기업들의 평균 비율을 산출하여 책정하였다. 총 자산회전율(매출액/총자산)은 약 40%~30%이다. 또한 초기의 비율은 약 20%이다. 하지만 본 사업은 스타트업이고, 데이터 관련 사업기 때문에 초기 자본에 비해 높은 수익률이 나타난다. 또한 수익을 사업 확장에 사용해야 하기 때문에 현재의 특이점을 가진 재무비율을 맞춰갈 것이다.

표 10 추정 재무제표

(단위: 백만 원)

	2021년	2022년	2023년
자산	316.4	460.9	642.4
유동자산	251.4	321.4	401.4
비유동자산	65	139.5	241
자산총계	316.4	460.9	642.4
부채	200	200	200
유동부채	150	150	150
비유동부채	50	50	50
부채총계	200	200	200
자본	116.4	260.9	442.4
자본금	45	116.4	260.9

이익잉여금	71.4	144.5	181.5
자본총계	116.4	260.9	442.4
부채와 자본총계	316.4	460.9	642.4

5. 손익분기점

본 사업의 손익분기점은 첫해에 달성된다. 그 이유는 빅데이터 분석 자체만으로도 많은 수익을 낼 수 있기 때문이다. 인터뷰에 의하면 최근 많은 관공서, 민영 기업, 공유 기업, 비영리 단체, 개인들에게서 빅데이터 분석의뢰가 들어와 인공지능을 기반으로한 서비스 보다 높은 거래량과 수익이 발생한다고 한다. 또한 초기의 빅데이터 분석은 기존의 빅데이터 분석보다 직관 능력은 부족하지만, 단순 데이터 분석은 비슷한 수준이라고 한다. 이에 따라 단순 분석을 요구하는 많은 고객들이 비용이 적은 초기의 기업들에게 빅데이터 분석을 요청한다고 한다. 따라서, 적은 투자 비용으로 높은 수익을 낼 수 있기 때문에 다른 투자안 보다 빠른 손익분기점, 낮은 NPV(순현재가치)를 가진다.

투자금액은 245백만 원, 미래 수익의 가치는 465백만 원, 미래 수익의 현재가치는 이자율을 01로 가정하였을 때 422.73백만 원이다. 따라서 NPV(순현재가치)는 177.73이다. 그러므로 이 투자안은 빠른 시간내에 투자금액을 회수할 수 있는 투자안이다.

 9 사업화 추진 계획

예산과 사업내용을 바탕으로 사업 운영 계획을 수립하여 단계별로 운영 계획의 내용과 전략, 실무 사항들을 작성하였다.

각 단계는 1년 단위로 계획하고, 사업 초기 3년을 기준으로 작성하였다.

표 11 사업과 계획

단계	운영 계획
1단계 (2021년)	– 창업 및 사업 기획 – 시설 및 기계장치 확보 – 서버 구축 및 관리 – 마케팅 전략 수립 및 실행 – SNS를 통한 사업 및 시장 홍보 – 직원 채용 및 교육 – 자금 확보
2단계 (2022년)	– 매출 증대 전략 수립 및 실행 – 자산 증가에 따른 효율적 운용 계획 수립 – 영업비용 증가에 대한 대책 수립 및 실행 – 고객 만족 관리 계획 수립 및 실행
3단계 (2023년)	– 설비 보안과 본사 확장 – 글로벌 시장 전략 계획 및 실행 – 시장 및 사업 마케팅 전략 강화

1단계(2021년)는 창업 개시 단계이다. 수익 구조, 재무구조 등 비즈니스 모델을 정립하고 사업 전략에 따라 사업의 인지도를 높이는 것에 집중한다. 또한 인공지능과 빅데이터 기반 사업이기 때문에 서버 구축과 관리에 집중하고, 기업의 생존과 사업의 진행을 위해 자금의 확보에 전력을 다한다.

2단계(2022년)는 한계 비용이 작은 사업이기에 자산 대비 높은 매출액을 효율적으로 운용하고, 매출 증대를 위한 계획을 수립하고 실행한다. 또한 마케팅 전략으로 인해 증가된 영업비용에 대한 대책을 수립하고 실행한다.

3단계(2023년)는 설비 등의 보안과 확장을 진행하고, 부채와 자본에 대한 세부 전략을 정립하고 실행한다. 또한 진행된 마케팅 전략에 대한 피드백을 바탕으로 전략을 강화한다. 또한 기업이 안정화되기 때문에 글로벌 시장으로 진출할 계획을 수립하고, 단계적으로 실행한다.

10 결론

본 사업은 최근 급부상하고 있는 빅데이터와 인공지능을 기반으로하는 챗봇 사업으로, 4차 산업혁명의 가장 각광 받고 있는 사업이다. 또한 초기 비용 역시 제조기업에 비해 적은 비용이 들고, 시장 역시 밝은 전망을 가지고 있다. 본 사업에서 진행하는 수요예측과 재고자산의 효율적인 관리는 중소 유통기업에게 큰 수익을 보장해 줄 수 있는 사업이다. 또한 국내외 유통업계는 포화 상태이고, 이들 중 자체적으로 수요예측을 수행할 빅데이터를 구축한 기업은 거의 없다. 때문에 다수의 고객을 가진 사업이다.

본 사업은 독창적인 프로세스를 가진 빅데이터 분석과 챗봇, 이를 연결하는 알고리즘을 가진 사업이다. 따라서 유통업에 관한 사업으로 강력한 경쟁력을 가진 사업이다. 또한 잠재적인 경쟁자는 있지만 사업의 활용도가 높기 때문에 같은 사업으로 들어올 확률은 낮다. 그러므로, 경쟁자 위협이 낮고, 있다고 해도 높은 경쟁력을 가진 사업이다.

본 사업의 재무적 분석은 낮은 투자 비용 대비 고효율의 수익을 낼 수 있는 사업이다. 초기 투자 이후 추가 적인 투자는 제조업에 비해 낮은 편이다. 또한 한계 생산비용이 매우 낮기 때문에 수익성이 높아진다. 따라서 손익분기점은 1년으로 추정된다.

초기의 사업은 총 자산 대비 수익이 높은 사업이기 때문에 이 수익을 관리하고, 더욱 발전되 서비스를 제공하기 위해 효율적인 자본과 운전자산의 관리가 필요하다. 그리고 3년 이후 글로벌 시장으로의 진출을 위해 전략을 준비하고, 실행해야 한다.

본 사업은 높은 수익성을 보장하고, 4차 산업혁명을 이끌어 나갈 사업이다. 따라서 본 사업은 투자할 가치가 있는 사업이다.

内 내용

- 토니어라운드, 챗봇에 관해. https://tonyaround.com/
- 〈사진1〉 챗봇의 5가지 유형 1, 토니 어라운드. https://tonyaround.com/챗봇-기획-단계
- 〈사진2〉 챗봇의 5가지 유형 2, 토니 어라운드. https://tonyaround.com/챗봇-기획-단계
- 〈사진3〉 챗봇의 5가지 유형 3, 토니 어라운드. https://tonyaround.com/챗봇-기획-단계
- 〈사진4〉 챗봇의 5가지 유형 4, 토니 어라운드. https://tonyaround.com/챗봇-기획-단계
- 〈사진5〉 챗봇의 5가지 유형 5, 토니 라운드. https://tonyaround.com/챗봇-기획-단계
- 〈그림5〉 솔트룩스. http://www.saltlux.com/
- 참고, 솔트룩스, 재무제표. http://dart.fss.or.kr/
- 참고, 카카오톡, 재무제표. http://dart.fss.or.kr/
- 참고, 데이터솔루션, 재무제표. http://dart.fss.or.kr/
- 참고, 이씨에스, 재무제표. http://dart.fss.or.kr/
- 참고, [빅데이터 전문가 마스터 플랜], theD마스터플랜연구소 지음, 더디퍼런스 출판.
- 참고, [Brightics Studio로 시작하는 금융 빅데이터 분석], 김세미/문소연/박훈/여신영/이창휘/조남용 지음, 아이생각 출판.

内 부록(기업 인터뷰 자료)

솔트룩스 고객지원팀 *** 팀원 인터뷰자료.

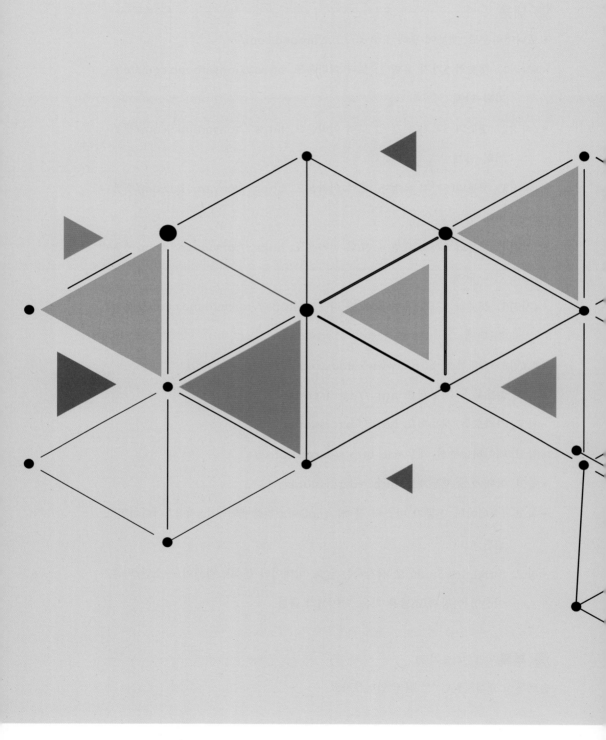

제 6 장

캡스톤디자인 사례 분석(2)

- 3D 프린팅기술과 전통제화기술을 결합하여
맞춤형 수제 등산화 제작 판매 -

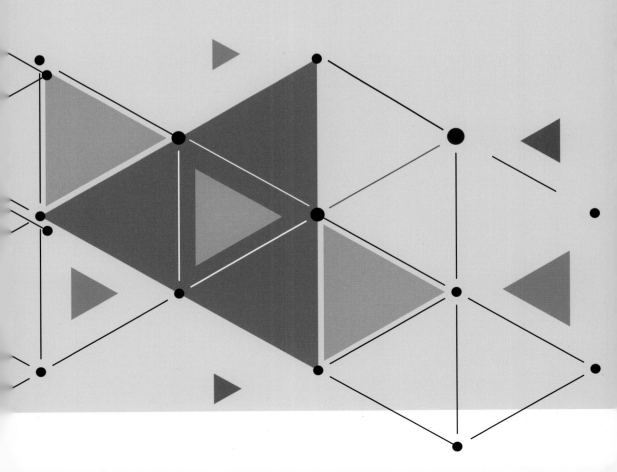

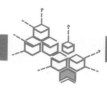

3D 프린팅기술과 전통제화기술을 결합하여
맞춤형 수제 등산화 제작 판매

목차

1. 배경 및 요약
2. 사업의 개념 소개
  1) 사업 아이템 개요
  2) 제품 소개
3. 환경분석
  1) 내부환경 분석
    ① 창업자 역량
    ② 조직구조
  2) 외부환경 분석
    ① 시장환경 분석
    ② 기술적 환경 분석
  3) 상황분석
    ① SWOT분석
    ② 기업전략
4. 사업 타당성 분석
  1) 시장성 분석
    ① 시장동향 분석
    ② 제품성 및 제품의 경쟁적 지위 분석
  2) 기술성 분석
    ① 원자재의 수급
    ② 3D 기술(스캐닝, 프린팅)의 활용 가능성
     여부
    ③ 3D 기술(스캐닝, 프린팅) 활용의 경쟁성

    ④ 3D 기술(스캐닝, 프린팅)을 활용한 커스
     텀화로 더 나은 착화감 제공의 가능성
     여부
  3) 경제성 분석
    ① 3개년 소요자금 추정
    ② 자금조달 계획
    ③ 매출 계획
    ④ 추정 손익계산서와 손익분기점
    ⑤ 추정 재무상태표와 재무비율
5. 마케팅 계획
  1) STP 계획
    ① Segment
    ② Target
    ③ Positioning
6. 사업화 추진일정
7. 부록

1 배경 및 요약

어릴 적에 신발에 관심이 많았는데, 넓은 발 볼과 경미한 평발을 가지고 있기 때문에 신발을 구매할 때마다 어려움을 겪었다. 기성제품은 획일화된 족형을 토대로 제작되어지기 때문에 나의 발 모양과는 불일치하는 경우가 많기 때문이었다. 치수를 발 볼에 맞추면 발 길이가 남고, 발 길이에 맞추면 발 볼이 조이는 식이였다.

평소 취미인 등산 도중, 맞춤화가 가장 필요한 신발은 등산화라고 하였다. 많은 사람들이 각자의 발에 딱 맞춰 만들어진 신발을 신으면 좋겠다는 생각을 해보기도 했지만 그것은 비현실적인 이야기였다.

그러나 이후 3D 관련 기술과 수제화제작과정에 대해 알게 되면서, 개인 맞춤형 수제등산화를 일상화하는 것이 가능하다고 보아 아래와 같은 사업을 계획하고 있다.

2 사업의 개념 소개

1. 사업 아이템 개요

사업의 내용은 이러하다. 서울시 성수동에 사무실 겸 매장과 제화공방을 마련한 뒤, 3D 기술과 전통제화기술을 결합하여 맞춤형 수제 등산화를 제작 판매하는 것이다.

빠른 이해를 위한 비즈니스모델 캔버스는 다음과 같다.

◯ 가치제안

'3D Custom Boots'는 3D 스캐닝, 3D 프린팅 기술과 전통 제화기술의 결합으로 개인에게 최적화된 커스텀 수제 등산화를 제공하는 것이다. 개인의 족형을 정밀 측정 한 뒤 그것을 토대로 제화기술자가 일일이 제품을 수제작하는 것이다. 고객들은 이를 통해 발의 불편함을 해소하거나 보다 나은 장비를 가질 수 있다.

◯ **핵심활동**

'3D Custom Boots'의 핵심활동은 고객의 족형을 측정하고 커스텀 수제 등산화를 제작 판매하는 것이다. 3D 스캐너로 고객의 족형을 측정하고, 3D 프린터로 신골을 출력한다. 그 후 출력된 모형을 토대로 제화기술자가 수작업으로 제품을 생산하는 것이다.

◯ **핵심자원**

'3D Custom Boots'의 핵심자원은 3D 스캐너, 3D 프린터, 전통 제화기술자이다. 이 세 가지 기술들은 자사 고유의 제품생산에 필수적인 요소이다.

◯ **핵심 파트너**

'3D Custom Boots'의 핵심 파트너는 원자재 공급업체이다.

◯ **비용**

제화기술자의 임금, 재료비, 홍보비, 기계설비에 비용이 소모된다.

◯ **고객관계**

'3D Custom Boots'는 고객과의 1대 1 상담으로 고객의 요구를 파악한 후 제품을 제작한다. 또한 판매 후 고객으로부터 피드백을 수령하고 무상 AS를 제공한다.

◯ **채널**

'3D Custom Boots'는 아웃도어 전람회, 아웃도어 매거진을 활용한 마케팅을 펼치고, 양질의 고객관계를 구축하여 바이럴 마케팅을 펼칠 것이다. 인터넷이나 TV 등 미디어를 통한 홍보도 가능하다.

◯ **고객**

'3D Outdoor'의 고객으로는 산행 시 발의 불편함으로 등산화를 원하는 사람, 전문적인 산행을 위하여 단순히 보다 편하고 좋은 장비를 원하는 사람이 있다. '3D Custom Boots'의 수익은 커스텀 수제 등산화 판매로부터 발생한다.

2. 제품 소개

제품 제작 과정은 다음과 같다.

① 고객과의 면담

고객의 불편함과 원하는바 등을 듣고 구체적 산행목적을 파악한다. 이를 기반으로 고객이 원하는 커스텀 제품이 만들어질 수 있다. 고객의 요구에 따라 가죽, 방수원단, 아웃솔 등의 소재를 변경할 수 있다. 예를 들어, 가죽소재는 밤색의 누벅 송아지 가죽을, 방수원단으로는 고어텍스 원단을, 아웃솔로는 비브람사의 암릉지대전용 아웃솔을 사용할 수 있으며, 특정부위의 내구성 향상을 위하여 코듀라 원단을 덧붙일 수 있는 것이다.

② 3D 스캐너를 이용한 족형 정밀 측정

3D 스캐너를 이용해 고객의 족형을 정밀하게 측정한다. 이 과정에서 고객이 평소에 알지 못했던 특성 또한 파악할 수 있다.

③ 3D 프린터를 이용한 족형 모형 출력

측정된 족형정보가 3D 프린터로 출력된다. 전통 제화기술자들은 수작업으로 족형을 만드는 작업을 하는데, 3D 프린터를 이용하면 고객의 실제 족형에 더 유사한 모양을 경제적으로 구현할 수 있을 것으로 기대된다.

④ 고객에게 완제품 전달

완제품을 고객에게 전달한다.

⑤ 고객 피드백 수령 및 품질개선

피드백을 수령하여 제품 품질을 개선한다.

1. 내부환경 분석

① 칭업자 역량

창업자 대표 이**은 1996년생으로 현재 고려대학교 세종캠퍼스 경영학부 재학 중이다. 어릴 적부터 등산을 취미로 가졌고, 등산화에 대한 관심을 가져왔다. 3D 스캐너와 3D 프린터를 작동시키고 소프트웨어 다루는 법을 배울 수 있었다.

② 조직구조

초기 3년간의 조직구조

2. 외부환경 분석

① 시장환경 분석

◯ 전체 시장규모

국내 등산화 시장의 전체 규모는 현재 출고가 기준으로 1조원이며, 수제 등산화 시장의 규모는 파악하기 힘든 상황이다.

◯ 시장 내 경쟁사·경쟁제품에 대한 분석

시장 내 시장 내 존재하는 주요 경쟁사와 경쟁제품의 제품구성과 가격대를 분석하여 다음의 표로 정리하였다.

시장 내 경쟁사·경쟁제품의 제품구성과 가격대	
코오롱 스포츠	트레킹화 : 18개의 제품의 가격대는 188,000~350,000원 아웃도어 워킹화 : 8개 제품의 가격대는 260,000원 트레일 러닝화 : 4개 제품의 가격대는 158,000~168,000원
케이투 코리아	하이킹화 : 26개 제품의 가격대는 209,000~279,000원 중등산화 : 8개 제품의 가격대는 259,000~349,000원 워킹화 : 19개 제품의 가격대는 129,000~259,000원

트렉스타	경등산화 : 22개 제품의 가격대는 160,000~198,000원
	중등산화 : 28개 제품의 가격대는 139,000~270,000원
	트레일(워킹화) : 31개 제품의 가격대는 100,000~210,000원
	레포츠화 : 단종
송림수제화	미드컷 : 등산화 10개와 중등산화 9개 제품의 가격대는 600,000~700,000원
	이외에 일반화, 티롤화, 장애인화, 특수화를 취급함

◉ 주요경쟁사

커스텀 수제 등산화 제조업체 중, 대표적인 경쟁사로 '송림수제화'를 들수 있다. '송림수제화'는 1936년 서울시 중구 명동에 설립된 수제화 제조업체로서, 설립 당시에는 맞춤형 수제 구두 제작으로 사업을 시작했지만, 현재는 맞춤형 수제등산화를 주력 상품으로 삼고 있다. 대한민국에서 가장 오래된 수제등산화 제조사이며, 현재 최대 규모의 수제등산화 제조사이다.

초대 창립자 이규석 옹의 손자인 임명형씨가 현재 대표를 맡고 있으며, 동시에 제화기술자이다. 현재 10명 정도의 제화기술자가 고용되어 있고 임명형씨는 고객 상담, 수제화 디자인, 제작을 총괄하고 있다.

송림수제화의 등산화 제품 가격대는 600,000~700,000이며, 주 고객층의 연령대는 중년으로 보인다. 제품 제작에 소요되는 시간은 15~40일 정도이다. 송림수제화는 현재는 방문서비스를 도입하였다. 고객이 전화로 예약하면, 제화기술자가 방문하여 상담을 진행하는 구조이다.

현재 송림수제화는 커스텀 수제등산화를 판매하여 우수한 착화감을 제공하지만, 기성제품과 비교했을 때 제품의 가격이 고가이며 제작에 소요되는시간이 길다는 단점을 가지고 있다. 결정적으로 신기술의 개발 및 도입이 미흡하다는 단점을 가지고 있다.

② 기술적 환경 분석
◉ 3D 스캐닝 기술의 원리와 활용

3D 스캐닝 기술이란 3차원 스캐너를 이용하여 레이저나 백색광을 대상물에 투사하여 대상물의 형상정보를 취득, 디지털 정보로 전환하는 모든 과

정을 통칭하는 용어이다.

3D 스캐너는 입체적 측정을 목적으로 개발된 장비로서 현재 문화재, 유적지, 건물, 인체 측정, 제품 판매 촉진 등에 활용되어지고 있으며, 입체적 물체를 빠르고 정밀하게 측정할 수 있다는 장점이 있다. 3D 스캐너가 2D 스캐너와 다른 점은 2D 스캐너의 원리에 더하여 '높이값' 측정으로 입체적 물체를 측정한다는 것이다. 3D 스캐너는 스캔 방식에 따라 1. 접촉식 3차원 스캐너, 2. TOF 방식 스캐너, 3. 광 삼각법 3차원 스캐너, 4. 핸드헬드 스캐너, 5. 백색광 방식 스캐너, 6. 변조광 방식 스캐너로 분류할 수 있다.

3D 스캐너를 활용하여 사람의 족형을 측정하면 기존의 방법보다 더 빠르고 정확한 값을 얻을 수 있다. 발길이, 볼 넓이, 볼 둘레, 아치의 높이와 모양, 발등의 높이, 발 뒤꿈치 모양, 양 발의 차이 등 22가지 세부항목을 파악할 수도 있다.

등산화 제조사 '트렉스타'는 2019년 7월, 3D 풋 스캐닝 기술을 이용해 매장 방문고객에게 정확한 발 사이즈 정보를 제공하고 개인의 선호에 기반해 맞춤형 신발을 추천하는 큐레이션 서비스 '슈 마스터'를 런칭하겠다고 밝혔다. '슈 마스터'는 발 길이, 발 볼 넓이, 발 볼 둘레, 발바닥 아치 높이, 발등 높이, 발뒤꿈치 넓이를 측정해 3D 랜더링 기술로 3차원 이미지로 확인시킨다. 이 후 측정결과를 토대로 가장 적합한 자사 제품을 추천한다.

정장화 제조사 '금강제화'는 롯데백화점 본점 매장에 3D 스캐너를 도입하였다. 고객이 매장에 방문하면 발 길이, 발등의 높이, 양 발의 차이 등 22가지 세부항목을 측정하고, 측정 결과를 토대로 수제화를 제작 판매하고 있다. '금강제화'는 또한 3D 시뮬레이션 작업을 거쳐 한국인의 발에 가장 적합한 표준 족형을 개발하는 중이다. 이 작업을 토대로 금강제화는 약 1500여 개에 달하는 신골을 보유하고 있다.

정장화 제조사 '탠디' 역시 고객의 정확한 발 사이즈 측정을 위해 3D 스캐닝 기술을 도입하였다. 고객이 매장에 방문하여 정확한 족형을 측정하고 원하는 디자인을 선택하면 맞춤 수제화를 제작 판매하는 것이다. 현재 롯데

백화점 본점 '탠디' 매장, 잠실, 영등포, 평촌점에 3D 스캐너가 구비되어 있다.

◉ 3D 프린팅 기술의 원리와 활용

3D 프린팅 기술이란 연속적인 계층의 물질을 뿌리면서 3차원 물체를 만들어내는 기술로서, 물체를 깎거나 자르지 않고 재료를 층층이 쌓아 만드는 적층가공방법으로 다양하고 복잡한 구조의 모형을 빠르게 만들 수 있다는 장점이 있다. 실제 모델을 제작하기 위해 3차원 CAD 데이터를 사용하는 프린팅 방법이며, 3D 물리적 모델을 재구성하는데 3D 컴퓨터 모델을 사용한다.

현재 3D 프린팅 기술은 구조물 제작, 제화, 패션, 건축, 음식물, 취미생활 등 다양한 부분에서 활용되어지고 있고, 분사하는 소재가 지속적으로 개발되고 있어 그 활용도가 무궁무진하다.

최근 몇년간, 3D 프린팅 기술은 악세서리와 신발 시장에서 다양하게 활용되어졌다. 패션 디자이너 Iris Ben Harpen, 샤넬과 같은 선구자들은 새로운 미학과 디자인을 만드는데 3D 프린팅 기술을 적용하였다. 또한 이들은 3D 프린팅이 미래 패션 산업을 이끌 수 있다고 믿는다. 패션 업계의 3D 프린팅은 기술에 대한 전문성이 높아지면서 지속적으로 성장하고 있는 분야라 할 수 있다. 디자이너들은 3D 프린팅 기술을 활용해 전통적인 방법으로는 제작이 어렵거나 불가능한 새로운 모양을 자유롭게 만들 수 있게 되었으며, 소비자들이 직접 디자인에 참여하고 개성을 표현할 수 있게 되었다.

2017년 한국에서 전자소자잉크가 개발되어 3차원 전자회로를 제작하는 가능성도 열렸으며, 향후 인쇄전자분야, 웨어러블 디바이스에 활용될 것으로 전망된다.

2019년부터 3D 프린팅 기술은 건설에 활용되기 시작하였다. 3D 프린터가 미리 준비된 레일을 따라 움직이며, 특수 배합된 시멘트를 적층 분사하는 방식으로 건설이 진행되는데, 이러한 방법으로 시공하면 시간을 절반으로 단축할 수 있다. 한국에서는 2021년 4~5월 3D프린터만으로 3층 아파트를 건설하는 공사가 진행될 예정이다. 현재 설계가 완료되었으며, 건설이 완료된다면 3D 프린터로 완성된 건물 중 최고로 높은 층수의 건물이 탄생하는 것이다. 3D 프린터를 활용하면 1m² 면적의 벽체를 쌓는데 걸리는 시간은 5분이며, 6주 후에 건설이 완료된다고 한다. 이 아파트는 실험용이 아닌 거주 목적으로 지어진다. 한국건설기술연구원의 서명배 수석연구원에 따르면, '기존에는 3D 프린터로 집을 짓는 것이 실험적인 연구 차원에서 진행되었다면, 최근에는 주거 목적으로도 충분히 출력된다.'고 한다.

음식물 또한 3D 프린터로 출력될 수 있다. 2020년, 한국의 스마트 상점 카페 '초코'는 3D 프린터로 초콜릿을 출력하여 소비자에게 제공한다. '초코'는 평범한 카페의 모습을 띄고 있지만, 3D 프린터로 고객의 이름, 이니셜, 생일, 원하는 모형대로 초콜릿을 출력하여 중소벤처기업부로부터 '스마트 상점'으로 지정되고 수상까지 받았다. 초콜릿을 출력하는데는 3분 정도의 시간이 소요된다. '초코'의 점주는 소상공인시장진흥공단에서 주최된 3D 프린터를 활용한 재창업 관련 교육을 수료한 뒤 3D 프린터를 영업에 활용할 수 있었다.

최근 3D 프린팅 기술이 발전함에 따라, 여러 기업들이 신발 제조에 3D 프린팅 기술을 접목하는 시도를 보인다. 나이키, 아디다스, 뉴발란스, 리복 등은 3D 프린팅 기술을 접목하여 신발을 제조하고 궁극적으로는 대량생산을 목표로 하고 있다. 반면, 소규모의 기업들은 개인별 커스텀 디자인 신발을 만드는데 이 기술을 활용하고 있다. 운동화는 예를 들어, 발을 움직이는 데 편해야 하며 뛰어난 안정성, 내구성 등의 디자인이 요구된다. 이는 3D 프린팅 디자인이 정확해야 할 뿐만 아니라 재료의 올바른 선택도 중요함을 의미한다. 즉, 3D 프린팅 운동화의 디자인 목표는 최적의 발 제어 기술과 뛰어난 안정성, 내구성을 지닌 사용자 맞춤형 디자인이라 할 수 있을 것이다.

2018년, 3D 스캐너 등 신체 측정 기기의 발달로 인하여 프로 운동선수의 커스텀 운동화 수요가 증가함에 따라, 'Nike'는 프랑스의 3D 프린팅 회사인 'Proways'와 협력하여 3D 프린팅 축구화 원형을 개발했다. 이 축구화는 프로 운동선수를 위한 커스텀 제품을 목표로 제작되어졌다. 열 가소성 폴리우레탄(TPU)로 만들어졌다.

그림 ▶ 3D 프린터로 출력된 '나이키'사의 축구화 'Proways'

　'아디다스'사는 'Carbon'사와 협력하여 3D 기술을 도입하여 'Bird's nest'라는 개성있는 디자인의 러닝화를 제작하였다. 이 신발은 2008년 베이징에서 열렸던 올림픽 경기장을 본 따 제작되었으며, 윗부분에 신축성이 좋은 인조 섬유인 라이크라 위에 연마방지 폴레우레탄이 덧대어져 있다.

그림 ▶ 3D 프린터로 출력된 '아디다스'의 러닝화 'Bird's nest'

　결론적으로, 3D 스캐닝과 3D 프린팅은 다양한 산업부문에 활용되고 있으며 제화관련 부문에서도 활발하게 적용되고 있음을 알 수 있었다. 뿐만 아니라 많은 제화관련기업들이 3D 기술에 투자하고 제품을 개발한다는 것을

알 수 있다.

◐ 전통적인 방법의 수제 등산화 제작 공정

전통적인 제화기술에 따르면, 신발제작의 모든 과정은 제화기술자의 손을 거쳐 진행되며 신발 한 켤레가 완성되기까지 100가지 이상의 세부공정을 거치게 되는데, 대략적인 과정을 다음의 표로 정리하였다.(이때 원자재 준비는 제외하였다)

발 길이, 발 볼의 넓이, 치수, 발의 형태 등을 관찰하는 작업

줄자와 도화지를 이용해 발 길이, 발 볼 넓이, 치수, 형태 등을 관찰하고 측정한다.

석고 판에 발을 찍어 측정하는 작업(대부분의 경우 생략된다.)

석고 판에 발을 찍어 보다 상세한 족형을 측정한다.

석고로 발바닥 표본을 만들어내는 작업(대부분의 경우 생략된다.)

발 도장이 찍힌 석고 판에 석고를 부어 발바닥의 모양을 본뜬다. 발바닥과 아치의 모양 등을 자세히 파악할 수 있다.

신골을 제작하는 작업

지금껏 측정한 결과들과 사용자의 의견을 반영하여 신골을 제작한다. 신골은 수작업으로 제작된다.

패턴 및 제단 작업

완성된 신골을 기준으로 하여 가죽을 재단한다.

재봉 작업

재단된 가죽 부위를 재봉하여 갑피를 완성한다. 이때에는 재봉틀을 사용한다.

완성된 신골에 갑피를 맞추어 성형하는 작업

완성된 신골과 갑피를 맞추어 임시로 고정시킨다. 신골에 가죽을 덧대고 못을 박는데, 이것은 갑피에 아웃솔을 봉합하기 직전의 단계이다.

아웃솔을 봉합하는 작업

바늘과 실을 이용해 갑피와 아웃솔을 수작업으로 봉합한다. 이것은 기계를 사용한 바느질과 비교했을 때보다 다양한 방향으로 바늘을 찔러 넣을 수 있다는 장점이 있다.

최종 점검 후 완제품 제공

제품에 이상이 없는지 최종 점검한 후 고객에게 완제품을 전달한다.

---

3. 상황분석

① SWOT 분석

'3D Outdoor'는 자사의 강점, 약점, 기회, 위협 요인을 다음과 같이 분석하였다.

◯ 강점

자사는 제품을 제작할 때 개인의 족형을 3D 스캐닝, 3D 프린팅 기술로 정밀 측정하고 숙련된 제화기술자가 전통제화기법대로 커스텀 수제작하므로 제품이 착화감이 우수하다.

또한 커스텀 제품을 판매하기 때문에 소비자 기호와 용도에 보다 적합한 형태의 제품을 제공할 수 있다.

자사는 기존 시장에는 존재하지 않는 제품을 제공한다. 자사는 3D 스캐닝 기술, 3D 프린팅 기술, 그리고 전통제화기술을 결합하여 커스텀 수제등산화를 판매하는 최초의 기업이 될 것이며, 동일한 비즈니스를 수행하는 경쟁사는 전무하다. 이렇게 되면 자사는 시장에서 선도적 입지를 선점할 수 있다.

◯ 약점

자사는 한국의 기성 등산화 판매 기업, 아웃도어 용품 판매 기업과 비교했을 때 브랜드 인지도가 현저히 낮고, 그에 따라 자사와 자사의 제품에 대한 신뢰도 역시 낮다. 경쟁사가 등산화 관련 신기술을 연구개발하고 제품에 적용하고 홍보하는 반면에, 자사는 등산화 관련 신기술을 보유하고 있지 않다.

자사는 커스텀 수제품을 판매하기 때문에 기성 등산화 판매 기업들과 비교했을 때 원가절감과 규모의 경제 달성 측면에서 불리하다.

◯ 기회

자사는 3D 스캐닝 기술, 3D 프린팅 기술, 그리고 전통제화기술을 결합하여 커스텀 수제등산화를 판매하는 최초의 기업이 될 것이며, 동일한 비즈니스를 수행하는 경쟁사는 전무하다. 이렇게 되면 자사는 시장에서 선도적 입지를 선점할 수 있다.

한국 정부는 전통제화기술의 명맥 유지와 수제화 시장의 활성화를 위하여 여러가지 노력을 하고 있다. 예를 들어, 제화기술자들의 기술력을 평가해 인증하고 제화기술자를 공식적으로 등록하여 관리·홍보하고 있다.

현재 한국에서 아웃도어 스포츠·레저에 대한 관심이 증가하고 있을 뿐 아니라 보다 좋은 아웃도어장비를 향한 소비자의 2차적 (wants)가 증가하고 있는 상황인데, 이는 등산화 수요의 증가로 이어질 수 있다.

◯ 위협

COVID19와 사회적거리두기로 인해 개인의 외부활동이 감소하고, 향후 경기가 침체되며 소비심리는 위축될 것으로 전망된다. 이러한 현상은 등산화에 대한 수요의 감소로 이어진다.

코로나 사태와 그에 따른 사회적 거리두기로 인해 개인의 외부활동이 감소하고 있으며, 이는 등산화 구매에 대한 수요의 감소로 이어질 수 있다.

코로나 사태로 인한 경기침체와 소비심리 저하로 인해 자사 제품의 수요가 감소할 수 있다.

2020년 12월, 아프리카 돼지열병 유행이 예감되고 있는데, 이 질병은 공기를 통해 전파된다. 만약 감염이 대규모로 확산된다면 산행을 하는 것 자체가 위험하여 등산인구가 감소할 것이다. 이는 곧 등산화에 구매에 대한 수요의 감소로 이어질 수 있다.

자사는 등산화 관련 신기술을 보유하고 있지 않은 반면에, 현재 많은 등산화 판매 기업들은 등 등산화 관련 신기술을 적극적으로 개발하여 제품에 적용하고 이를 적극적으로 홍보하고 있다. 이 점은 자사가 좋지 못한 기업으로 보이거나, 제품이 소비자로부터 외면 받는 등 경쟁에서 불리하게 작용할 가능성이 있다.

SWOT 분석	
Strength	**Weakness**
자사의 제품은 기존 시장에는 존재하지 않음. 개인의 족형을 정밀 측정한 후 커스텀 제작하고, 전통제화기술로 수제작되기 때문에 우수한 착화감을 제공한다. 커스텀 수제품이기 때문에 소비자 기호 또는 용도에 맞게 제공할 수 있다.	브랜드 인지도가 낮고 신뢰도가 낮음. 등산화 관련 신기술을 보유하고 있지 않음. 커스텀 수제품이기 때문에 원가절감과 규모의 경제 달성에 불리함.
Opportunity	**Threat**
시장에서 선도적 입지 선점 가능. 전통제화기술 보전을 위한 정부의 노력. 아웃도어 스포츠·레져에 대한 관심과 보다 좋은 아웃도어 장비에 대한 소비 증가.	COVID19와 사회적 거리두기로 인한 외부활동 감소, 경기침체, 소비심리위축. 아프리카 돼지열병 등 전염병의 유행예감. 경쟁사의 등산화 관련 신기술 개발.

● 분석에 따른 대응: MaxMin 전략

'3D Outdoor'는 자사에 대한 자체 SWOT분석결과를 토대로 강점을 최대화하고 약점을 최소화하는 대응 전략을 마련하였다.

현재 한국에서 아웃도어 스포츠에 대한 관심과, 보다 좋은 아웃도어 장비에 대한 2차 (wants)가 증가하고 있다는 점을 기회로 삼아 적극적인 홍보를 펼친다.

자사는 3D 스캐닝 기술, 3D 프린팅 기술, 그리고 전통제화기술을 결합하여 커스텀 수제등산화를 판매하는 최초의 기업이 될 것이며, 자사의 제품은 현 시장에 존재하지 않는다. 마찬가지로, 시장에서 동일한 비즈니스를 수행하는 기업은 전무하다.

이러한 상황에서, 자사는 등산화 시장, 수제 등산화 시장을 넘어 '3D기술을 이용한 커스텀 수제등산화 시장'을 개척하며 선도적 입지를 획득하고자한다. 동시에 '3D 기술과 전통제화기술의 결합한 커스텀 제품으로 불편함을해소하고 보다 나은 착화감 제공'이라는 본래의 취지를 충실히 실현하기 위해 제품의 품질관리에 집중하고자 한다. 자사는 원가를 절감하거나 규모의 경제를 달성하기에 불리한 사업아이템을 가지고 있는데, 차별화·고급화 전략을 추구하여 이 같은 약점을 보완한다.

COVID19과 아프리카 돼지열병 등 전염병의 유행으로 인해 등산화 소비 수요가 감소하는 위협에 대응하기 위하여 자사는 창업 초기년도인 2021년에 6개월 동안 제품 품질 개발과 등산화 관련 신기술을 개발에 투자할 것이다. 이때 기능성 소재의 인솔, 메모리폼 시스템 등의 신기술을 개발하는 계획을 가지고 있다. 어차피 소비심리가 위축된 상황이라면, 본격적 판매개시를 미루고 제품 개발에 집중한 뒤, 보다 나은 모습으로 시장에 찾아간다는 계획이다.

자사는 사업을 추진할 자금을 조달하기 위하여 정부를 적극적으로 활용할 계획을 가지고 있다. 예를 들어, 수제화 시장 활성화와 제화기술자의 안정적 고용을 약속하고 지원금을 요청하는 것이다.

② 기업전략

위의 대응전략 이외의 기업 전략은 다음과 같은 키워드로 이해할 수 있다.

◯ 차별화 전략

규모의 경제를 달성하기 불리하므로 개인별 맞춤이라는 차별화 상품을 제공한다.

◯ 전문화 전략

자사보다 큰 규모의 경쟁사가 이미 많고, 경쟁사들 중의 대부분은 등산화 이외에 의류 등 다양한 상품을 판매하고 있다. 이에 대응하여 자사는 오로지 등산화 한가지 상품만을 취급하여 경쟁사와의 적소중복을 최소화하고 자사의 한정된 역량을 효율적으로 사용한다.

4 사업 타당성 분석

1. 시장성 분석

① 시장동향 분석

◯ 수요 예측

제품의 수요를 예측하기 위하여 네이버 카페 '코앞이 정상'과 다음 카페 '비박 이야기' 회원들을 대상으로 설문조사를 실시하였다.

매우 그렇다 11.8%, 그렇다 19.7%, 다소 그렇다 21.1%로 총 52.6%의 응답자가 등산화 구매 시 사이즈 또는 착용감 문제로 고민을 겪었다고 답하였다.

매우 그렇다 5.3%, 그렇다 32.9%, 다소 그렇다 26.30%로 총 64.5%의 응답자가 등산화 사용 시 사이즈 또는 착용감 문제로 불편함을 겪은 경험이 있다고 답하였다.

수제등산화를 사용해본 경험이 있는 응답자는 3.9%에 불과했다. 이 중 36.4%가 제품에 만족했다고 답하였다. 만족한 이유로는 편안함, 만족감 등이 있었고 불만족의 이유로는 디자인의 문제, 가격의 문제, 품질의 문제(발에 잘 안 맞음, 불편하고 피곤함)가 있었다.

매우 그렇다 25%, 그렇다 43.4%, 다소 그렇다 13.2%로 총 51.6%의 응답자가 3D 스캐너로 본인의 발 모양을 입체적으로 정밀 측정해볼 의향이 있다. 단, 이 때 3~10초가 소요될 것으로 상정하고 질문지를 작성하였다.

매우 그렇다 10.5%, 그렇다 31.6%, 다소 그렇다 21.1%로 총 63.2%의 응답자가 3D 커스텀 수제 등산화를 사용해 볼 의향이 있다고 답하였다.

3D 커스텀 수제등산화를 사용해보고 싶은 이유는 1. 발의 불편함으로 인한 맞춤형 등산화의 필요성, 2. 좋은 장비를 갖고 싶은 욕구, 새로운 체험, 3. 제품에 대한 호기심, 4. 3D기술 적용에 대한 관심 정도로 정리된다. 제품의 품질과 성능에 대한 의문제기도 2개 있었다.

3D 커스텀 수제등산화를 사용해보고 싶지 않은 이유는 1. 품질과 완성도에 대한 의구심, 2. 수제품에 대한 불신, 3. 비싼 가격, 4. 등산화에 대한 낮

은 관심과 필요, 5. 신중한 선택을 하기 위함으로 정리된다.

기타 건의사항으로는 가격과 품질이 많이 언급되었다. 주로 너무 비싸지 않은 가격대, 내구성, 착용감에 신경써줄 것에 대한 당부가 많았고 족저근막염에 도움이 될 수 있는 깔창에 대한 언급도 있었다. 또한 실제로 테스트 삼아 신어볼 수 있는지에 대한 질문도 있었다.

자사 제품을 사용해볼 의향이 있는 사람은 1. 발의 불편함으로 인한 맞춤형 등산화의 필요성을 느끼는 사람, 2. 좋은 등산화를 가지고 싶은 사람, 3. 새로운 체험을 해보고 싶은 사람으로 분류된다.

② 제품성 및 제품의 경쟁적 지위 분석

자사 제품만의 차별점은 개인별 맞춤화이다. 수요예측결과, 개인별 맞춤화에 대한 필요성이 높게 나타났다. 자사 제품에 대한 필요성 내지는 사용 의향은 강하나, 제품의 품질에 대한 신뢰도는 경쟁제품에 비해 약하다고 보여진다. 또한 가격이 고가로 책정된다면 제품의 경쟁성은 더욱 떨어지게 될 것이다. 성공적인 창업을 위하여 제품 품질에 대한 신뢰를 확보하고 경쟁력있는 가격대에 판매할 필요가 있다.

2. 기술성 분석

① 원자재의 수급

◯ 3D 스캐너

'비전테크' 사의 'Calibry' 제품을 구매하여 사용할 계획이다. 제품의 가격은 800만원(부가세 별도 700만 원) 스펙은 다음과 같다.

'비전테크'사 'Calibry' 제품 스펙	
가격	800만 원
정확도	Up to 0.250mm
거리에 따른 정확도	0.500mm/m
포인트 해상도	0.500mm

시야 깊이	0.250 mm
시야	최소 280×460 mm 최대 490×650 mm
텍스쳐	가능 (stl, obj, ply, wrl)
광원	White Lights LED
프레임 속도	25~30fps
데이터 수집 속도	3M points/초
멀티코어 프로세싱	가능
무게	900g
터치스크린	4 인치 터치스크린
소프트웨어	포함
작동온도	+5~40℃
치수	165×85×274 mm

◉ 3D 프린터

신골을 출력할 때 표면을 매끄럽게 가공할 필요가 없기 때문에 FDM 방식을 사용하는 3D 프린터 중 300×300×300mm 크기의 모형을 출력해낼 수 있는 제품이면 사업계획을 충분히 실현할 수 있다. FDM 방식은 가장 경제적이고 간단한 기술 수준을 요구한다.

자사는 'Flashforge'사의 'Guider 2s 프로페셔널 FDM 3D 프린터' 제품을 사용할 계획이다. 가격대는 300백만원으로, 300×300×300mm 크기의 모형을 출력해낼 수 있는 프린터 중 가장 저가이다.

◉ 가죽

등산화에 사용하는 가죽의 소재는 누벅 송아지 가죽(카프 스킨), 두께는 1.4~1.7mm정도가 적당하다. 국내의 가죽판매처 '성안상사'에서 누벅 송아지 가죽을 위주로 공급받을 계획이다. 이탈리아산 누벅 송아지 가죽을

30cm^{2}당 12500원에 판매하는 것을 확인하였고, 공급계약을 맺으면 더 낮은 가격에 구매할 수 있을 것으로 예상한다.

등산화 한 켤레 제작에 소요되는 가죽의 면적과 비용의 추정값을 다음의 표로 정리하였다(비용의 경우 도매가를 적용하지 않고 계산하였다).

	소요되는 가죽 면적 추정	소요되는 비용 추정
경등산화	3,000cm^2, (3.3평)	41,250원
미드컷 등산화	3,300cm^2, (3.6평)	45,000원
중등산화	3,600cm^2, (4평)	50,000원

◯ 방수원단

'Scholler'사의 방수원단을 사용할 계획을 가지고 있다. 'Goretex'사의 원단과 비교했을 때 방수성은 낮지만 투습성과 내구성이 강하기 때문에 등산화에 사용하기에 적합하다.

◯ 아웃솔

아웃솔 전문 생산업체 'Vibram'사의 아웃솔을 주로 사용할 계획이다. 현재 인터넷 검색해보면 'Vibram'사의 아웃솔이 30,000~50,000원의 가격대에 판매되고 있는 것을 알 수 있었다. 'Vibram'사와 공급계약을 맺으면 더 낮은 가격에 공급받을 수 있을 것으로 예상한다.

② 3D 기술(스캐닝, 프린팅)의 활용 가능성 여부

3D 스캐너로 사람의 발 모양을 정확히 측정해내는 과정은 어렵지 않으며, 정확하고 경제적이다. 측정하고자 하는 대상의 전 방향에 골고루 스캐너로 10~30초 정도 빛을 쏘이면 되는 것이다. 햇빛이 강한 야외에서는 측정이 어렵고 그늘이나 실내에서 원활한 측정이 이루어진다. 사람이 서 있을 때 발의 부피가 늘어남으로 발 모양을 측정할 때 역시 서 있는 상태에서 측정해야 한다. 이를 위해 투명하고 얇은 유리판 위를 밟고 올라 선 뒤, 발바닥을 포함

한 발의 전면에 빛을 쏘인다.

　측정이 완료되었다면 소프트웨어를 사용하여 측정값을 CAD 데이터로 변환하는데, 이것 역시 어렵지 않다. 3D 스캐너 구입 시 함께 제공되는 소프트웨어를 사용한 단순작업이며, 3D 스캐너 판매처에서 사용법을 가르쳐주기 때문에 비전문인들도 취미목적으로 활용하고 있는 상황이다. 측정부터 출력까지 소요되는 시간은 10분~30분으로 추정된다. 아래는 'Calibry' 3D 스캐너를 위의 방법대로 활용하여 발 모양을 측정한 결과이다.

 'Calibry'를 이용해 측정한 족형을 소프트웨어로 나타낸 모습

　측정결과를 그대로 출력한 신골을 토대로 등산화를 제작하는 방법과 발가락 등에 허수값을 적용하여 제작하는 방법 두 가지 중 하나를 고려하고 있다.

③ 3D 기술(스캐닝, 프린팅) 활용의 경쟁성

3D 스캐너로 족형을 측정하면 더욱 정확하고 상세한 정보를 정확하고 빠르게 얻어낼 수 있다. 전통적인 방법대로 족형을 측정할 경우, 발 길이, 발 볼 넓이, 발 볼 둘레, 발등 높이, 발자국 모양새 정도를 파악할 수 있을 뿐 발 전체의 모양은 알지 못한다. 석고판과 석고를 사용하여 발바닥을 측정하더라도 2~3일 정도의 시간이 필요하다.

3D 프린터를 사용하여 신골을 출력하면 다음과 같은 이점이 있다. 먼저 기존의 방법보다 더 정확한 모양의 신골을 만들 수 있다는 것이다. 기존의 방법대로라면, 사람의 신골을 제작할 때 미리 정해진 모양이 없고, 사람의 상상으로 똑같이 복원해내는 것이므로 오차가 생기기 마련이다. 복숭아 뼈 및 부분의 신골을 제작하는데 드는 시간적 비용 또한 몇 시간 정도이다. 반면에 3D 프린터로 출력하는 경우, 신골을 매우 정확하고 빠른 시간에 만들어낼 수 있다. 예상 소요 시간은 15분 내외이다.

3D 기술을 활용하면 사람의 발목, 종아리의 모양까지도 그대로 복원해 낼 수 있기 때문에 보다 정밀한 커스텀화를 실행할 수 있을 것으로 예상된다. 또한, 측정값을 보관하는데 드는 비용도 적다.

④ 3D 기술(스캐닝, 프린팅)을 활용한 커스텀화로 더 나은 착화감 제공의 가능성 여부

2011년 한국신발피혁연구소에서 '소비자 요구에 효율적 대응이 가능한 신발 제조기술 연구'를 진행하였는데, 그 내용은 다음과 같았다. 먼저, 3D Cad Tool을 이용해 신골을 미리 설계하고 구두를 제작하였다. 이때, 연구소에서 보관중인 족형에 기초하여 신골의 치수를 결정하였다. 이후 3D 스캐너를 이용해 피험자 20명의 족형 및 40개 주요부위에 대한 치수를 수집한뒤. 제작된 구두 중 피험자 개인의 족형에 적합한 구두를 착용토록 하였다. 마지막으로 피험자들을 향한 설문을 통해 착화감을 조사하였다. 착화감 관련 설문 결과는 다음과 같았다.

보통 및 좋음에 등에 대한 답변은 76%로 나타났으며, 나쁘다는 답변도

24%에 이른다. 나쁜 착화감의 주된 원인으로는 뒷꿈치 벗겨짐, 발등 조임, 딱딱함 등이 있는 것으로 나타났다.

이 연구를 통해, 3D 스캐너로 개인의 족형과 40개 주요부위를 정밀 측정한 뒤 적합한 신발을 제시해주는 것만으로도 53%정도의 만족을 제공할 수 있다는 것을 확인할 수 있었다. 이는 3D 스캐너의 정밀한 측정 덕이다. 또한, 벗겨짐과 소재 등 제품자체의 세부적인 품질 역시 착화감에 영향을 주는 요소임을 알 수 있다.

기존 수제등산화에 대한 불만족의 원인 중 하나는 기대와 달리 내 발에 맞지 않는다는 것이었는데 이는 제품의 신골이 사람의 감에 의존하여 제작되어 측정값과 오차가 생기기 때문이다. 3D 프린터로 신골을 출력하면 이러한 오류를 줄여 53%이상의 고객만족을 제공할 수 있을 것으로 기대한다.

3. 경제성 분석

① 3개년 소요자금 추정

(단위: 만 원)

2021년		
운전자금	제화 기술자 2명의 임금 : 7,200 제품 개발비 : 950 가죽 : 1,620 (켤레당 4.5) 방수원단 : 360 (켤레당 1) 아웃솔 : 1,440 (켤레당 4) 홍보비 : 878 경비 : 10만 원 기타 : 10만 원 총 12,468	
시설자금	사무실 겸 매장 임대료 : 3,600 제화공방 임대료 : 2,400 3D 스캐너 구입 : 800 3D 프린터 구입 : 300 총 7,100	
합계	19,568	

2022년	
운전자금	제화 기술자 2명의 임금 : 7,200만 원 가죽 : 2,700만 원 (켤레당 4.5) 방수원단 : 600만 원 (켤레당 1) 아웃솔 : 2,400만 원 (켤레당 4) 홍보비 : 1,144 경비 : 10만 원 기타 : 10만 원 총 13,900만 원
시설자금	사무실 겸 매장 임대료 : 3,600만 원 제화공방 임대료 : 2,400만 원 총 6,000만 원
합계	총 19,900만 원

2023년	
운전자금	제화 기술자 2명의 임금 : 7,200만 원 가죽 : 4,500만 원 (켤레당 4.5) 방수원단 : 1,000만 원 (켤레당 1) 아웃솔 : 4,000만 원 (켤레당 4) 홍보비 : 1,922 경비 : 10만 원 기타 : 10만 원 총 18,642만 원
시설자금	사무실 겸 매장 임대료 : 3,600만 원 제화공방 임대료 : 2,400만 원 총 6,000만 원
합계	총 24,642만 원

② 자금조달 계획

와디즈 크라우드 펀딩, TIPS, 신용보증기금, 청년창업지원센터에서 자금을 공급받는 계획을 가지고 있다.

③ 매출 계획

단위 : 만 원

2021년	
판매가	35
거래량	360켤레
매출액	12,600
변동비용	5,268
고정비용	14,300
영업이익	−6,968

2022년	
판매가	35
거래량	600켤레
매출액	21,000
변동비용	6,700
고정비용	13,200
영업이익	+1,100

2023년	
판매가	35
거래량	1,000켤레
매출액	35,000
변동비용	11,442
고정비용	13,200
영업이익	+10,178

④ 추정 손익계산서와 손익분기점

추정 손익계산서

2021년	
매출액	12,600
변동비용	5,268
고정비용	13,500
영업이익	−6,368
이자비용	135 (비유동부채의 5%)
세전이익	−6,503
법인세비용	0 (세전이익의10%)
당기순이익	−6,503

2022년	
매출액	21,000
변동비용	6,700
고정비용	13,200
영업이익	+1,100
이자비용	160 (비유동부채의 5%)
세전이익	+940
법인세비용	0 (전년도의 세전이익을 누계하여 계산하므로)
당기순이익	+940

2023년	
매출액	35,000
변동비용	11,442
고정비용	13,200

영업이익	+10,178
이자비용	120 (비유동부채의 5%)
세전이익	+10,058
법인세비용	449.5 (2021, 2022년 세전이익을 포함하여 10%)
당기순이익	+9608.5

◉ 손익분기점 계산

2023년도 추정 손익계산서를 기준으로 손익분기점을 계산하였다(이때 홍보비는 변동비로 계산하였다).

◉ 손익분기점인 판매량

$Q=F/(P-v)$

=고정비용/(단위당 판매가격-단위당 변동비용)

=13,200 / 35-11.422

=13,200 / 23.558

=560.3192

손익분기점인 판매량Q가 560.3192이므로, 561개의 제품을 판매하면 손익분기점을 넘길 수 있다.

◉ 손익분기점을 달성하는 매출액

$Q \times P$=19,600

=560.3192x35

=19,611.172

1억 9,611만 1,720원의 매출액을 달성하면 손익분기점을 달성한다.

⑤ 추정 재무상태표와 재무비율

'3D Outdoor' 2021년 12월 31일 추정 재무상태표(단위 : 만 원)			
유동자산		유동부채	
현금성자산	5,000	매입채무등	730
재고자산	1,260	비유동부채	
비유동자산		장기차입금	700
기계설비	1,100	주식연계채권	2,000
보증금	1,600	부채총계	3,430
		자본금	3,000
		자본잉여금	9,000
		이익잉여금	−6,470
		자본총계	5,530
자산총계	8,960	부채와자본총계	8,960

'3D Outdoor' 2022년 12월 31일 추정 재무상태표(단위 : 만 원)			
유동자산		유동부채	
현금성자산	6,282	매입채무등	1,150
재고자산	2,100	비유동부채	
비유동자산		장기차입금	1,200
기계설비	1,100	주식연계채권	2,000
보증금	1,600	부채총계	4,350
		자본금	3,000
		자본잉여금	9,000
		이익잉여금	−5,268
		자본총계	6,732
자산총계	11,082	부채와자본총계	11,082

'3D Outdoor' 2023년 12월 31일 추정 재무상태표(단위 : 만 원)			
유동자산		유동부채	
현금성자산	12,860	매입채무등	560
재고자산	3,500	비유동부채	
비유동자산		장기차입금	400
기계설비	1,100	주식연계채권	2,000
보증금	2,000	부채총계	2,960
		자본금	3,000
		자본잉여금	9,000
		이익잉여금	4,500
		자본총계	16,500
자산총계	19,460	부채와자본총계	19,460

	2021년	2022년	2023년
유동비율	858%	798%	2921%
부채비율	30%	29%	12%
부채대자본비율	49%	48%	15%
총자산수익율	−73%	8%	49%
자기자본수익율	−118%	14%	58%
매출액순이익율	−52%	4%	27%

 5 마케팅 계획

마케팅 계획은 3장의 환경분석에서부터 출발한다.

1. STP 계획

① Segment

아래와 같이 시장을 세분화 하였다.

② Target

자사의 타켓 고객층은 1. 발의 불편함으로 인해 맞춤등산화를 필요로 하는 집단, 2. 전문적인 등산 또는 장비의 고급화를 추구하는 집단이다.

③ Positioning

'3D Outdoor'는 성공적인 창업을 위하여 다음과 같은 마케팅 4P 계획을 수립하였다.

○ Product

'3D Outdoor'가 기존 등산화 시장에 자리잡은 기업들과의 경쟁을 펼치기 위해서는 자사 제품의 품질 면에서 경쟁력을 확보할 필요가 있다고 보았다. 이때, 소비자에게 충분한 고객가치를 제공할 수 있을 만큼의 품질의 기준은 1. 한국소비자원과 관련 공인시험기관의 판정과 2. 고객 만족도이다. 이 두 가지는 향후 잠재 고객에게 제품에 대한 신뢰감을 주는 요소들이 될 것이다.

자사는 한국소비자원과 관련 공인시험기관에 자사 제품 품질 평가를 실제로 의뢰하여 '우수'판정을 받아낼 정도의 제품 품질을 갖출 것이다. 평가항목은 치수, 무게, 접착박리 강도, 미끄럼 저항, 내수성, 내굴곡성이다.

자사가 목표로 하는 한국소비자원의 품질 평가 점수	
치수	우수
무게	270mm의 미드컷 등산화 기준 900g
접착박리 강도	우수
미끄럼 저항	우수
내수성	우수
내굴곡성	우수

자사는 고객에게 제품의 색상, 가죽과 방수원단의 재질, 발목의 높낮이, 아웃솔의 종류를 기호와 목적에 맞게 선택하는 기회를 제공하여 더 높은 고

객만족을 도모할 것이다. 또한, 자사는 제품 판매 후, 고객에게 제품 피드백을 받고, 고객이 만족할 때까지 철저한 애프터 서비스를 제공할 것이다.

자사 제품 구매 시 소비자가 선택할 수 있는 세부사항	
색상	가죽 등의 소재에 염료를 입혀 원하는 색상을 만들어내 데에는 기술적인 제약이 거의 없으므로 소비자가 원하는 색상을 얼마든지 구현 가능함.
가죽의 소재	소재 : 천연 누벅 소 가죽 소재 : 합성 인조 가죽
방수원단의 소재	쉘러사의 쉘러 원단: 소비자에게 우선적으로 권고. 이외의 원단: 소비자가 이외의 원단을 원할 경우 상담을 통해 변경할 수 있다.
발목의 높낮이	발목의 높낮이는 6단계로 구분되어 있다. 복숭아 뼈 밑 (아웃도어 워킹화) 복숭아 뼈를 살짝 덮음 (경량 등산화) 발목에 살짝 닿음 (미드컷 등산화) 발목 (미드컷 등산화) 발목 윗부분 (미드컷 등산화) 정강이 (중량 등산화) 정강이 윗부분 (중량 등산화)
아웃솔의 종류	소비자가 선택할 수 있는 아웃솔의 종류는 매우 다양하다. 등산화에 바느질 방식으로 아웃솔을 부착하는 것이므로 시중에서 판매되는 검증된 아웃솔이라면 무엇이든 부착 가능하다. 자사는 소비자가 보다 적절한 아웃솔을 선택할 수 있도록 고객이 주로 산행하는 지역과 산행목적 등을 파악한 후 상담을 통해 아웃솔을 추천해준다.

‘3D Outdoor’는 향후 사업 규모가 확장될수록 제품관련 신기술 R&D를 실시할 계획을 가지고 있다. 한국의 등산화 업체들이 앞다퉈 신기술을 개발하고, 자사 제품에 적용하고 홍보하는 상황 속에서, 품질 개발을 위함일 뿐만 아니라 자사가 이해관계자들로부터 정당성을 확보하기 위해서라도 필요하다고 보았다.

향후 연구 개발할 신기술의 예시	
기능성 소재의 인솔 개발	기능성 소재의 인솔을 개발하여 제품에 적용함

◯ Price

'3D Outdoor'가 경쟁업체들로부터의 가격경쟁력을 갖추기 위해서는 자사 제품이 기존의 등산화 제품들과 엇비슷한 가격대에 판매되어야 하며, 현재 대표적 수제등산화 제작 업체인 '송림수제화'보다는 저렴한 가격대에 판매되어야 한다고 보았다.

기존 등산화 제품들은 200,000~500,000원의 가격대에 판매되고 있으며, '송림수제화'사의 제품들은 600,000~700,000원의 가격대에 판매되는 상황이다. 이에 자사는 제품의 가격대를 300,000~400,000원에 형성하고자 한다. 경량등산화는 300,000원, 미드컷 등산화는 350,000원, 중량등산화는 400,000원에 판매하는 것이다. 자사 제품의 가격구분은 등산화 발목의 높낮이에 의해 결정되며 가죽과 방수원단 등의 소재의 선택과는 연관이 없다. 이는 기존 등산화 시장에서 등산화의 가격구성이 발목 높이에 따라 구분되어 있다는 점에서 착안한 가격전략이다. 또한 초기 1년 동안은 제품을 할인가에 판매하고자 한다. 브랜드 이미지와 신뢰도가 부족한 초기의 자사가 경쟁업체들과의 가격경쟁력을 갖기 위함이다.

자사 제품의 가격 구성	
경등산화	정가 : 300,000원
미드컷 등산화	정가 : 350,000원
중등산화	정가 : 400,000원

◯ Place

고객은 오프라인 매장과 인터넷 홈페이지에 개설된 온라인 매장을 통해 자사를 접할 수 있다. 오프라인 매장은 서울시 성수동에 위치하는 것을 목표로 한다, 오프라인 매장에는 고객상담인력과 3D 스캐너, 3D 프린터가 구비되어 있어서 고객상담이 이루어지며, 동시에 자사의 사무실 역할을 한다. 인터넷 홈페이지에는 자사 소개, 제품 소개, 주문하는 방법 등을 안내한다.

제화공방 역시 성수동 사무실 인근 1km 이내에 위치한다. 성수동에는 수제화 제작 관련 인적·물적 자원이 집약되어 있으므로 작업에 유리한 측면이 있을 것으로 기대하고, 경영진과의 원활한 소통에 역시 유리할 것으로 기대한다.

'성안상사'로부터 가죽을 공급받는 계획을 가지고 있다. 가죽은 제화 시장 인력을 통해 제화공방까지 전달된다. 방수원단과 아웃솔은 자사가 'Schoeller'사, 'Vibram'사와 계약관계를 맺어 제공받는 계획을 가지고 있다. 방수원단과 아웃솔은 우체국 택배를 통해 제화공방까지 전달된다.

자사의 제화공방에서 만들어진 등산화 완제품은 우체국 택배를 통해 고객에게 제공된다.

유통경로	
사무실겸 오프라인 매장	서울시 성수동 소재. 3D 스캐너, 3D 프린터, 고객상담인력 구비. 사무실의 역할도 겸함.
온라인 매장	자사와 자사 제품에 대한 소개, 제품 구매하는 방법 등을 안내함.
제화공방	서울시 성수동 소재. 사무실 인근 1km이내에 위치함. 제품 생산이 이루어짐.
원자재 수급	가죽 : '성안상사'로부터 가죽을 제공받고, 택배를 통해 가죽이 제화공방으로 배달되어짐. 방수원단 : 'Schoeller'사와 계약관계를 형성하여 제공받고, 방수원단은 우체택배를 통해 제화공방으로 배달되어짐. 아웃솔 : 비브람사와 계약관계를 형성하여 제공받고, 아웃솔은 우체국 택배를 통해 제화공방으로 배달되어짐.
완제품 유통	완제품은 우체국 택배를 통해 고객에게 전달됨.

○ Promotion

'3D Outdoor'은 세 가지 판매촉진 전략을 가지고 있다. 제품의 품질에 기반한 판매촉진, 고객관계에 기반한 판매촉진, 유명인 후원을 통한 판매촉진이다.

한국소비자원에 자사 제품 품질 평가를 의뢰해 '우수' 판정을 받은 이후, 이 사실을 홍보할 계획을 가지고 있다.

고객정보를 수집하고, 제품 판매 후 고객에게 무제한 무상 애프터서비스를 제공하여 높은 고객만족도를 유지하도록 노력할 것이며, 기존 고객의 추천을 통해 방문한 신규 고객에게 할인을 제공하는 계획을 가지고 있다. 구축된 고객관계를 통해 제품 판매를 촉진하는 것이다.

유명 산악인 또는 탐험가에게 제품을 무상으로 후원하여 자사 브랜드 인지도를 구축하여 판매를 촉진하는 전략을 가지고 있다.

향후 사업규모가 확대되고 신기술 R&D가 완료되면 TV, 인터넷을 통한 영상광고를 실시할 계획을 가지고 있다.

마지막으로, 전국의 산악 동호인을 대상으로 제품 체험단을 모집하여 제품 홍보에 활용하는 계획을 가지고 있다. 체험단에게 무상으로 제품을 제공하고, 그들로부터 수령한 제품 실사용 후기를 홍보에 활용할 뿐 아니라 제품 개발에 참고할 수 있는 것이다.

판매 촉진 전략	
한국소비자원의 제품 품질 평가	한국소비자원에 제품 품질 평가를 의뢰하여 '우수' 판정을 받은 뒤, 이 사실을 월간 아웃도어 매거진에 홍보함.
고객관리	고객관리 차원에서 고객 정보 수집 / 무제한 무상 애프터서비스를 제공함 / 기존 고객의 추천으로 방문한 신규 고객에게 할인 혜택 제공.
전문 산악인·탐험가 후원	유명 산악인 또는 탐험가에게 제품을 후원하여 자사 브랜드 인지도를 구축함.

TV, 인터넷을 통한 영상광고	향후 사업규모가 확대되고 신기술 R&D가 완료되면 TV, 인터넷을 통한 영상광고를 실시함.
제품 체험단 모집	전국의 산악 동호인을 대상으로 제품 체험단을 모집함. 체험단에게 무상으로 제품을 제공하고, 그들로부터 후기를 수령하여 홍보에 활용함.

 ## 6 사업화 추진일정

'3D Outdoor'는 다음과 같은 4개년 사업화 추진일정을 준비하였다.

2021년	
2021.01	사무실 겸 매장 제화공방 임대 계약 완료 후 사무업무개시
	온라인 홈페이지 개설
	3D 스캐너와 3D 프린터 구입
	가죽 공급계약 완료
	방수원단 공급계약 완료
	아웃솔 공급계약 완료
	제화기술자 2인 고용 후 제품 R&D 실시 : 100켤레의 시제품을 제작하고 품질을 개발하는 과정을 거침. (6개월 후 완료 목표)
	인솔 관련 R&D에 착수 (6개월 후 완료 목표)
2021.07	제품 R&D 완료하여 목표했던 제품구성과 품질 현실화
	기능성 소재를 사용한 인솔 관련 R&D 완료하여 제품 적용
	완성된 시제품 50켤레를 한국소비자원과 관련 공인시험기관에 제공하며 제품 품질 평가 의뢰
	제품 품질에 관하여 한국소비자원으로부터 '우수' 판정 획득 후 결과를 대외적으로 공개

	본격적 제품 판매 개시
	한국소비자원의 품질 평가 결과를 월간 아웃도어 매거진에 공개하며 제품 홍보
2021.12	총 360켤레 이상의 제품 수주 완료

2022년	
2022.01	프로모션활동 : 제품체험단 모집
2022.12	한 해 동안, 총 600켤레 이상의 제품 수주 완료

2023년	
2023.01	프로모션 활동 : 전문 산악인 후원
2023.12	한 해 동안, 총 1000켤레 이상의 제품 판매 완료

 7 부록

〈수요예측 설문조사〉

제품의 수요를 예측하기 위하여 인터넷 산악 동호회를 대상으로 설문조사를 실시하였다. 설문 대상 동호회는 네이버 카페 '코앞이 정상'과 다음 카페 '비박 이야기'이다.

설문조사의 질문지와 응답결과는 다음과 같다.

9. 수제등산화 사용 시 만족하셨다면 그 이유는 무엇입니까?

편안함
만족감

10. 수제등산화 사용 시 만족하지 않으셨다면 그 이유는 무엇입니까?

처음에는 괜찮은데 나중엔 불편하고 피곤함을 느끼게 합니다.

양쪽 발사이즈의 불균형

디자인

비싸서 안샀어요.

맞춤 후 완성된 제품이 발에 잘 안 맞아서~~

13. 3D 커스텀 수제등산화를 사용해볼 의향이 있으시다면 그 이유는 무엇입니까?

사이즈에 맞는 제품 선택이 힘들고 내 발에 딱 맞는 좋은 등산화가 있으면 좋겠다는 생각

3D프린터로 어떻게 등산화를 구현할지 궁금(재질 등 어떻게 해결할지)

기존 신발들과 비교해 얼마나 착용감이 좋은지 확인하기 위해.

기존 등산화와 다른 착용감 경험을 위해

발이 얼마나 편한지 궁금합니다.

1) 시중에 나와 있는 사이즈 등산화는 발이 정확하게 안 맞아 불편함. 2) 발가락이 장기간 하이힐을 신은 관계로 새끼발가락과 4째발가락이 눌려서 장시간 걸을 경우 물집생기고 아파서 보완수제화가 나온다면 신을 의향 있음.

좋은 아이디어라고 생각합니다.

정확한 사이즈, 발 편안감

현재 족저근막염 상태라 발이 상당히 불편함으로

내발에 맞는 맞춤형을 신고 등산해보고 싶다.

한번 신고 등산을 하고 싶습니다.

편리성을 도모하기 위함.

맞춤 착용감

오래 걸어도 불편함이 없을 것 같아서

맞는 신발이 잘 없어서 발사이즈 정확성과 편함

발의 불편함을 잊기 위해서 편한 등산화를 신기 위해

좌우 발사이즈나 높이가 다르다고 생각이 되고 어딘지 모르게 발의 볼이나 뼈대에 따라 좀 더 편안한 등산화를 원하므로

기성품 보다는 편할 것 같음. 기성품보다 많이 비싸지 않다면... 10~20%정도는 더 지불할 용의가 있음.

발 볼이 평균 보다 넓은 편입니다.

오래 걸었을 때 피로감이 적을 것으로 기대

혹시 등산이 더 재미있어 질까봐 맞춤

기성화 중에서 만족할 만한 것을 찾는 데 오란 시간이 걸려서

얼마나 발이 편한지 직접 체험

기성 사이즈가 잘 맞지 않아서 발이 편한가 확인하려고

내게 맞춤형이기에 편할거라 예상

등산 시 가장 중요한 부분이 발의 편안함인데 등산화의 불편함이 없이 등산을 위해~

발이 편안하고 피로감이 없는 등산화필요함

얼마나 잘만드지 수입품만큼. 잘할 수 있을까.

성능이 궁금해서

발 쏠림현상

내 발에 맞는 등산화라서 길들이기 실패하지 않을 것 같음.

3D 기술로 내 발에 맞춰 만들어진 등산화라 매력적이다.

내 발에 만는 등산화를 신고 싶어서.

맞는지 확인하기 위해

발에 잘 맞을 테니까

14. 3D 커스텀 수제 등산화를 사용해 볼 의향이 없으시다면 그 이유는 무엇입니까?

등산화를 자주 착용하지 않고 등산화 구입 시에 크게 불편함을 느끼지 않기 때문 고가일 듯

가격이 비싸서 어차피 등산을 자주 안 함.

좋은 아이디어이지만 신뢰가 가지는 않습니다.

제품 완성도의 의구심? 전에 등산화는 아니지만 신발 수제화 착화감 불만. 30여분 걸으면
발바닥이 아프고 질감도 좋지않았고 나쁜 기억 때문에 신발 전문 매장이나 역사 깊은 수입전문
브랜드만 찾게 됨. 편하니까 활동성도 좋으니까 다시 찾게 됨

위 답변 동일

비쌀 것 같아요.

자세히 알아보고 사야 함.

기존 등산화와 차이점 평편족이라서 ~~

15. 귀하께서 궁금하신 점이나 기타 건의사항이 있으시다면 자유롭게 기술해
    주십시오.

족저근막염이나 기타 발건강에 도움이 될 수 있는 깔창도 개발해 주세요.

가격이 어떨런지 궁금

감사합니다.

착용감, 디자인

3D커스텀 호기심은 있지만 누군가 먼저 신어보고 좋다고 하면 접근할까 먼저 찾지는 않을 듯 기술과 품질이 좋아야 또 찾게 됨.

수제등산화의 경우 기성화 대비 가격 차이는? 수제 제작후 A/S 문제는 없는지?

기성품 보다 20% 이상 비싸지 않으면 써볼 의향 있음.

기존 등산화 대비 가격이 너무 높거나 구매방법이 불편하다면 사지 않을 것 같습니다.

가격과 효용의 문제로 보입니다. 동일한 가격에 커스터마이즈가 된다면 좋겠으나 그렇지 않다면 수요가 많지는 않을 듯 합니다.

좋은 제품이 될거라고 생각함.

가격도 중요함.

실제로 3D 커스텀 수제 등산화를 테스트 삼아 신어 볼 수 있나요?

첫째 내구성, 둘째 삐뚤어짐이 없어야됨. 셋째 본드붙임이 좋아야됨

좋은 성과내세요.

가격은 어느 정도?

≫ 뉴스

- "주만에 3층 아파트 출력! 고층건물을 출력하는 시대가 열렸다.", MBC엠빅뉴스, 2020.12.10
- "건물 뼈대가 뚝딱…3D 프린터로 집 만든다", YTN, 이혜리 기자, 2019.12.12
- "스마트 상점 카페 '초코', 푸드 3D 프린터 도입 이후 매출 껑충", _YestvNews,_ 나정훈 기자, 2020.07.21
- "'전자회로'부터 '한옥'까지 척척… 날개 단 3D 프린터", YTN사이언스, 양훼영 기자, 2017.07.17

≫ 논문

- 포포브 다린카(2019), "3D 프린팅 기술을 활용한 개인 맞춤형 패션디자인 가능성 연구", 건국대학교 석사학위 청구 논문
- 송현수, 문광섭(2011). 소비자 요구에 효율적 대응이 가능한 신발 제조기술 연구. 한국정밀공학회 학술발표대회 논문집

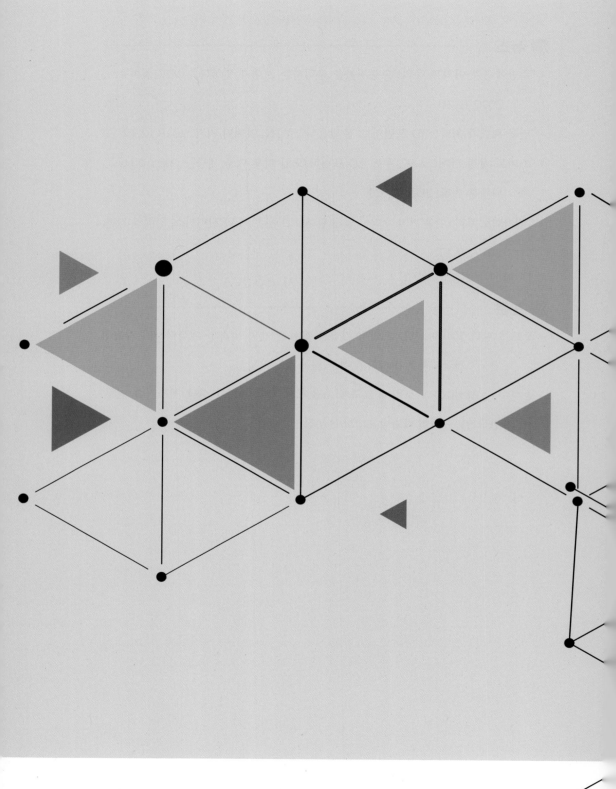

제 7 장

캡스톤디자인 사례 분석[3]

- Retraho 레트라호 사업보고서 -

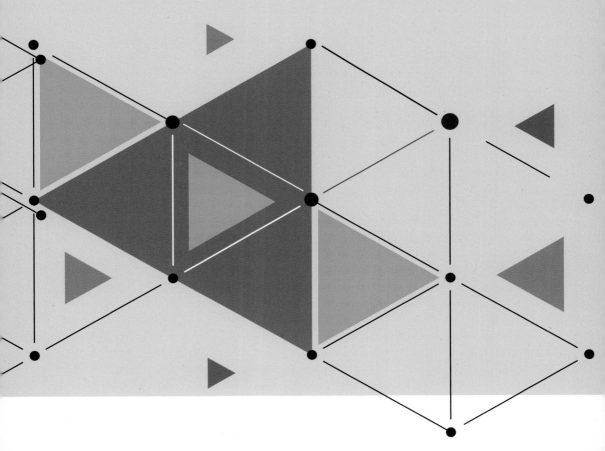

Retraho
레트라호 사업보고서

◎ 글로벌 패션 SPA브랜드의 업사이클링 브랜드

날짜	회의 내용
4/23	첫 회의로, 전체적인 컨셉 전달 및 논의/참고자료 서치로 개요, 시장규모 및 시장현황과 경쟁사 파악/업사이클링 산업의 SWOT분석 완료/인터뷰 대상 확정 및 질문 완성
4/27	인터뷰 완료
5/8	코오롱 '래코드' 조사
5/10	예상수요/소비자분석/제품공급방안(생산계획)/가격책정/소요인력 등 초안 완성
5/11	대면회의 (회의록 첨부, 사업보고서에 반영)
5/13	카톡회의 (역할분배 및 타겟층 등 세부내용 회의)
5/17	래코드에 대한 SWOT, STP. 4P, 3C분석 자사 SWOT, STP. 4P, 3C분석 재무분석담당
5/23	업사이클링 인식조사 설문질문 완성 정부지원서치 가상 요약재무제표완성
5/24	구글설문프로그램 완성 및 설문시작
5/28	사회적가치지표 조사
5/31	설문마감
6/7	사업보고서 내용 및 구조 점검 (자금 계획 및 자금 조달 방법 내용 추가)

6/10	대면회의 **회의록** 업사이클링 브랜드 브랜딩 (이름정하기 & 로고만들기, 사업 타당성 항목 뒤에 브랜딩내용 들어가기) 사업 타당성 항목 추가(현재 목차 2와 3 사이에) 설문결과분석(사업 타당성에 녹이기_설문결과자료수집) 사회적가치지표 신청양식 (부록)
6/13	로고완성
6/14	설문결과분석

 개요

　　글로벌 패션 SPA브랜드의 주요 전략 중 하나는 트렌드에 발맞춰 빠르게 제품을 선보이는 것입니다. 거의 매 주 신상품이 출시 되고 있기 때문에 제품 가짓수는 물론 재고량도 많은 편입니다. 그러다 보니 국내 뿐만 아니라 해외시장에서도 재고의 처리가 SPA브랜드의 주요 이슈입니다. 사실 이는 거의 모든 패션 브랜드 들의 고민이기도 합니다. "재고를 어떻게 처리 할 것인가?" 그래서 저희가 생각한 것은 이 재고를 이용해 업사이클링 브랜드를 만들어 재고에 가치를 더할 것입니다. 재고처리비용과 원재료비, 그리고 초기 제품 개발 비용 등을 줄이고 새로운 판매기회를 개척할 수 있을 것으로 예상합니다. 단순한 사회 공헌 사업이 아닌 실제로 이익을 극대화 할 수 있는 지속 가능한 사업을 지향합니다. 따라서 다른 브랜드들도 참여해 이익을 낼 수 있는 하나의 비즈니스 모델로 자리잡을 수 있기를 기대합니다. 환경문제가 글로벌한 문제이니만큼 더 나아가 세계시장에서도 빛을 발하는 비즈니스 모델이 될 수 있었으면 좋겠습니다.

　　■ **업사이클의 정의**
　　업사이클(Upcycle)은 하드웨어 또는 소프트웨어의 성능을 기존보다 향상시키는 '업그레이드'와 불용품 또는 폐기물을 재생 재활용하는 '리사이클'의 합성어입니다.

업사이클은 폐기물의 재활용(Recycling) 차원을 넘어 첨단 기술(물리화학적 재생기술 등)과 디자인(미적창의성, 아이디어 등)을 접목시켜 높은 수준과 부가가치를 지닌 제품으로 전환시키는 것을 의미하며 버려지는 물품에 디자인과 활용성을 더하여 가치가 높은 제품으로 재탄생시키는 것으로 정의하고 있습니다.

업사이클은 폐기물로 발생된 소재를 분리·수거하고 소재화, 제품화를 통해 부가가치 높은 산업으로 재탄생하는 과정이고 버려지는 물품의 해체/분류, 제재/재단, 가공/손질, 제작의 4단계로 구분됩니다.

2 시장환경분석

◉ **예상수요** : 현재 이월상품의 판매량과 비슷할 것으로 예상합니다.
◉ **예상소비자분석** : 2030여성들을 주 타겟층으로 하며 좀 더 특별한 가치가 더해진 디자인을 찾는 밀레니얼 세대를 공략합니다. 그리고 이후 남성복, 혹은 연령층을 높이는 등으로 점차 타겟층을 넓혀갑니다.

■ 국내 외 시장규모와 현황

세계 폐기물 재활용 시장은 일부 개발도상국을 제외하고서도 연간 4,000억 달러의 시장을 형성하고 있습니다. 그중 미국의 규모가 가장 커서 약 절반에 가까운 2,000억 달러 시장을 형성하고 있는데, 이는 한화로 약 200조 원 규모에 해당합니다.

전 세계 폐기물 재활용 시장규모가 이처럼 대규모로 형성되어 있지만, 폐기물의 업사이클 시장규모는 아직 미미합니다.

미국의 업사이클 회사 '테라사이클'에 따르면, 미국 업사이클 시장규모는 2010년 기준, 연간 1,250만 달러 수준이며, 이는 전체 재활용 시장규모의 0.01%에도 못 미치는 수준입니다.

국내 업사이클 브랜드는 약 100여 개로 추정되며 전체 업사이클 시장 규모는 40억 미만으로 추정됩니다.

한국환경공단의 폐기물 재활용실적 및 업체현황 통계정보보고서(2017)에 따르면, 2015년 국내 전체 재활용업체의 재활용제품 매출규모는 약 5조 원입니다. 업사이클 시장규모는 '코오롱 래코드', '에코파티메아리', '터치포굿'의 연간매출액을 모두 합해도 20억 원을 넘지 못해 시장 규모가 미미한 수준이며 아직은 이 업사이클 분야가 블루오션이라고 볼 수 있겠습니다.

국내 업사이클제품 유통은 수도권 90%, 부산·대구권 10%로 한정적입니다. 또한 국내 업사이클러 분포 및 업사이클 제품 유통은 수도권 중심으로 형성되어 있고, 전체 업체의 약 74%가 설립연도 기준 4년 이내의 신규브랜드입니다. 업사이클산업은 예술가, 디자이너, 숙련기능공, 훈련받은 일반인 등이 소자본으로 시작할 수 있어 진입장벽이 낮은 시장이며 업사이클 시장으로의 진출과 이탈이 쉬운 특성으로, 업사이클러의 규모는 유동적입니다.

국내 업사이클 기업의 특징은 연매출 5천만 원 미만, 기업주 연령 20-30대, 종사자 수 1인-2인 기업과, 스타트업 기업이 대부분으로 소규모 스타트업형태입니다.

국내 업사이클 업체들을 크게 정부의 지원을 받아 설립된 사회적기업, 제품재고 처리 등 기업 내 문제해결을 위해 기업에서 별도로 만들어진 파생기업, 개인이 공예 기술을 기반으로 운영하는 소규모 공방 세 가지로 분류해 볼 수 있습니다. 업사이클 업체들은 각각 다른 목적과 유형으로 설립되었으나, 제품 생산과정에서 취약계층에게 일자리를 제공하는 등의 사회적 역할을 수행하고 있습니다.

■ 업사이클 소재개발·판매, 전자상거래 등 국내·외 업사이클산업 사례
① 업사이클링 교육, 기업 협약을 통해 제품을 제작하는 '터치 포 굿'
- 주요사업으로 리싱크(Re-sync) 운영하고 지속적으로 폐기물을 발생하는 기업과 협약하여 기관이 직접 사용할 수 있는 업사이클 제품을 생산
- 산업의 특성상 반드시 발생하는 자원을 업사이클링 할 수 있도록 컨설팅 및 디자인기획 서비스 제공
- 대선, 지방선거에서 사용한 선거 현수막을 업사이클링하는 '5년의 약

속', '서울의 약속' 프로젝트 진행. 우체국의 현수막으로 우체국 기념품 제작.

② 기업의 의류재고를 새로운 제품으로 만드는 코오롱의 '래코드(RE:CODE)'
- 브랜드 관리를 위해 연각 약 40억 원 규모로 소각되던 재고 의류를 소각하지않고, 해체하여 새 원단을 만들고 이를 이용해 제품을 생산함.
- 물량해체 작업은 지적 장애인 단체인 '굿 윌 스토어'에서 이루어지며, 제품의 디자인은 독립 디자이너들과 협업을 통해 진행됨.

③ 세계 최고의 업사이클 브랜드 '프라이탁(Freitag)'
- 트럭의 폐방수천을 재활용하여 가방을 제조함. 전 세계 350개가 넘는 매장에서 한 해 20만 개 이상의 제품을 판매하고 있으며, 2015년 기준 약 500억 원의 수익 발생
- 가방을 만드는데 필요한 대부분의 소재는 방수천(타폴린 소재)을, 어깨끈은 자동차 안전벨트를, 마감은 폐자전거의 고무로 처리함. 폐방수천의 원형을 그대로 재활용하기 때문에 모든 제품이 다른 디자인으로 구성
- 연간 방수천 200톤, 자전거 튜브 7만 5,000개, 자동차 안전벨트 2만 5,000개를 업사이클링한 결과

④ 업사이클 제품 전자상거래 사이트 '엣시(Etsy)'
- 2005년 시작된 미국 웹 2.0 기반의 전자 상거래 사이트로써 핸드메이드 제품으로 의류 및 액세서리, 아동용품(의류, 도서, 가구 등), 생활용품 등을 판매하고 있으며, 약 150여 개 국가 240만 명의 유저가 이용
- 엣시 내 업사이클 제품의 카테고리의 수는 2010년 7,900개에 불과했으나 2013년 4월 기준으로 260,000개에 달할 정도로 크게 증가

⑤ 국내 업사이클센터는 서울시, 대구시, 경기도 등 7개소 사업 진행
- 서울시, 경기도를 비롯하여 전국 7개 지역에서 환경부 지원 사업으로 지역 업사이클 센터를 설치하여 운영하는 사업을 진행하고 있음

- 서울시는 '새활용플라자', 대구시는 '한국업사이클센터'를 운영 중에 있고, 서울시 강동구, 경기도 광명시의 경우에는 환경부 지원 없이 지자체 자체사업으로 업사이클 센터를 설치하여 운영 중에 있음
- 경기도는 현재 환경부 지원 사업으로 '경기도 업사이클 플라자'를 설치 및 운영하는 사업을 진행하고 있음(2019년 봄 개관 예정)

⑥ 서울시 업사이클 문화 확산의 거점역할을 수행하는 '서울시 새활용플라자'
- '새활용플라자'는 서울시 업사이클 산업육성, 제품의 생산·전시·판매, 업사이클 문화 확산의 거점역할을 수행하고 있음
- 공방 입주자 홍보 및 소재·디자인컨설팅, 업사이클 인재양성 및 전시·판매지원, 업사이클 제품 현장판매
- 업사이클 제품/작품 전시 및 시민체험 프로그램 운영, 업사이클 워크숍 기획전, 서울새활용전 연계 등 업사이클 및 플라자 홍보, 업사이클 교육체험, 나눔장터 등 진행
- '새활용플라자'의 소재은행은 현재 소재 관련 전시 및 행사, 체험 교육 등을 우선적으로 운영하고 있으며, 연말까지 소재정보 온라인 서비스를 오픈할 예정
- 소재정보 온라인 서비스에는 소재정보 DB, 소재공급자와 수요자 중개, 디자인 상품 마켓, 소재 자료실, 국내외 트렌드 정보 등이 포함

⑦ 지역 산업과 연계하여 업사이클 제품 제조 '대구시 한국업사이클센터'
- 한국업사이클센터는 구 대구지방가정법원 건물을 리모델링, 증축하여 지역업사이클센터로 사용하고 있으며, 회원제로 온라인 소재시스템을 운영
- 지상 2층은 업사이클 장비 공동사용 작업장 및 장비사용 교육공간 등이 설치되어 있음. 지상 1층은 국내외 업사이클 제품을 전시한 전시공간과 업사이클 소재를 전시하는 공간(M-LAB), 업사이클 교육공간이 설치되어 있음
- 한국폴리텍대학 섬유패션캠퍼스와 한국업사이클센터는 2018년 7월

업사이클산업 인력 양성, 일자리창출을 위한 업무협약을 체결(MOU)
- 소재시스템에서는 회원사들에게 소재 샘플, 소재에 대한 상세한 설명, 기술적 정보, 회사 정보, 제품 제조 프로세스 등의 정보를 제공
- 「대구경북디자인센터」의 대표적인 사업인 '더 나누기 프로젝트'는 지역 섬유업체의 자투리 원단을 제공받아 지역 내의 중소 업사이클 업체들이 제품을 제작
- 대구지역 섬유기업의 생산과 가공과정에서 남는 원단을 활용하여 산학연관의 협력하에 독창적인 업사이클 상품으로 기획하고, 수익금을 일자리 창출에 환원하는 대구지역 특화 리사이클 벨리(Recycle Valley) 구축

◉ 업사이클링 산업에 대한 SWOT분석

◉ 유사상품/브랜드 : 코오롱 인더스트리 FnC - RE;CODE

RE;CODE란, '㈜코오롱'의 패션업계인 '코오롱 인더스트리 FnC'의 브랜드로 'This is not just Fashion'이라는 슬로건을 가지고 2012년 론칭한 대한민국의 대표적인 지속가능한 패션(Sustainable Fashion) 브랜드 입니다.

버려지는 의류 재고를 재조합해 새로운 옷으로 탄생시키는 업사이클링을 기반으로 새로운 가치를 창출합니다. RE;CODE는 패션의 고정관념에 대한 생각의 전환을 통해 새로운 쓰임을 만들고, 환경과 지속가능한 사회를 위한 무브먼트를 전세계로 이끄는 활동을 합니다.

패션브랜드는 재고가 3년차가 넘으면 브랜드 관리와 AS 문제로 소각합니다. 코오롱 패션 또한 연간 40억 원에 달하는 재고 소각 문제로 골머리를 앓다 2012년 코오롱 FnC가 '래코드'를 론칭했습니다.

래코드 기본 소재는 코오롱FnC 3년차 재고 상품과 재고 원단, 코오롱 계열사에서 버려지는 산업용 자재입니다. 이들을 활용해 새 제품을 생산합니다.

옷뿐 아니라 코오롱 계열사에서 제작하는 카시트와 에어백 등 재료도 업사이클링 대상입니다. 해당 제품들은 아주 조그마한 불량이라도 발생하면 납품이 어렵기 때문에 래코드는 이렇게 작은 불량으로 산업용 폐기물이 된 제품을 선별해 가방, 액세서리 등 다양한 소품 제작에 활용하고 있습니다.

[RE;CODE Offline Store]
[래코드 이태원 플래그십스토어(RE;CODE Itaewon flagship store)]

〈플래그십스토어에서 래코드의 업사이클링 디자인(RE-design)을 시즌별 컬렉션과 다양한 악세서리 상품들을 만나볼 수 있습니다.〉

[래코드 아트선재 리스페이스(RE;CODE Art sonje RE;SPACE)]

〈래코드만의 아티스틱한 상품과 함께 아트선재센터에서 선보이는 전시까지 예술과 패션이 어우러지는 문화를 경험할 수 있습니다.〉

[RE;CODE Space]
[래코드 명동 나눔의 공간(RE;CODE Myeong-dong Cathedral Sharing space)]

래;코드 '나눔의 공간'은 환경과 관련된 다양한 도서와 영상, 국내외 작가들의 업사이클링 작품, 그리고 다양한 공방수업을 통해 업사이클링을 직접 느끼고 체험해볼 수 있는 '업사이클링 복합문화공간'입니다.

[래;코드 노들섬 지속가능 패션 스튜디오(RE;CODE Sustainable Fashion Studio in Nodeul Island)]

'래코드'가 친환경복합문화공간 노들섬에 '래코드 아뜰리에'를 오픈했습니다. 래코드 아뜰리에는 래코드 상품의 제작과 직원 사무공간, 리테이블 캠페인까지 한눈에 볼 수 있는 공간으로 래코드의 모든 것을 확인할 수 있습니다.

리테이블은 그동안 명동성당 복합문화공간에 위치한 '나눔의 공간'에서만 정기적으로 진행됐는데, 노들섬 공간을 통해 더 많은 고객들이 업사이클링을 체험할 수 있도록 할 방침입니다. 래코드의 2020 봄/여름 컬렉션 중 일부를 미리 볼 수 있도록 한시적으로 전시도 진행합니다.

출처: 한국섬유신문(http://www.ktnews.com)

[RE;TABLE]

전시나 공간에 따라 기획되는 리테이블 무브먼트. 일상의 소재로 쉽게 업사이클링을 즐길 수 있는 워크숍/리테이블 대표 아이템을 언제 어디서나 만들어 볼 수 있는 D.I.Y패키지(온오프라인 구매가능)

[RE;TABLE Work Shop, Pop up Store]

D. 2019 서울 디자인 페스티벌

래코드가 서울디자인페스티벌(12/4~12/8)에 지난해에 이어 2년 연속 디자인 주도 기업으로 선정돼 참가한다. 이번 서울디자인페스티벌은 '서울에디션'을 주제로 국내외 300여개 디자인 브랜드가 함께 하고 있다.

래코드는 브랜드 론칭 때부터 다양한 리테이블 워크숍을 통해 업사이클링이라는 개념을 알려오고 있다. 특히 명동성당 나눔의 공간에서 주말마다 진행하는 나눔공방을 통해 리테이블을 진행하고 있으며, 국내외 다양한 컨퍼런스와 세미나를 참가하며 래코드 상품 전시와 함께 리테이블 워크숍 진행을 통해 한국의 업사이클링을 알리는 데 주력하고 있다.

E. 유럽 릴레이 리테이블 워크숍, 팝업스토어 오픈

래코드가 9월 한달 간 베를린, 런던, 파리에 팝업스토어를 연이어 오픈한다. 그동안 유럽의 각종 트레이드 쇼나 지속가능 패션관련 컨퍼런스를 통해 이름을 알려왔던 래코드는 이번 시즌을 기점으로 팝업을 통해 글로벌 소비자들과 직접 만남을 가질 예정이다.

[독일 베를린]

먼저 9월 9일부터 21일까지 독일 베를린의 '더 스토어'에 팝업스토어 진행한다. 더스토어는 럭셔리 브랜드부터 디자이너 브랜드까지 트렌드를 이끄는 다양한 패션 브랜드를 소개하는 명성 높은 편집매장이다. 래코드는 더스토어에서 올 F/W 컬렉션 중 16개 스타일을 판매하고 있다.

래코드만의 업사이클링 워크숍인 '리테이블'도 진행한다. 주제는 안전벨트와 부자재 재고를 활용한 키링 만들기이다. 특히 2019 베를린 아트위크 기간에 맞춰 팝업스토어를 운영해 그 효과를 극대화하고자 한다.

[런던 패션위크]

연이어 런던패션위크에서도 선보인다. 'Positive Fashion Exhibition'을 주제로 패션의 지속가능성, 윤리적 소비 등을 테마로 하는 다양한 브랜드를 소개한다. 래코드는 9월 13일부터 닷새간 19 S/S 상품 중 20여개 스타일을 일반 고객에게 판매하며, 현지 바이어들 대상으로 홀세일도 진행할 예정이다.

래코드는 9월 23일부터 10월 7일까지 파리의 레끌레흐 편집매장에서 팝업스토어를 운영한다. 파리 패션위크 기간에 열리는 이 곳에서 F/W 컬렉션의 여성복 일부를 선보인다. 테일러링 라인과 럭셔리 스포티 라인으로 구성돼 있으며 16개 스타일, 총 42개 상품이 전시된다. 테일러링 라인은 남성 수트 재고를 해체해 제작한 라인인 만큼 무채색 계열의 컬러가 주로 사용된다.

〈출처: http://www.fashionbiz.co.kr/TN/?cate=2&recom=2&idx=174231〉

[2019년 래코드의 현실]

래코드의 작년 말 기준 매출은 2012년 론칭 대비 약 5배 증가했다. 매년 두 자릿수의 매출 신장률을 보여왔다. 물론 매출 규모가 크지는 않다. 코오롱 FnC 관계자는 "일단 생산 수량 자체가 많지 않기 때문"이라고 설명했다. 재고를 활용해 제품을 만들다보니 대량생산하기 어려운 구조다. 같은 원단이 들어간 재고를 대량으로 확보하는 데 한계가 있기 때문이다. 예를 들어 원피스나 재킷은 같은 디자인으로 최대한 만들 수 있는 물량이 10개 이내다.

영업이익도 높지 않은 수준이다. 재료를 수거해 손질한 다음 다시 디자인해 생산하는 공정을 거쳐야 한다. 일반 의류 생산 공정보다 2단계를 더 거치는데 이 작업이 100% 수작업으로 진행된다. 원가가 높을 수밖에 없다.

자연히 소비자 부담으로 이어진다. 21일 기준 래코드 온라인 몰에서 판매 중인 여름용 의류 가격은 최저 6만 9천 원에서 최고 32만 원이다. 아우터 가격은 70만 원대까지 올라간다. 국내 소비자들은 재활용 의류에 선뜻 지갑을 열지 않고 있다. 경기 불황 여파로 그 어느 때보다 '가성비'를 따지다보니 재활용 의류를 새 의류보다 비싸게 사야 할 이유가 없다는 것이다.

'지속가능한 패션'에 대한 국내 소비자들의 인식은 해외 소비자들의 인식에는 여전히 미치지 못하는 수준이다. 래코드의 수출 비중이 70%에 이른다는 사실이 이를 방증한다. 특히 유명 편집숍이 밀집한 홍콩에서 인기가 높다.

패션 대기업들이 업사이클링에 소극적인 이유 역시 크게 다르지 않다. 이윤을 창출하는 데는 크게 도움이 되지 않아서다. 자재 확보 문제로 대량 생산이 어렵고 국내 소비자들의 인식 수준도 높지 않아 높은 매출을 달성하기도 어렵다. 100% 수작업을 거쳐야 해 생산비용은 많이 든다.

〈출처: 위키리크스한국(http://www.wikileaks-kr.org)〉

[RE;CODE의 사회적 입지]

코오롱 FnC는 매출에 연연하기보다는 사회환원 차원에서 래코드를 지속적으로 전개해나갈 계획이다. 코오롱 관계자는 "래코드는 패션 대기업이 가장 잘 보여줄 수 있는 사회공헌활동"이라며 "래코드를 통해 이윤을 창출한다기보다는 창출한 이윤의 일부를 사회에 환원하고자 한다"고 말했다.

래코드는 환경뿐 아니라 사회적 약자와 함께하고 있기도 하다. 장애인들에게 의류 해체 작업을 맡겨 일자리를 제공하고, 협업을 통해 독립디자이너들을 육성한다.

또한, 래코드는 주말마다 '리테이블(Re;table)'을 진행한다. '리테이블'은 고객들이 업사이클링 소품을 직접 만들어 볼 수 있게 하는 캠페인성 워크숍이다. 래코드는 업사이클링에 대한 사회적 인식을 높이는 동시에 브랜드 인지도도 높이기 위해 내년에도 리테이블을 계속해서 확장해나갈 예정이다.

출처: 위키리크스한국(http://www.wikileaks-kr.org)

['래코드(Re;code)' 박선주 팀장과의 인터뷰 중]

Q. 처음에는 레코드가 코오롱의 사회적 활동(CSV)의 일환인가 생각했지만, 지금은 마케팅 툴이라기보다는 하나의 패션 브랜드라는 생각이 더 커졌습니다.

A. 사회적 약자나 소외 계층을 생산 인력으로 다양하게 활용하고, 패션계의 숨은 장인들을 제대로 대우한다는 점에서 사회적 활동의 의미도 있겠지만 중요한 건 이 과정이 모두 자연스러웠습니다. 누구의 칭찬을 받기 위해서가 아니라 업사이클링이라는 스토리를 구현해내는 과정 속에서 생긴 긍정적인 변화죠. 기존에 만들어진 옷을 가져와 노들섬에 있는 레코드 아틀리에 안에서 모든 것을 해결해야 하는 과정이 자연스럽게 옷을 해체하고 재봉하는 장인들의 노고를 인정하는 방향으로 흘러갔고, 작은 부자재를 뜯고 붙이는 일은 또 외부에 있는 약자 계층의 인력에게 부탁할 수 있게 됐고요.

〈출처: https://www.harpersbazaar.co.kr/article/45808〉

■ 래코드 SWOT분석

○ Strength : 자사 브랜드의 재고품들을 활용해 재고부담을 덜고 부가수익을 창출하며 디자인에 힘을 쓴다면 코오롱 의류사업의 주축이 될 수 있음. ㈜코오롱의 브랜드로 다른 업사이클링 브랜드에 비해 자금력, 안정성 등이 탄탄함. 현재도 사회 취약층들을 고용하고 있으며 자원의 재활용이라는 사회적기업의 가치가 있음. 자사 브랜드의 재고를 확보함으로써 원재료 공급에 원활하고 매장을 통한 상품의 판매 또한 용이함.

○ Weakness : 양질의 재고와 수공업의 한계로 마진율이 낮아 사업성이 부족함. 가격이 높은 편임대중들의 '업사이클링' 사업의 인지도가 부족함. 브랜드 인지도 또한 부족함

○ Opportunity : 업사이클링 분야는 현재 미개척된 분야임. 장차 재활용이 더 중시될 우리 세계의 상황을 봄으로써 대기업인 코오롱 측에서 경쟁사들을 흡수해 국내시장을 독점하는것도 나쁘지 않아보임. 국내 업사이클링 브랜드 중 유일한 대기업 소재 브랜드로써 추후 시장 독점을 할 가능성이 높음. 리테이블을 단순 체험으로 활용하는 것을 넘어 래코드에서 제공하는 원재료를 소비자들이 직접 입맛에 맞춰 디자인해 주문하면 가격을 할인해주는 사업을 추진하면 더 많은 소비자를 확보할 수 있을 것임. 폐 카시트를 이용한 여권케이스 만들기 등의 커플들의 이색데이트 공간으로도 활용하고 있음. 아이들의 교육적인 체험공간으로 가족들의 참여도 가능하며, 이러한 활동들로 더 친숙하게 대중들에게 다가갈 수 있음.

○ Threat : 재활용품이라는 부정적인 인식이 강함, 협력업체의 부족.

3 사업 타당성 분석 : 시장성

사업 타당성 분석을 위해 업사이클링에 대한 인식조사를 실시했습니다.
5월 24일부터 5월 31일까지 약 일주일동안 진행했으며 총 132명이 설문에 참여했습니다.

설문기간이 짧았던 만큼 응답자의 수도 많지 않은 것, 그리고 응답자의 나이가 20대에, 성별은 여성에 편향된 것이 아쉽지만 이 사업의 타겟층을 밀레니얼 세대의 여성으로 정한것을 고려했을 때 이는 유의미한 결과일 수 있다고 판단했습니다.

- 헌 옷의 재활용에 참여의사가 많은 것으로 보아 업사이클링에도 긍정적일 것으로 예상됩니다.
- 응답자의 반이 넘는 사람들이 업사이클링에 대해 들어 본 적도 없고 홍보 또한 잘 이루어 지지 않고 있다고 답변했습니다. 따라서 이 사업을 진행할 시 업사이클링에 대한 홍보도 필수적으로 이루어 져야 할 것으로 보입니다.
- 아직 업사이클링에 대해 모르는 사람들이 많다는 것, 그리고 업사이클링 제품을 구매해 본 적이 없는 사람이 대다수 라는 것은 이 시장이 블루오션이라는 신호라고 보여집니다.
- 응답자의 대다수가 업사이클제품을 구매 하는 것이 환경보전과 관련이 있다고 인식한다는 점, 업사이클 산업이 육성되어야 한다고 생각하는 점, 그리고 '보통이다'라는 답변을 제외 하더라도 환경보전을 위해서라면 가격이 조금 비싸더라도 업사이클 제품을 구매하겠다는 응답자 수가 많은 것으로 보아 가치소비에 관심이 있는 소비자라면 충분히 매력 있는 브랜드로 자리잡을 수 있다는 가능성이 보여집니다.

또한 가격이 조금 비싸더라도 업사이클 제품을 구매하겠냐는 질문에 '보통이다'라는 답변이 가장 큰것으로 보아 아무리 가치소비라도 너무 비싸지 않은 적절한 가격책정이 중요할 것으로 보여집니다.

[업사이클링 제품 구매자 설문]
- 업사이클링 제품 구매자의 경우, 대부분 의류와 패션 잡화부문에서 구매했습니다.
- 업사이클링 제품구매자들은 대부분 제품에 만족하는 것으로 응답했습

니다.

- 업사이클링제품을 구매했던 요인에 대해서는 환경보전을 위해서라는 응답이 가장 많았고 다음으로는 디자인이었습니다. 환경보전이라는 이유만으로도 구매를 하는 사람들이 있지만 디자인 또한 중요한 요인임을 보여줍니다.

[업사이클링 제품 비구매자 설문]

- 업사이클링제품 비 구매자의 경우, 업사이클링 제품의 존재를 몰라 구매하지 못했다는 답변이 가장 많았고 다음으로는 남이 쓴 물건을 재활용 하는 것이 찜찜하다는 의견이 나왔습니다. 따라서 업사이클링 제품이 '남이 쓰던 헌물건'이라는 인식이 아닌 '가치를 더해 만들어진 새제품'이라는 홍보가 필요할 것으로 보입니다.

- 향후 업사이클링 제품 구매 요인에 대한 답변으로는 환경개선 효과가 가장 많았습니다. 이 또한 업사이클링 제품 구매자들의 답변과 같이 환경보전이라는 이유만으로도 구매 요인이 가장 크다는 것을 보여주었습니다. 그리고 여기에서 또한 디자인의 중요성을 시사하고 있었습니다. 다음으로 많은 답변을 받은 항목으로는 다양한 재활용 소재를 활용함으로서 얻게 되는 독특한 디자인이 있었습니다. 환경보전도 중요하지만 디자인도 무시할 수 없는 중요한 구매요소라는 것을 다시 한번 일깨워주는 답변이었습니다. 또한 이 설문에서 중요한 점은 업사이클에 대한 사회적 관심으로 인한 인지도 및 브랜드 가치 성장 가능성도 디자인과 같은 18.5%의 답변을 받으면서 중요한 요인으로 부상했습니다. 사회전반적으로 점차 환경보전에 대한 인식이 높아짐에 따라 소비자들이 업사이클 브랜드의 브랜드가치가 상승할 것으로 예상하는 것으로 보아 업사이클 브랜드는 그 존재만으로도 가치가 높아 질 것으로 기대된다는 것입니다. 패션사업의 경우 브랜드만으로도 구매를 결정하는 충성고객, 매니아 층이 확고한 사업이니만큼 소비자들이 브랜드가치가 높아

질 것으로 기대를 한다는 것 자체가 긍정적인 신호임이 틀림없습니다.

4　업사이클링 브랜드 'Retraho 레트라호'

◯ Rétrãho [고전 라틴어 : 레트라호] : (타동사) 다시 끄집어내어 쓰다, 재활용하다.
◯ 브랜드 로고
  - '다시 끄집어 내어 쓰다'라는 뜻에 착안하여 옛 옷도 다시 꺼내 입었다
    는 뜻으로 빈 옷걸이를 주된 모티브로 삼아 디자인했습니다.
  - 라틴어의 느낌을 살려 영문 필기체로 브랜드 이름을 명시하고 아래에
    한글로도 표기하였습니다.
  - Key color의 경우 neutral톤으로 자연적인, 자연스러운 느낌을 담아
    디자인 하였습니다.

5　제품 및 서비스, 공급방안

◯ **주요 내용 및 특징 설명** : 패션SPA브랜드에서 생산연도가 2~3년이 지난
  폐기될 재고를 이용해 리디자인을 한 후 가치를 더해 재판매합니다. 주문
  제작, 소량 생산의 이점을 살려 제품의 종류 다양화를 통해 유니크함을
  제공합니다.
◯ **제품 공급방안**(생산계획) : 디자인팀 구성 후 생산된 지 2년이 넘어간 3년차
  재고로 리디자인을 거쳐 제품을 생산합니다. 자사 재고 수거, 물품의 해
  체/분류, 제재/재단/디자인, 가공/손질, 제작의 단계로 생산합니다. 디자
  이너들이 디자인을 결정함에 있어 원단을 해체하기 전,후로 빠른 결정을
  내려야 하기 때문에 생산공장과 가까운 곳에서 업무를 진행하도록 합니
  다. 처분될 제품(생산된 지 2~3년이 지난 상품)으로 리디자인 하는 것이기 때문에
  정상제품과 같은 기존의 생산량을 충족시킬 수 없습니다만 수작업이 아
  닌 기존에 가지고 있던 생산설비를 통한 소량생산방식으로 희소성은 높

여 가치를 더하고 생산비용은 줄이는 식으로 생산합니다.

6 마케팅 계획

◎ **가격책정** : 초기엔 20%~30% 할인된 가격으로 프로모션하고 후에 점점 가치를 더해 정상가로 회복하는 전략으로 합니다. 초기 론칭 이벤트를 통해 소비자들에게 더 저렴한 가격에 제품 제공하고 과거 구매 제품을 반환하는 고객에게 쿠폰을 제공하여 다른 제품 구매 시 할인가를 적용합니다.

◎ **유통방안** : 온/오프라인 병행합니다. 온라인의 경우 이미 있는 SPA브랜드의 인터넷 홈페이지에서 브랜드목록을 하나 추가해 판매를 시작합니다. 오프라인의 경우 초기에는 기존에 있던 매장에 POPUP STORE형식으로 판매를 시작하고 후에 매출이 손익분기점을 넘기면 독립적인 브랜드로서 매장을 냅니다. 디자이너들이 생산공장과 가까운 곳에 위치하기 때문에 디자인 때문에 원단이 이동하는 시간과 비용을 아낄 수 있습니다. 사내 유통망 네트워크 시스템(각 지역, 각 지점, 각 브랜드들의 이월 상품 재고 등)을 통해 재고 자원의 경로를 파악함으로써 유통 비용 감소 효과를 기대합니다.

◎ **판촉 및 광고 전략**

- **SNS 이용** : 누군가 썼던 제품'이라는 인식을 '누군가의 추억이 담긴 제품'으로의 전환을 위해 과거 구매자들이 제품을 입고 일어났었던 추억을 카드로 만들어 제공하거나 웹툰으로 제작하여 인식을 전환하고 재미를 제공합니다. 또한 가격의 일부를 환경 자선 단체에 기부하고 이를 구매자들에게 SNS 또는 문자로 공지함으로써 업사이클링 브랜드에서의 구매가 환경 보호로 이어지고 있다는 것을 느끼게 해줍니다. 아래의 디자인 콜라보레이션 내용이라던지, 공방프로모션의 현황을 SNS로 홍보하면서 소비자들과 소통을 원활하게 한다면 앞으로의 트렌드와 사업 방향 등을 더 수월하게 알 수 있을 것입니다.

- **디자인 콜라보레이션** : 다른 브랜드들이나, 유명인사들, 디자이너들과,

그리고 때로는 디자인과 대학생들과 디자인 콜라보레이션을 진행합니다. 타사 의류 브랜드와의 콜라보를 통해서는 소비자들에게 개성과 재미를 제공하고 원자재의 획득 비용 감소 효과와 동시에 타 회사와의 긴밀한 관계 유지 또는 콜라보 패션위크에 참가하여 브랜드 이미지를 각인시킵니다. 또한 디자인 공모전을 열어 대학생들 또는 개인 디자이너들과 협업을 함으로써 2030세대들에게 브랜드 이미지 각인시키고 이에 참여해 좋은 아이디어를 제공한 학생이나 디자이너에게는 장학금을 제공하거나 직접 디자이너로 채용합니다.

- **공방프로모션** : 폐원단으로 에코백 만들기 프로모션, 직접 자신의 옷을 업사이클링 해 보는 공방 프로모션을 진행해 체험형 소비고객을 형성합니다. 기존의 업사이클링 브랜드가 고객이 추구하는 개성을 표현할 수 있다는 이점을 홍보하여 2030 밀레니얼 세대를 충족시킵니다.

7 사업운영계획

○ **단계별 사업 추진 계획** : 주요 지점 매장 안에 POPUP STORE 개설 후 반응을 본 뒤 따로 하위 브랜드 혹은 세컨라인을 런칭할 것인지의 여부를 결정합니다.

○ **소요 인력** : 영캐주얼, 우먼, 스트릿 이 세 부분에 1명씩 추가하는 것으로 하고 이들의 총 책임자 1명과 재고분배 및 현황파악 등의 행정업무를 하는 1명을 더 추가하는 것으로 합니다. 디자인팀 안에서의 TF팀으로 운영하여 기존의 디자인팀과 원활히 소통하고 디자인을 의논합니다.

○ **자금 계획 및 자금 조달 방법** : 자금조달의 방법에는 IPO, 혹은 상장기업의 경우에는 신주발행, 회사채발행, 그리고 은행을 통한 대출 등의 방법이 있습니다. 새로운 사업을 시작하는 데에 있어서 필요한 자금을 마련하는 것은 필수적이나 재무 레버리지를 과도하게 쓸 경우 기업의 안정성이 떨어질 염려가 있습니다. 따라서 기업의 유보금, 혹은 비교적 적은 금액으

로 레버리지를 사용해 먼저 POPUP STORE를 개설하고 수익구조가 더욱 명확해 질 때 필요한 금액을 추정하여 자금을 조달하는 것으로 합니다.

또한 사회적기업으로도 등록하여 일정 부분 정부의 지원을 받는 방법도 있습니다.

8 재무계획

◯ **수익창출구조 및 추정 손익계산**
- 예상 재무제표 및 재무비율을 구하는 데에 있어 국내 패션SPA브랜드 두 곳을 참고하였습니다.
- 이 사업이 더 확장된다면 세계시장으로도 진출할 것을 생각하고 있으므로 글로벌시장에서의 재무비율도 가져와 목표하는 재무분석도 구해 보았습니다.

9 향후 사업 추진 및 위기 대응 계획

A. 이 프로젝트가 이익을 내는 데에 성공한다면 점점 타겟층을 다양하게 넓혀 가면서 사업을 확장해 나갈 것입니다.
B. 혹시 모를 기업의 외·내부적, 직·간접적 위기에 대응해 안정적으로 운영하기 위하여 정부와도 협업이 필요하다고 판단했습니다.

[사회적기업]
- 사회적기업이란 영리기업과 비영리기업의 중간 형태로, 사회적 목적을 우선적으로 추구하면서 재화/서비스의 생산 및 판매 등 영업활동을 수행하는 기업(조직)을 말합니다.
- 대표적인 혜택으로 세제혜택을 꼽을 수 있는데, "법인세나 소득세의 경

우 3년간 모두 면제"를 받게 되며 그 이후는 50%까지 면제를 받게 됩니다.
- 취득세와 등록세 역시도 50%의 감면 정책을 받고 재산세 부분에서도 25%의 감면 혜택이 있어 어떤 법인보다도 세금감면 혜택이 높습니다.
- 사회적기업 중에서도 의료나 보건 사업, 교육사업 등을 진행할 경우 "100% 부가가치세를 면제"를 받을 수 있습니다.

[KEIA 한국환경산업협회의 중소 업사이클 기업 사업화 지원사업]
- 사업목적: 업사이클 기업의 성장단계에 따른 맞춤형 사업화 지원으로 산업정착과 사업화를 지원하며, 지속가능한 사회 구축의 환경적 가치를 실현하고 안정적인 시장진입 및 수익창출에 기여하기 위함입니다.

(한국환경산업협회 : http://keia.kr/)

(한국환경산업협회 사업관리 시스템 : http://www.ge100.kr/)

[사회적가치지표 SVI]
◉ 회의록
◉ 인터뷰 질문
[MIXXO 중계점 점장님 인터뷰]
1. MIXXO의 경우 주 소비자층이 어떻게 되는지
   - 2030 여성
2. 재고를 어느 정도 본사로 돌려 보내는지?
   - 1년에 두 번 여름, 겨울의 시즌오프기간이 끝나고 보내는데 저번 겨울이 끝나고는 5000피스정도 보냈습니다.
3. 본사에 모인 재고의 양이 어느 정도 되는지
   - 이월상품의 경우 따로 아울렛 등의 매대판매로 보내지고 팔리기 때문에 사실상 본사에는 그렇게 많은 양이 가지는 않습니다.
4. 현재 본사에서는 재고를 어떻게 처리하는지
   - 2~3년이 지난 상품의 경우에는 아예 처분(필리핀 같은 해외나 다른 회사로 헐

값에 넘김)하기도 하는데 그 전에 생산된 상품들의 경우 아울렛 등으로 보내지며 가격을 인하하여 판매되고 있습니다.

5. 이월상품의 경우 어느정도의 가격으로 판매되고 있는지?(가격기준)

   - 1년이 지난 상품들의 경우에는 20~30% 할인된 가격으로 판매되고 있고 2년이 지난 상품의 경우 50%까지 할인하기도 합니다. 이렇게 할인하여 판매되어도 어차피 처분이 되어야 하는 상품들이기 때문에 사실상 손익에는 문제가 없으며 판매될 때 마다 이익이 나는 구조입니다. 기간이 오래 된 상품이 판매 될수록 이익은 더욱 늘어납니다.

6. 현재 이월상품이 어느정도 판매되고 있는지(이월상품의 판매량)

   - 하루 매출이 300만 원이라고 하면 50~60만 원 정도, 많이 팔릴경우 100만 원 정도 나옵니다.

7. 이월상품의 경우 소비자층이 어떻게 되는지

   - 기존 MIXXO의 소비자층과 같습니다. 하지만 지금 이 매장의 특성상 (본 매장의 경우 주 고객층이 주부임) 고객층의 나이대가 다른 지점과 다르긴 합니다.

8. 본사 디자인팀의 인원은 어느 정도 되는지

   - 10명입니다. TPO에 따라 영캐주얼, 우먼, 스트릿으로 스타일을 구분하여 디자인이 진행되는데 각 부서별로 3명씩에 총 책임자 1명이 있습니다. 그런데 이거는 팀장급 사람들의 인원이고 사원의 경우 좀 더 있는 것으로 알고 있습니다.

◐ 업사이클링 인식조사 설문 질문

1. 응답자의 나이/성별은 어떻게 되시나요?

   → 10대/20대/30대/40대/50대 이상/무응답

   → 여자/남자/무응답

2. 의류 구매주기는 평균 어느 정도 되시나요?

   → 1주 미만/1주~2주 미만/2주~3주 미만/3주~한 달 미만/한 달 이상

3. 헌 옷을 어떻게 처리하고 있으신가요?

4. 헌 옷의 재활용에 참여의사가 있으신가요?

   → 참여의사가 있다면 참여방법은?

   → 기부/판매/업사이클링

5. 업사이클링에 대해 들어보신 적 있으신가요?

6. 업사이클링 제품을 구매한 적 있으신가요?

7. 업사이클링 제품을 구매하는 것이 환경보전과 상관관계가 있을까요?

   → 매우 그렇다/그렇다/ 보통/그렇지 않다/매우 그렇지 않다/무응답

8. 환경보전을 위하여 일반 제품보다 조금 더 비싸더라도 업사이클 제품을 구매할 의사가 있으신가요?

   → 매우 그렇다/그렇다/보통/그렇지 않다/매우 그렇지 않다/무응답

9. 업사이클 산업 육성의 필요성이 있다고 생각하시나요?

   → 매우 그렇다/그렇다/보통/그렇지 않다/매우 그렇지 않다/무응답

10. 업사이클링에 대한 홍보가 잘 이루어지고 있다고 생각하시나요?

〈업사이클 제품에 대한 구매경험자 대상 설문조사〉

1. 구매한 업사이클링 제품의 종류는 무엇인가요?

   → 의류 및 신발/패션잡화/인테리어 제품/액세서리/기타/무응답

2. 업사이클링 제품 구매 후 만족도는 어떠신가요?

   → 매우 만족/만족/보통/불만족/매우 불만족/무응답

3. 업사이클링 제품 구매 요인은 어떻게 되시나요?

   → 디자인이 마음에 들어서/환경보전을 위해서/가격이 저렴해서/제품의 소재 및 품질이 뛰어나기 때문에/최신 트렌드로 여겨지기 때문에/업사이클 제품의 브랜드가치 때문에/무응답

〈업사이클링 제품에 대한 구매경험이 없는 집단 대상 설문조사〉

1. 업사이클링 제품을 구매하지 않은 이유는 무엇입니까?

   → 업사이클링 제품의 존재를 몰라서/제품에 대한 접근성(판매처의 위치)

이 떨어지기 때문에/내가 원하는 업사이클 제품이 없기 때문에/남이 쓴 물건을 다시 쓰기 찜찜해서/디자인이 마음에 들지 않아서/가격이 비싸서/소재에 대한 유해성이 걱정되서/최신 트렌드에 부합하지 않아서/기존 제품의 브랜드가치가 더 뛰어나기 때문에/기타/무응답

2. 향후에 업사이클링 제품을 구매한다면 어떤 이유 때문일까요?

→ 매립/소각될 소재를 재활용함으로써 얻게 되는 환경개선 효과/재활용 소재를 활용함으로써 얻게 되는 독특한 디자인/업사이클에 대한 사회적 관심으로 인한 인지도 및 브랜드 가치 성장 가능성/소재의 재활용을 통해 얻게 되는 동물보호 효과/기타/무응답

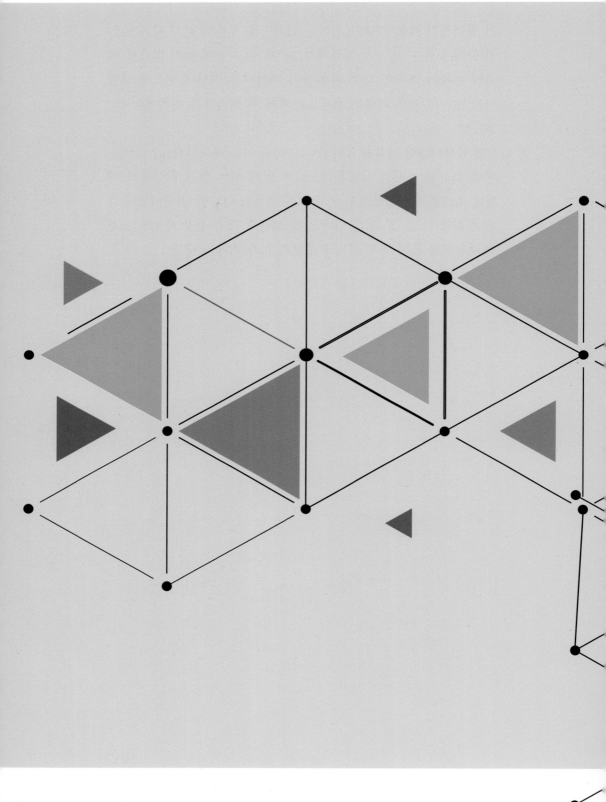

제 8 장

캡스톤디자인 사례 분석(4)

- '홈리스'를 대상으로 한 'DIY입욕제 키트를 제작하는' 사회적기업 -

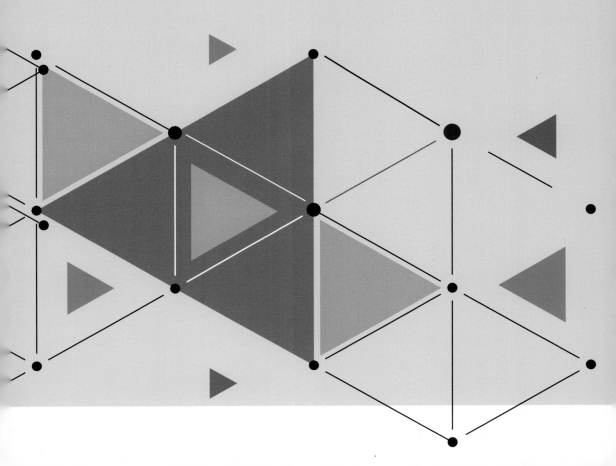

'홈리스'를 대상으로 한 'DIY입욕제 키트를 제작하는' 사회적기업

목차

제1장 서론
  1. 사업목적
    (1) 왜 사회적 기업인가?
    (2) 아이템 선정 이유
    (3) 왜 '홈리스'에 주목하는가?
  2. 배경, 선행연구
    (1) 현재 상황 파악
    (2) 시장현황

제2장 본론
  1. 사업아이템 소개, 특징
    (1) 커스터마이징 입욕제
    (2) 반려동물 입욕제
  2. 마케팅 방안
    (1) DIY 마케팅
    (2) 프리미엄 마케팅

    (3) 감성, 스토리텔링 마케팅
    (4) 기업명 및 로고
  3. 사업분석
    (1) SWOT 분석
    (2) BCG 매트릭스 분석
    (3) 경쟁사 분석

제3장 결론
  1. 향후 프로그램 추진
    (1) 동구밭 콜라보레이션 내역 분석
    (2) 빅이슈 콜라보레이션 내역 분석
  2. 예상위기 및 위기대응계획
  3. 참고문헌

서론

1 사업 목적

1. 왜 사회적기업인가?

코로나19의 상황이 심해지면서 일반인들도 많은 고통을 받고 있는 상황, 상대적으로 인원이 적은 홈리스와 같은 사회적 약자들은 그만큼 우선순위에서 밀릴 수밖에 없다. 정부에서 지원을 하고 있으나 홈리스정책도 많이 부족한 상황에서, 코로나19에 의한 추가 지원은 더더욱 힘든 상황에서 더 많은 사회적기업과 봉사단체들의 역할이 중요하게 떠오르고 있다. 사회적기업을 창업하여 사회에 공헌하고자 한다.

▲ 서울시_홈리스 정책 비판

▲ 코로나19에서 외면받는 약자들

2. 아이템 선정 이유

코로나19로 인한 신조어 '코로나블루', 사람들이 실내에 있는 시간이 길어졌다. 특히 근무환경도 자택근무로 전환되는 회사도 있는 등 '집'에서 활동하는 시간이 너무나도 중요해졌다. 집에 있는 시간을 제대로 활용하지 못하고 시간을 보내다보니 사람들의 마음건강에 이상이 오기 시작했다. 그것이 이 '코로나블루'인 것이다. 코로나로 활동이 제한되고 혼자 있는 시간이 늘어나면서 오는 우울증이다. 그래서 우리 사회인들은 현재 시간을 보내기 위한 취미활동, 혹은 본인을 위한 시간을 늘리고 있다. 그에 따른 기호상품이 매우 중요해졌다. 그 예시로 한국을 강타했던 '달고나커피'가 있겠다. 많은 시간과 노력을 요하지만 일본을 포함한 해외까지 퍼졌을 만큼 그 파급력이 대단했다. 그에 이어 슬라임, 미니어처 집만들기 등 '힐링' 및 '직접 하는' 활동에 초점이 맞춰졌고 계속 커지고 있는 추세이다. 따라서 이 두 가지 키워드를 결합한 '입욕제 제작 DIY키트'를 판매하는 사회적기업으로 진행하려 한다.

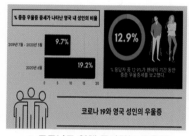
▲ 코로나로 인해 증가하는 우울증

▲ 극복을 위한 토닥토닥 캠페인 진행 중

또한 우울증에는 운동보다 오히려 '목욕'이 효과적이라는 연구결과가 있다.

게다가 입욕제는 '향기요법', 즉 '아로마테라피'까지 추가하기 때문에, 그 효능은 더 좋다고 판단된다. 향과 약효를 통해 몸과 마음을 회복시킬 수 있는 방법이다.

"아로마테라피는 스트레스를 완화해서 면역력을 개선시키고 몸의 치유력을 높이며, 세포재생을 돕는 등 다양한 효과를 가지고 있다. 따라서 일상에서도 많이 사용되며, 최근에는 암치료를 비롯한 다양한 질병 치료의 보조 치료요법으로도 널리 사용되고 있다."

또한 그 향기별로, 향기를 내는 에센셜 오일별로 효과와 효능이 다양하다.

증상별로 도움이 되는 에센셜 오일과 사용법

증상	에센셜 오일	사용법
우울증	베르가목(bergamot), 네롤리(neroli), 자스민(jasmine), 일랑일랑(ylang ylang), 로즈우드(rosewood), 페티그레인(petitgrain), 그레이프프룻(grapefruit), 스윗 오렌지(sweet orange), 레몬(lemon), 프랑켄센스(Frankincense)	환자에게 향을 맡게 해서 선호하는 오일을 선택한다, 옷깃 등에 1~2방울 떨어뜨려 향기를 맡으면 효과적이다.
불안	네롤리(neroli), 멜리사(melissa), 베르가못(bergamot), 라벤더(lavenere)	따뜻한 물에 떨어뜨려 향기를 쐬거나, 허브잎으로 차로 만들어 마셔도 좋다.
식욕감퇴	라임(lime), 제라니움(geranium), 레몬글라스(lemongrass), 시더우드(cedarwood atlantica)	티슈 또는 손수건에 1~2방울 떨어뜨려 냄새를 맡게 한다. 구역질이 날 때 향기를 맡으면 구역질로 인한 불쾌한 기억에 향이 연관될 수 있으므로 주의한다.
통증	진저(ginger), 로즈메리(rosemary), 라벤더(lavender)	에센셜 오일을 캐리어 오일(식물성오일)에 1% 이하로 희석하여 통증 부위에 부드럽게 마사지한다.
탈모증	시더우드(cedarwood), 로즈메리(rosemary)	에센셜 오일을 캐리어 오일에 1%로 희석해서 두피를 마사지한다.
변비	주니퍼 베리(juniper berry), 마조람(marjoram), 로만 카모마일(Roman chamomile)	캐리어 오일에 1%로 희석한 아로마 오일을 배에 발라 시계 방향으로 마사지해주면 장의 연동 운동이 촉진된다.
피로	샌달우드(sandalwood), 버가못(Bergamot), 라벤더(Lavender) 블랜딩 : 숙면 레몬(lemon) : 기억력 자극, 활기	에센셜 오일을 베갯잇에 1~2방울 떨어뜨리거나, 따뜻한 물에 떨어뜨려 냄새를 맡으면 숙면을 돕는다.
두통	로만 카모마일로만(chamomile roman) 만다린(mandarin)	캐리어 오일에 희석해서 목, 어깨 그리고 두피 주위를 부드럽게 마사지해주면 긴장과 스트레스로 인한 두통에 아주 효과적이다.
오심	페퍼민트(peppermint) 진저(ginger)	티슈나 손수건에 에센셜 오일을 3~4방울 떨어뜨려 간단히 흡입하면 오심이 완화된다. 단, 농도 높은 페퍼민트 에센셜 오일이 피부에 닿으면 염증을 유발할 수 있으므로 희석해서 사용하고, 직접 닿지 않게 주의한다.

3. 왜 '홈리스'에 주목하는가

홈리스는 집이 없는 사회적 약자들을 뜻한다. '모든 국민은 근로의 권리를 가진다' 헌법 32조 1항으로, 32조 2항은 모든 국민의 일할 의무를, 32조 3항은 국가가 인간 존엄성이 보장되는 노동조건을 법제화하라고 규정했다. 이에 대한 홈리스와 홈리스 인권단체의 평가는 '미흡'이었다. 2020년 노숙인 일자리 지원 사업 추진계획, 올해 목표 일자리 2천 750개였고, 사업 대상자는 노숙인 시설 입소자와 쪽방 주민이며, 2018년 서울시는 서울 거주 노숙인이 3천 219명, 쪽방 주민이 3천 187명이라고 밝혔다. 기간차를 감안하더라도 사업 대상에 비해 일자리는 턱없이 부족한 상황이다. '단기일자리', '저임금 일자리', '취업과 실업의 반복' 서울시가 노숙인에게 알선하는 민간 및 공공일자리 대부분이 단기 혹은 저임금 일자리이며, 이러한 지자체 일자리 사업은 홈리스에게 결국 취업과 실업의 회전문 현상을 겪게할 뿐이다.

그동안 홈리스를 대상으로 한 무료급식소는 대부분 민간의 '자원봉사'로 운영됐으나, 코로나19로 인해 절반 이상의 무료급식소가 문을 닫았다. 5년 전 메르스 보고서는 '취약집단에 떠넘겨진 위험의 불평등'을 지적했다. 세계가 케이방역을 칭송하는 지금 이 현상은 왜 어김없이 되풀이되고 있음으로부터 시작했다. 현재 홈리스들은 '의료 공백' 위기에 내몰렸다. 지자체가 '노숙인 의료급여' 지원을 하는 일부 홈리스는 노숙인 의료시설을 이용할 수 있지만, 의료급여 지원을 받지 못하는 홈리스는 사실상 방치 상태이다. 그마저도 의료급여지원 체계가 있는 지자체는 6곳에 불과하다. 있어도 턱없이 부족하거나, 까다로워서 혜택을 받지 못하는 것이 현실이며 지역사회의 책임성 결여는 법이 허술하기 때문이라는 시각이 팽배하기에 그들을 도우려는 것이다.

일 년에 최소 3개월에서 11개월까지만 참여할 수 있는 일자리 사업이 종료되면 다시 실업상태로 되돌아간다. 공공일자리 사업에서 탈락하면 초단기 일자리에 머물다가 기초생활보장 대상자가 되기도 한다. 따라서 "홈리스의 자립을 돕는 공익형 프로젝트", 홈리스 채용하여 DIY키트를 제작하는 일자리창출형 사회적기업의 창업이다.

특히 "HOMELILY"에서 "HOME"이라는 말은 홈리스에게 안정적인 일자리 제공을 통한 자립의 기회를 마련한다는 뜻과, 우리가 살고있는 문자그대로의 "집"을 뜻한다. 그들의 '홈'을 위해서 우리가 '홈'에서 즐기는 상품을 판매하는 것이다.

 2 배경, 선행연구

1. 현재상황 파악

코로나19가 확산되고 있는 상황에서, 홈리스는 말 그대로 24시간 감염에 노출되어 있으며 나라에서 지원하기에 한계가 있다.

[참고기사]

이 상임활동가는 "하지만 주거급여만으로는 소득 보장이 충분치 않다"라며 "생계급여 수급가구 수는 3만 가구밖에 증가하지 않았다. 코로나 사태가 장기화할 경우, 빈곤 위기에 직면한 사람들의 기초생활 보장을 위한 생계급여 수급권도 보장해야 한다"라고 강조했다. 24시간 감염에 노출된 거리 **홈리스**들에 대한 주거 마련 대책도 필요하다고 그는 말했다.

▲ 코로나에 취약한 홈리스

그러나 홈리스행동은 9일 논평을 통해 "신청자 298명 중 35%인 106명만 재난지원금을 받고, 나머지 65% 받지 못했는데 서울시는 이를 '한계'가 아닌 '성과'로 해석했다"고 규탄했다

서울시 보도자료에 따르면 신청상담을 한 298명 중 실제 신청서를 제출한 홈리스는 136명이다. 이 중에서 106면만 최종적으로 재난지원금을 받았다. 재난지원금을 받지 못한 30명은 ▲ 재난지원

▲ 지원이 있어도 실질적으로는 힘듦

#1 서울역
"서울역에 이렇게 홈리스가 없는 건 처음이에요. 지금 경비들은 코로나를 빌미로 평소에도 눈엣가시였던 홈리스를 전부 다 밀어내고 있어요. 경비가 역내분만 아니라 서울역 밖 계단까지 내려와 있어요. 코로나 이전에도 손님들이 혐오감을 느끼니 여기로 가라, 저기로 가라 하던 경비들이 코로나라는 완전한 명분을 얻은 거죠"(기자를 서울역 인근 홈리스 생활 지역으로 안내한 A씨)

▲ 그나마 홈리스의 보금자리였던 '서울역'에서 밀려나는 홈리스

2. 시장 현황

화장품 유형별 생산실적 추이

(단위: 백만원, %)

유형 \ 연도	2014년	2015년	2016년	2017년	2018년 생산금액	2018년 YoY	CAGR ('14~'18)
기초 화장용 제품류	5,092,904	6,201,569	7,585,806	7,617,757	9,370,437	23.0	16.5
색조 화장용 제품류	1,426,407	1,722,511	2,291,895	2,141,653	2,395,833	11.9	13.8
두발용 제품류	1,304,703	1,394,249	1,409,841	1,529,838	1,581,748	3.4	4.9
인체 세정용 제품류	644,718	824,714	1,163,731	1,260,100	1,348,113	7.0	20.3
눈 화장용 제품류	208,827	257,267	295,221	263,655	285,661	8.3	8.1
두발 염색용 제품류	20,526	16,527	16,385	421,339	258,310	-38.7	88.3
면도용 제품류	123,747	147,854	120,874	119,930	121,263	1.1	-0.5
영·유아용 제품류	55,183	57,443	65,155	74,608	56,805	-23.9	0.7
방향용 제품류	27,306	28,579	38,227	35,459	37,652	6.2	8.4
손발톱용 제품류	58,327	73,857	56,079	40,746	34,106	-16.3	-12.6
목욕용 제품류	4,572	4,768	5,153	4,902	8,985	83.3	18.4
체취 방지용 제품류	3,150	3,516	2,893	3,189	2,381	-25.4	-6.8
체모제거용제품류	-	-	-	2,331	1,556	-33.2	-
합계	8,970,370	10,732,853	13,051,262	13,515,507	15,502,849	14.7	14.7

주 : 1. 2015년 '화장품법 시행규칙'의 개정에 따른 화장품 유형이 확대됨에 따라 '물휴지'가 인체 세정용 제품류로 추가됨
　　 2. 2017년 「화장품법」 시행규칙에 따라 '염모제', '탈염·탈색용 제품'이 두발 염색용 제품에 포함되었으며, '체모제거용제품류'가 기능성화장품으로 추가(분류)됨

자료 : 대한화장품협회, 화장품 생산실적 자료, 각 연도

(단위: 백만원, %)

품목명 \ 연도	2014년	2015년	2016년	2017년	2018년 생산금액	2018년 YoY	CAGR ('14~'18)
버블 배스	1,355	960	1,850	2,028	2,871	41.6	20.6
목욕용 소금류	1,060	1,001	984	894	2,538	183.9	24.4
목욕용 오일, 정제, 캡슐	1,094	1,280	1,037	1,161	1,624	39.8	10.4
그 밖의 목욕용 제품류	1,062	1,526	1,283	819	1,951	138.3	16.4
합계	4,572	4,768	5,153	4,902	8,985	83.3	18.4

• 대한화장품협회, 화장품 생산실적 자료, 각 연도

2018년 목욕용 제품류 생산액은 90억 원으로 전년대비하여 83.3%가 증가했다. 세부 품목별로는 버블 배스가 29억 원으로 가장 많이 생산되었으며 목욕용 제품류 세부 유형 모두 전년대비 높은 증가율을 보였다. 입욕제를 포함한 목욕용 제품의 국내 수요가 크게 증가하고 있음을 확인 가능하다.

또한 대한화장품협회의 '화장품산업분석보고서'에 따르면, 맞춤형화장품, 즉 개인의 피부타입/특성 등에 맞는 다양한 형태의 맞춤형 화장품, 커스터마이징할 수 있는 화장품이 소비자의 니즈를 충족할 수 있다고 판단했다.

2. 2019년 국내외 산업 트렌드

2.1 맞춤형화장품[1] 도입 본격화

식품의약품안전처는 지난 3월 화장품법 일부개정안을 시행하면서 2020년부터 맞춤형화장품 제도를 실시한다고 밝혔다.

이에 따라 2020년 3월부터 화장품을 덜어 팔거나 섞어 팔 수 있는 맞춤형 화장품 판매업이 본격적으로 도입된다. 개인의 피부타입·특성 등에 맞는 다양한 형태의 맞춤형 화장품으로 소비자의 니즈를 충족할 수 있을 것으로 내다봤다.

식약처는 지난 8월 맞춤형화장품 판매업에 대한 세부 운영방안 등을 주요 내용으로 하는 화장품법 개정안을 입법예고하였으며 앞으로 원료의 품질 관리와 안전성 강화를 위한 가이드라인을 세운다는 계획이다.

또한 맞춤형화장품 도입으로 새로운 일자리 창출 등 국내 화장품산업의 긍정적인

---

1) 맞춤형화장품이란 소비자 요구에 따라 화장품의 내용물과 원료를 혼합하여 제공거나 내용물을 소분하여 제공하는 화장품

(단위: 백만 달러, %)

유형	2013년	2014년	2015년	2016년	2017년 시장규모	2017년 비중	YoY
Skin Care	16,419	16,514	17,138	17,755	18,368	24.8	3.5
Facial Care	10,510	10,571	11,009	11,318	11,729	15.8	3.6
Body Care	3,299	3,327	3,366	3,406	3,393	4.6	-0.4
Skin Care Sets/Kits	2,419	2,431	2,574	2,840	3,056	4.1	7.6
Hand Care	191	186	189	191	190	0.3	-0.4
Colour Cosmetics	13,812	14,166	15,245	16,028	16,794	22.7	4.8
Facial Make-Up	4,882	5,011	5,461	5,784	6,157	8.3	6.5
Eye Make-Up	3,983	4,110	4,388	4,570	4,683	6.3	2.5
Lip Products	2,519	2,652	2,992	3,313	3,581	4.8	8.1
Colour Cosmetics Sets/Kits	1,039	1,070	1,107	1,162	1,227	1.7	5.6
Nail Products	1,388	1,322	1,297	1,199	1,145	1.5	-4.5
Hair Care	12,197	12,334	12,764	12,766	12,659	17.1	-0.8
Salon Professional Hair Care	2,642	2,630	2,717	2,770	2,834	3.8	2.3
Shampoos	2,603	2,683	2,726	2,746	2,739	3.7	-0.3
Conditioners and Treatments	2,175	2,271	2,387	2,419	2,422	3.3	0.1
Styling Agents	1,947	2,034	2,184	2,129	2,033	2.7	-4.5
Colourants	1,966	1,892	1,863	1,806	1,737	2.3	-3.8
2-in-1 Products	602	577	645	666	675	0.9	1.4
Hair Loss Treatments	124	124	128	125	123	0.2	-1.4
Perms and Relaxants	138	123	113	105	97	0.1	-8.0
Fragrances	7,762	7,728	7,969	8,075	8,165	11.0	1.1
Premium Fragrances	6,510	6,535	6,814	6,979	7,145	9.6	2.4
Mass Fragrances	1,252	1,194	1,155	1,096	1,020	1.4	-7.0
Bath and Shower	7,635	7,677	7,918	7,998	8,048	10.9	0.6
Body Wash/Shower Gel	2,880	2,938	3,094	3,122	3,141	4.2	0.6
Liquid Soap	1,621	1,635	1,696	1,730	1,774	2.4	2.5
Bar Soap	1,859	1,800	1,771	1,726	1,670	2.3	-3.2
Bath Additives	805	828	878	942	990	1.3	5.0
Intimate Hygiene	329	337	344	346	344	0.5	-0.6
Talcum Powder	142	137	135	130	128	0.2	-1.5
Deodorants	4,039	4,188	4,398	4,521	4,524	6.1	0.1
Baby and Child-Specific Products	2,497	2,494	2,582	2,627	2,651	3.6	0.9
Sun Care	1,996	1,929	1,986	2,024	2,065	2.8	2.0
Adult Sun Care	1,781	1,717	1,765	1,800	1,840	2.5	2.2
Baby and Child-specific Sun Care	215	212	220	224	225	0.3	0.1
Others	1,019	953	937	908	858	1.2	-5.6
미국 합계(A)	67,376	67,982	70,936	72,703	74,132	100.0	2.0
전체 화장품(B)	367,702	376,529	386,037	387,640	391,755	-	1.1
비중(A/B×100)	18.3	18.1	18.4	18.8	18.9	-	-

* Euromonitor International, 2019(Mar)

해외 시장 중 미국의 Bath and Shower 시장규모는 2017년 80억 4,800만 달러에 육박한다. Bath and Shower 산업은 지속적인 성장세를 보이며, 시장 규모가 확대되고 있음을 확인할 수 있다.

또한 반려동물의 시장, 일명 '펫코노미'가 계속 성장하고 있다. 그러기에 충분히 연구가치가 있다고 생각한다. 그와 비슷하게 유아용품 또한 시장이 성장하고 있으니, 주목할 필요가 있다.

(1) 국내외 반려동물 관련 시장 현황

미국 반려동물산업협회(American Pet Products Association, APPA)[1]에 따르면, 2017년 현재 미국의 반려동물 보유 가구 비중은 68%로 나타났다. 또한, 반려동물을 위한 지출비용은 690억 달러로 지속적으로 증가하고 있는 추세이다. 2016년 중국의 반려동물산업 시장규모는 1,220억 위안으로 전년대비 24.7% 증가하였으며 지난 5년 동안 연평균 52.4%의 증가율을 보이며 급속도로 성장하였다.[2]

국내의 경우도 최근 1인가구의 증가, 저출산 및 고령화 등으로 인해 반려동물 보유가구가 지속적

으로 증가하고 있다. 농림축산식품부에 따르면 국내 반려동물 보유가구 비율은 2010년 17.4%에서 2015년 21.8%로 5년 동안 4.4%포인트 증가한 것으로 나타났다. 반려동물 관련 시장규모도 2012년 9,000억원에서 2015년에는 두 배 증가한 1조 8,000억원을 기록하였다. 2020년에는 5조 8,000억원으로 시장규모가 빠르게 확대될 것으로 예상된다.

반려동물에 대한 수요가 증가하면서 반려동물용품 관련 소매시장도 성장세를 보이고 있다. 2014년 반려동물용품 관련 소매업의 매출액은 3,848억원으로 나타났으며, 2006~2014년 동안 연평균 12.6% 증가하였다. 또한, 2016년 동물병원에서 사용한 연간 카드결제액은 7,864억원으로 2015년의 6,806억원보다 1,058억원 늘어났다. 이는 결제 총액뿐만 아니라 연간 증가액으로도 역

1) http://www.americanpetproducts.org/press_industrytrends.asp.
2) 「중국 애완동물산업 현황 및 시사점」, 한국무역협회 상해지부, 2017.4.

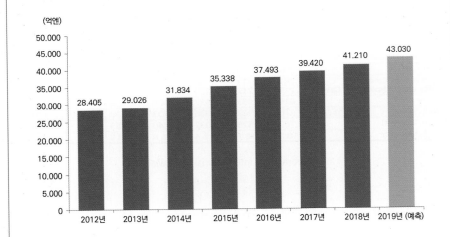

본론

1   사업아이템 소개, 특징

1. 커스터마이징 입욕제

위에서 말한 대로, 지금은 '개인맞춤형' 상품들이 계속 성장하고 있고, 시장을 주도하고 있다. 그곳에서 커스터마이징 시스템도입, 취향 및 니즈에 따른 입욕제의 색과 향, 성분 선택으로 고객 맞춤형 입욕제 제공 특히 [교육용], [반려동물용] 선택사항 도입, 타 회사와 비교되는 경쟁력 확보를 하려 한다.

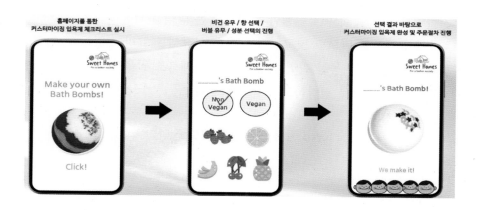

2. 반려동물 입욕제

사람과 반려동물의 입욕제 조건은 당연히 다르다. 반려동물의 피부의 산도(pH)는 사람과 엄연히 달라서, 만약 사람용 샴푸로 씻기게 되면 모질이 극도로 건조해 지는 등 피부의 손상을 초래할 수 있다. 또한 비싸다고 좋은 것이 아니지만 반려동물의 피부가 사람보다 약하다는 것을 감안한다면, 성분을 더욱 꼼꼼하게 해야 한다.

반려동물의 건강한 피부산도에 맞추기 위해서는 7.0~7.5pH 정도의 산도를 띄어야 적당하다고 볼 수 있다. 산도는 수소이온의 이온지수를 뜻하며,

1기압, 25℃ 물 1L에 10-7mole인 수소이온을 가지므로 그 산도(pH)는 7이라고 한다. pH가 7보다 작은 수용액은 산성, pH가 7보다 큰 수용액은 알칼리성이 된다. 반려동물은 사람보다 알칼리성의 피부를 가지고 있다. 5.5에서 7.2까지의 pH를 띠고 있기에 반려동물을 위한 산도는 거의 중성에 가깝다. 신생아들은 해부학적 부위에 따라 6.34~7.5까지의 알칼리성 피부 표면을 가지고 있다. 어린 아기들을 위해서도 그 연약한 피부를 위해 중성에서 약산성의 바디워시/입욕제가 추천된다. 따라서 [반려동물] 혹은 [신생아] 선택지를 선택한 고객에게는 강한 산성을 띠는 레몬, 오렌지 등의 성분을 포함하지 않도록 유도하여 그 성분을 '중성'으로 맞추며, 천연재료를 사용하여, 실수로 제품을 먹었을 경우에도 문제가 없도록 한다. 하단에 대략적인 산성 농도를 표기하여 고객으로 하여금 수월한 선택을 돕는 방식을 차용하려 한다.

아래 그래프를 따르면 펫코노미는 계속 성장세를 그리고 있는데, 한국농촌경제연구원이 반려동물 관련 산업 규모가 올해 3조 원을 넘어 2027년 6조 원까지 늘어날 것으로 전망하고 있는 상황이다.

〈반려동물 연관산업 규모 전망〉

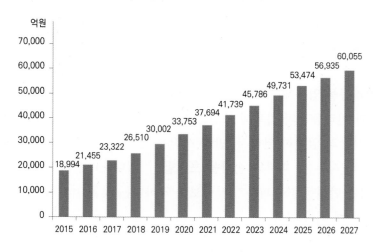

출처 : 한국농촌경제연구원(KREI)

[산성 농도 참고자료]

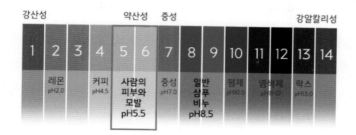

▲ 성인일 경우, 모든 성분 선택 가능   ▲ 반려동물, 신생아 선택 시 강한산성 선택 제한

1. 'DIY' 마케팅

'개인맞춤형' 상품, 대량생산에서 다품종 소량으로 변화하여 사람들은 '나만을 위한, 특별한' 상품에 초점을 맞추게 되었다. 나의 개성을 표현하고 싶어 하고 점점 수동적이 아닌 능동적인 소비를 하기 시작했다. 특히 상품을 비판적으로 수용하게 된 사람들은 제품의 성분 및 제조과정 등을 일일이 꼼꼼하게 체크하여 상품을 구매한다.

그러면서 'DIY' 마케팅이 주목받게 되었는데, 이는 'DO IT YOURSELF'라는 뜻으로 직접 상품을 만들되, 기업은 재료와 도구, 기회만 제공하는 것이다. 마케팅의 특징은, 소비자가 직접 만들기에 '내가 만든', '특별한' 상품을 가지고 싶어 하는 마음을 저격한 기법이라고 할 수 있겠다. 소비자는 해당 키트를 주문하면서, 상품을 직접 디자인, 모양, 심지어는 구성품까지 선택하고 제작할 수 있게 된다.

선택지를 제공하여 소비자들을 만족시킬 수 있기에 기업은 어떤 상품을 어떻게, 새롭게 만들어야 하는지 고민을 덜 수 있다. 따라서 그만큼 마케팅비용을 줄일 수 있기에 상대적으로 적은 비용에 판매할 수 있으며, 홈리스를 고용하여 사회적기업의 지원까지 받는다면 더욱 싼 비용으로 판매할 수 있을 것이다.

[예시] 나만의 달콤한 힐링, 바디캔디 DIY 입욕제]

2008년에 텀블벅에서 진행되었던 DIY 입욕제 상품이다. 목표금액이었던 300,000원을 뚫고 2,711,900원을 달성하며 목표보다 903%의 성과를 거두었었다. 그만큼 사람들에게 관심이 있는 상품임을 증명하는 바이다.

" DIY 입욕제, 가성비, 성공적 "

하루 종일 이리 저리 치이고, 지쳐서 집으로 들어오면 오롯이 나 자신만의 평화로운 시간이 필요합니다.

그럴 때 마다 스트레스를 풀기 위해서 반신욕을 즐겨하는데요. 반신욕을 할 때 마다 **유명 브랜드 입욕제 제품의 비싼 가격대**가 부담스러운 적이 많았습니다.

그래서!

"간단하면서도 저렴하게 바쓰붐을 직접 만들 수 는 없을까?" 라는 생각에서 DIY 천연입욕제 키트 상품인 '**바디캔디**'가 탄생하게 되었습니다.

하루 종일 수고한 나에게, 고마움을 전하고 싶은 사람에게 바디캔디로 힐링을 선물해 보세요

▲ 키트 구성품

▲ 완성품 모습

2. 프리미엄 마케팅

저렴한 보통의 DIY키트와 다르게 'DIY 입욕제 선물세트'를 만들어서 따로 팔 예정이다. 선물세트는 가격을 좀 높게 측정하여, 프리미엄 선물상자의 느낌을 낼 예정이다.

프리미엄 마케팅이란, 말 그대로 '고급스러운' 느낌, '럭셔리함'을 갖춘 마케팅 방법이다. 그만큼 높은 가격에 판매되어야하고, 그 높은 가격에도 불구하고 고객들의 마음을 움직일 수 있어야 한다.

HOMELILY에서 판매할 제품이 '입욕제'이기에 사실 더 유리하다고 보고 있다. 입욕제는 최소 15분 사람의 피부에 닿아있는 제품이고 눈, 코, 입 등부터 민감한 부위까지 언제나 들어갈 수 있는 제품이다. 특히 '반려동물'과 '어린아이'를 대상으로 하는 제품의 경우, 사람들은 더 비싸지만 믿을 수 있는 제품을 구매하고 싶어 한다. 그것이 '선물용'이라면 더더욱 소비자들은 신뢰성 있는 제품을 찾고 성분 하나하나 꼼꼼히 따져서 구매할 것이다.

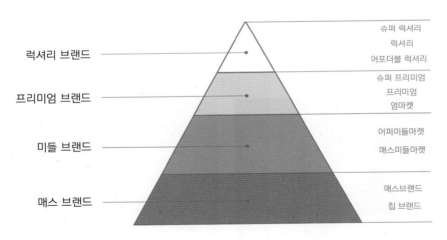

브랜드 피라미드

3. 감성, 스토리텔링 마케팅

사실 여러 마케팅을 해도 결국 사람들에게 '노출' 되어야 위의 마케팅 방안이 효과를 발휘할 수 있을 것이다. 따라서 우리 HOMELILY는 '홈리스'를 위한 사회적 기업임을 적극 활용하여 '감성/스토리텔링' 마케팅을 하려고 한다.

다들 '원해서' 홈리스가 된 사람은 아무도 없다. 각자마다의 사연을 가지고 실패를 경험했거나, 사기를 당한 등 홈리스들은 각자의 '스토리'를 가지고 있다. 그리고 현재, 코로나 팬데믹이 심해지면서 24시간 감염위험에 노출되어 있는 홈리스, 그들의 이야기를 들려주어서 소비자의 마음을 움직이려고 한다.

유투브, 브런치, 인스타그램을 활용하여 고용된 홈리스의 이야기를 녹화하여 광고로 올려서 소비자들로 하여금 궁금증을 증폭시킨다. 이야기는 꾸며진 이야기가 아닌 실제 그들의 이야기이므로 사람들은 자연스럽게 관심을 가지게 될 가능성이 더 높다.

제품의 일부 금액을 홈리스를 위한 사업으로 사용하여 그 내역을 투명하게 공개한다면 사람들은 더 믿고 구매할 수 있을 것이다.

▲ 노숙자들을 대상으로 한 콘텐츠

▲ 해당 콘텐츠를 보고 마음이 움직이는 사람들

그래서 'HOMELILY'는 '정기 힐링 세트'를 만들려고 한다. 해당 상품은 '월간 후원' 혹은 '월간 잡지'에서 착안하여 만들었다. 소비자들에게 한 달에 한번, 정기적으로 결제를 하는 상품을 소개한다. 해당 상품은 격주에 한번,

한 달에 총 2번 발송되며 한 번 발송될 때 마다 커스터마이징 입욕제 하나와 해당 상품을 포장한 홈리스가 좋아하는 입욕제와 엽서가 동봉된다. 소비자는 한 달에 총 커스터마이징 입욕제 두 개와 홈리스의 엽서 두 장, 홈리스의 입욕제 두 개를 받게 된다.

해당 상품은 HOMELILY가 홈리스를 대상으로 한 사회적 기업임을 부각시키며 HOMELILY 상품을 구매할 경우 일부 금액이 그들을 위해 쓰인다는 것을 직접적으로 소비자로 하여금 느낄 수 있도록 한다.

4. 기업명 및 로고

먼저 홈리스 사람들을 치유한다, 그 반대로, 홈리스 사람들이 우리를 치유한다고 하여 영어인 HOMELESS + HEALING을 결합하여 HOMELEALING, 홈릴링이라고 칭하였으나 발음도 어렵고, 무슨 기업인지도 명확하지 않다고 생각하였다.

그래서 'Lealing'과 발음이 비슷한 'Lily'를 차용, HOMELILY라고 변경하였다.

입욕제를 판매할 것이기에 백합과 잘 어울리고, 백합이 순결/영원한 사랑을 뜻하기 때문에 사회적기업 이미지도 강조할 수 있다고 판단하였다.

	전체적으로 '캘리그라피'의 느낌을 내서 사회적으로 친근한 이미지를 가지려 함.
	꽃 이미지를 첨부하여 향이 나는 제품을 판매함을 암시.
	'Home' 및 하트로 홈리스를 대상으로 하는 사회적 기업임을 표현하고자 함.

 사업 분석

1. SWOT

① Strength

- 사회적 기업의 이미지

✓ 사회적 기업이 생산하는 제품은 소비자들에게 긍정적인 영향을 끼친다. 그만큼 그렇지 않은 기업에 비해 경쟁력이 있다고 판단된다.

- 커스터마이징 입욕제 DIY의 생산

✓ 입욕제 뿐만 아니라 'DIY' 키트를 커스터마이징하는 상품을 주력으로

하는 기업은 없다.

② Weakness
- 신생기업의 낮은 인지도
✓ 신생기업이기에 소비자들에게 인식을 심어주기에 어려움이 있음.
- 자본력의 부족
✓ 위와 마찬가지로 신생기업이기에 자본력이 부족

③ Opportunities
- 사회적 기업에 대한 정부의 지원
✓ 사회적 기업이므로 정부의 지원을 받을 수 있음.
- 입욕제 수요 증가 및 시장 규모 확대
✓ 제품다양화 및 매출증대 등 기대함.
- 소비자들의 윤리적 소비 성향
✓ 사람들이 점점 똑똑해지고, 공정하고 윤리적이게 소비활동을 진행함.
- 많지 않은 경쟁자 수
✓ 'DIY' 커스터마이징 세트를 주력으로 판매하는 기업이 없음.

④ Threats
- 경쟁사의 높은 인지도
✓ 이미 소비자들에게 자리 잡은 입욕제 기업이 존재함.

- SO
✓ 사회적기업으로 받을 수 있는 지원을 최대한 많이 받아야함.
✓ 커스터마이징 가능한 'DIY' 키트를 강조하여 홍보가 필요

- ST
✓ 'DIY' 키트의 장점을 최대한 살릴 것.
✓ 아동용 '촉감놀이'용으로의 용도

- WO

✓ 정부의 사회적기업 지원

✓ 홈리스를 고용하여 인건비 절약

- WT

✓ 점점 커지는 'DIY' 시장 계속 파기

2. BCG 매트릭스 분석

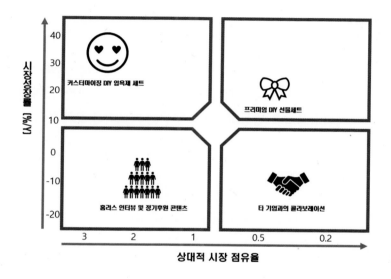

① 스타(Star)사업(높은 성장률과 높은 점유율)

HOMLILY의 주력상품은 커스터마이징이 가능한 DIY 입욕제 키트이다. 지속적인 투자를 통해서 더욱 나은 품질의 재료를 사용한 입욕제를 만들고 판매를 꾀한다.

② 물음표(?)사업(높은 성장률과 낮은 점유율)

프리미엄 DIY선물세트는 선물 및 후원의 개념이 더 크다. 높은 가격으로 판매되기에 점유율을 높일 수 있도록 지속적인 투자를 하되, 생각보다 성적이 좋지 않을 경우에 해당 상품의 중요도는 낮출 생각도 언제든지 한다.

③ 현금(Cash-cow)젖소사업(낮은 성장률과 높은 점유율)

홈리스 인터뷰 및 정기 후원콘텐츠 같은 경우, 많은 투자보다는 해당 사업을 통해 얻은 수익을 통해 홈리스에 대한 투자 혹은, 기존 커스터마이징 DIY 입욕제 세트를 더 강화할 수단으로 사용한다.

④ 개(Dog)사업(낮은 성장률과 낮은 점유율)

HOMELILY는 콜라보레이션 주력 기업이 아니다. 따라서 콜라보레이션은 우리 기업을 홍보하고, 소개해주는 정도로만 사용하도록 한다.

3. 경쟁사 분석

① 동구밭

동구밭은 발달장애인을 고용하여 천연비누를 생산하는 사회적기업이다. 발달장애인과 비장애인이 함께 텃밭을 가꾸며 작물을 수확한다. 해당 작물을 수확하여 고체화장품들을 만들고 있다. 동구밭 팩토리를 오픈하여 비누를 직접 만들고, 성인 발달장애인의 자립 문제를 해결하고 지속가능한 사업을 영위하기 위한 소셜벤처로 나아가고 있다.

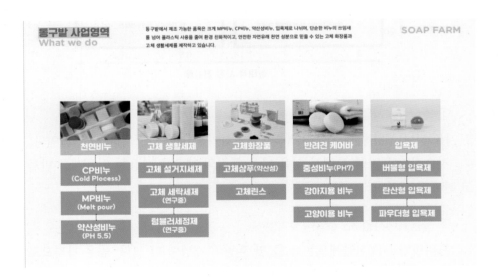

입욕제를 포함한 고체비누, 화장품을 주력 생산제품으로 하고 있다.

또한 동구밭 팩토리는 천연CP(COLD PROCESS)비누를 생산하기 위한 최적의 시설과 시스템, 그리고 인력을 갖추었으며, 파라벤, 경화제, 방부제가 포함되어 있지 않는 천연비누를 1000시간 동안 숙성하여 발달장애인 사원들이 가공 및 포장 업무도 진행하고 있다.

공장은 약 120평(2개의 공장, 각 60평씩)의 규모이며 월 최대 대략 150,000개를 생산하며, 비 장애사원 11명, 가꿈지기 21명으로 구성되어 있다.

점점 규모가 커지면서 동구밭 내에서 비누의 범위를 넓혀 '고체세제'와 '반려동물', '입욕제'까지 넓혔다. 아래는 그들의 매출액, 영업이익, 당기 순이익이다.

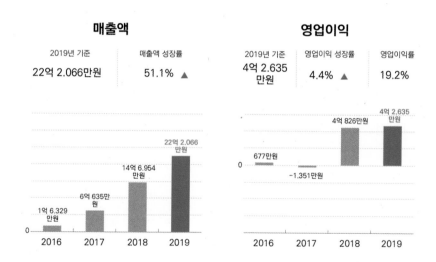

당기순이익

2019년 기준	당기순이익 성장률	당기순이익률
7억 2.725 만원	22.8% ▲	32.7%

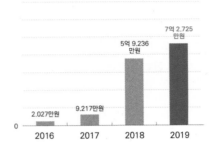

위의 매출액처럼 이미 동구밭은 천연비누를 제작하는 사회적기업으로 자리 잡아있고 계속 성장하고 있다. 하지만 동구밭 외에는 경쟁사가 많지 않기에 충분히 들어갈 자리가 있으며, DIY키트를 판매함으로서 동구밭과는 또 다른 차이점을 둘 수 있다.

결론

 향후 프로그램 진행

1. '동구밭' 콜라보 내역 분석

◯ 사회적기업 '동구밭'과 콜라보 진행, 동구밭에서 제공한 비누를 제작하는 키트 제작

① 라인프렌즈
'라인프렌즈' 캐릭터와 협업하여 동구밭 비누와 콜라보를 진행하였음.

"자연이 내린 선물, 내추럴 솝 스페셜 세트"

▲ 내추럴 솝 스페셜 세트 모습

[상품내역]

◯ Sugar Brown

　미네랄이 풍부한 블랙슈가와 코코넛 오일 성분을 첨가해 부드럽고 매끈하게 피부결 정돈

▲ Sugar Brown

◯ Oat Cony

　수분을 끌어당기는 오트밀과 꿀이 듬뿍 담겨있어서 보습 및 각질 관리에 효과적

▲ Oat Cony

◯ Calendula Sally

멘톨 성분이 포함되어 청량감을 선사함, 울긋불긋 화난 피부를 진정시켜줌

▲ Calendula Sally

◯ Rose Choco

장미 추출물이 함유되어 아름다운 향기와 함께 촉촉한 피부를 오래 유지

시킴

▲ Rose Choco

② 마리몬드

　　발달장애인과 비장애인과의 연결하는 동구밭, 일본군 '위안부' 할머니들을 위하는 마리몬드, 공통적인 그 결을 따라 '사람의 존귀함'의 콘셉트를 잡고 진행한 협업이다.

　　마리몬드는 인권을 위해 행동하고 폭력에 반대하는 라이프스타일 브랜드이다. 사회에서 모든 사람의 인권은 존중받아야 하며, 사람을 향한 모든 모습의 폭력은 존재해서는 안 된다는 것이 이 기업의 슬로건이다. 특히 마리몬드의 패턴은 위안부 할머니 한 분 한 분의 삶과 모습을 재조명하는 '휴먼브랜딩 프로젝트'를 통해 탄생한 패턴이다.

꽃할머니 프로젝트라는 이름의 꽃무늬는 위안부 피해 할머니 한 분 한 분의 삶과 모습을 재조명한 프로젝트로, 각 삶에 어울리는 고유의 꽃을 헌정해드림으로써, 우리에게 전해 주셨던 정의와 평화를 향한 메시지와 할머니의 삶이 존경받고 기억되길 바랐다. 또한 프로젝트 나무는 다음 세대는 평화로운 세상에서 살아야 한다는 할머니들의 말씀을 받아 평화의 사각지대에 있는 학대피해아동의 인권을 조명하는 프로젝트였다.

이러한 프로젝트를 통해 만들어진 패턴으로 선물세트로 포장된 동구밭의 비누는 사람의 인권이 존중함에 있어서 그 결을 함께하였다.

▲ 동구밭x마리몬드 꽃비누 모습

▲ 선물세트로 구성됨

[건조한 피부를 위한 '촉촉 동백비누']

 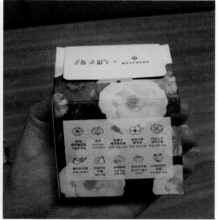

▲ 촉촉 동백비누

[칙칙한 피부를 위한 '맑은 목련비누']

▲ 맑은 목련비누

[트러블 피부를 위한 '진정 로즈비누']

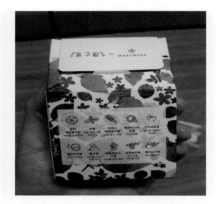

▲ 진정 로즈비누

위 내용으로 구성되어 있으며, 선물세트로 구성되었기에 메모를 적을 수 있는 디자인이 특징이다.

③ 머시주스 x 동구밭

사회적 기업인 머시주스는 과일이나 채소를 믹서로 갈지 않고 압력을 가해 즙을 짜내는 '콜드프레스' 방식의 주스를 판매한다. 주스 6병을 하나의 '프로그램'으로 파는 해당 기업은, 하루 동안 아무것도 먹지 않고 이 주스를 섭취할 경우 독소가 빠져나가는 '클렌즈주스'를 개발하였다.

이 주스를 생성하는 과정에서 남게 되는 식재로 찌꺼기들로 발달장애인이 비누를 만들고, 해당 비누는 이 머시주스에서 판매된다. 그리고 그 수익금은 발달장애인 교육사업을 진행하는 동구밭 운영비로 쓰인다고 한다.

▲ 동구밭x머시주스 콜라보 '클렌징 바'

2. 빅이슈 콜라보 내역 분석

○ '빅이슈'와 콜라보 진행, 빅이슈를 구독하거나 잡지를 구매할 경우, 추첨을 통해 기업의 대표키트 이용권 지급, 직접 제작할 수 있게 유도

① 빅이슈 x 마리몬드

노숙인 자립을 위한 사회적기업의 잡지, '빅이슈', 마리몬드와 콜라보를 해서 '위안부' 문제를 다루었다. 디자인을 보면 알 수 있듯, 마리몬드의 프로젝트였던 꽃 프로젝트로 얻은 디자인이 그대로 빅이슈에 그려진 것을 확인할 수 있다.

이것과 같이 빅이슈와 협업 하여 '홈릴리'편을 제작한다면 또 하나의 콜라보 제품, 홍보역할도 할 수 있을 것으로 예상된다.

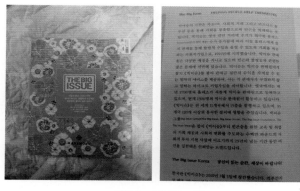

▲ 빅이슈 x 마리몬드 협업

그 외에도 빅이슈같은 경우, SWBD, 무신사 등 패션업계나 연예인들과 함께 콜라보한 내역도 많이 있다.

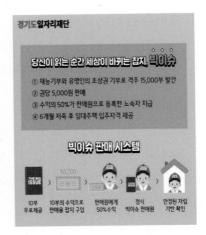

▲ SWBD X BIG ISSUE   ▲ 경기도 일자리재단 X BIG ISSUE

SWBD의 경우, 빅이슈코리아와 협업하여 빅이슈코리아의 하절기 유니폼과 힙색 디자인 기부를 하는 등의 콜라보를 진행하였다.

② 동구밭 X HOMELILY

동구밭은 장애인들, 발달장애인과 비장애인들과의 '천연비누'를 생산하는 기업이다. 발달장애인들도 충분히 만들 수 있기에, DIY키트로 판매하여 일반인들로 하여금 비누를 제작하기도 수월할 것으로 판단된다.

동구밭의 비누는 천연재료로 만들어지며, 먹어도 문제가 없을 만큼 자연친화적인 재료를 사용한다. 기업 이름이 '동구밭'인 만큼, 그들의 '텃밭'이 존재하며 원료를 직접 채취하여 만들기도 한다. 해당 텃밭에서 장애인과 비장애인들의 조화가 이루어진다.

그러한 원료가 포함된 비누를 사람들이 직접 만들 수 있는데, 해당 DIY키트를 만드는 것이 또한 '홈리스'라는 사회적 약자이다. 그러므로 동구밭이 '마리몬드'와 협업했던 이유인 '하나의 결'이 성립될 수 있다.

③ 마리몬드 X HOMELILY

위에 나와 있던 '동구밭'과의 콜라보와 함께 생각할 수 있다. 마리몬드는 인권을 위해 행동하고 폭력에 반대하는 라이프스타일 브랜드이다. 위에서 언급하였듯이 사회에서 모든 사람의 인권은 존중받아야 하며, 사람을 향한 모든 모습의 폭력은 존재해서는 안 된다는 것이 이 기업의 슬로건이다.

그렇게 진행했던 콜라보인 '동구밭'과 같이 'HOMELILY'와의 콜라보는 하나의 결이라고 볼 수 있겠다.

DIY키트 상자에 마리몬드의 프로젝트로 나온 패턴을 입혀서 판매하여 홍보를 유도한다.

④ BIG ISSUE KOREA X HOMELILY

빅이슈 코리아와 홈릴리는 같은 목적을 두고 있다. '홈리스의 자립'을 후원하는 기업이기에 콜라보를 하는 데에 있어 그 목적성은 이미 확보되어 있다고 보아도 무방하다.

빅이슈 코리아 잡지는 오프라인을 통해서 판매된다. 그러기에 향기가 나는 입욕제를 판매하기에 더 좋은 환경이라고 볼 수 있다. 빅이슈 잡지를 파는 곳에 커스터마이징 제품을 몇 가지 설치하여 견본으로 시향을 하고, DIY키트 구성을 노출시킴으로 홍보를 한다.

또한 빅이슈에서 HOMELILY를 홍보하는 기사를 삽입하여, 그 효과를 두 배로 늘린다.

2 예상 위기 및 대응

1. '중성' 입욕제에 대한 고찰
<u>'중성' 입욕제는 과연 입욕제의 역할을 수행할 수 있으며 확실히 안전한가?</u>

▶ 기존에 이미 아이들의 순한 피부를 대상으로 한 '키즈샴푸', '키즈 버블바스'가 자리잡고 있다. 또한 반려동물 또한 피부에 맞는 순한 중성 7pH를 띠고있는 천연비누, 샴푸 등 판매하고 있기에 그 효과는 따로 입증하지 않아도 될 것이다.

▶ 대표적으로 '더티버디 3 in 1 키즈샴푸 버블바스' 시리즈가 있다. 해당 상품은 안심하고 사용하는 유기농 어린이 입욕제인데, 인체에 해로운 성분인 PEG유화제, 알칼리성 비누, 라우 레스 설페이트, 방부제, 실리콘오일을 일체 넣지 않았다. 그러면서 천연 에센셜 오일과 고품질의 원료를 사용하며 최신 '그린' 레시피에 따라 제품을 개발하고 수정한다고 한다. 그리고 동물성 원료가 아닌 식물성 원료만을 사용한 '비건' 제품을 판매하는 특이점 또한 있다. 유기농원료와 천연 에센셜 오일로 피부의 수분을 유지시킨다.

▲ 중성 입욕제 '바닐라'

▶ 대표적인 '바닐라' 상품으로 주 성분이 바닐라, 오렌지, 참기름, 밀가루를 사용하여 산도를 맞추고 천연재료를 사용하여 피부의 자극을 최소화 하였다고 볼 수 있다.

▶ 반려동물의 대표적인 '마라피키' 천연비누의 경우도 이와 비슷하다는 것을 알 수 있다. 중성에 가까운 반려동물의 피부를 위해 pH7을 유지

하고 있으며 파라벤, 향균물질, 합성계면활성제, 인공색소, 미네랄오일, 실리콘오일, 인공향료, 합성 방부제, 살균 보존제 등 화학성분들을 아예 넣지 않고 있다. 또한 향에 민감한 동물을 위해 향을 넣지 않은 무향 제품이라는 것이 그들의 특징 중 하나이다. 연약한 피부를 위해 소듐코코일이세티오네이트(코코넛유 천연유래 계면활성제), 소듐코코일애플아미노산(애플워시), 시어버터(16.5%), 베이킹소다, 네틀추출물, 비타민 E-토코페롤이 들어가므로 피부에 부담이 없되, 피부를 가꿔주는 천연재료만을 사용하였다. 신뢰성을 높이기 위해 '리트머스'종이를 함께 주는 것이 마케팅 방법 중 하나이다.

직접 눈으로 pH7을 확인하세요.

마라피키 케어바를 구매하시는 고객님들에게
pH 테스트를 위한 리트머스지를
함께 보내드리고 있습니다.

▲ 리트머스종이와 함께 배송된다.

2. 많은 DIY키트와 '천연' 소재의 비누

이미 시장에 많은 DIY키트와 '천연' 소재, '중성'의 비누, 반려동물제품이 있다. 그런데 과연 여기서 경쟁력을 확보하여 자리를 잡을 수 있을 것인가에 대한 위기가 있다.

▲ 판매되고 있는 DIY 키트　　　　　　▲ 반려동물 입욕제 만들기 원데이 클래스

위의 예시처럼 검색창에 'DIY 키트', '천연비누 만들기', '입욕제 만들기' 검색을 해도 엄청 많은 상품들이 있다. 게다가 천연재료를 사용하였음에도 아기자기하고, 저렴하다.

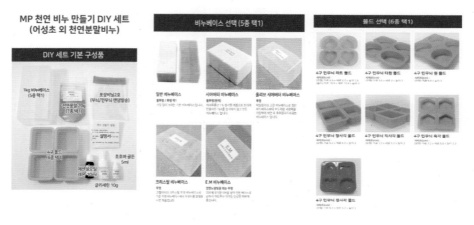

▲ 천연 비누 10개 용량, 16900원, 선택지도 다양하다.

하지만 대부분의 상품들이 많은 선택지가 있는 것은 아니며, 직접 만드는 것 보다는 재료를 한꺼번에 구해주는 느낌이 크다. 그에 반하여 'HOMELILY'가 만들 상품은 보다 많은 선택지를 제공하며, 프리미엄의 선물세트의 느낌을 예정이다. 따라서 경쟁력을 확실히 확보할 수 있으며, 입욕제 DIY키트를 만드는 사회적기업은 없었기에 그 정체성 또한 확실하고 볼 수 있겠다.

3. 사람들이 굳이 DIY키트를 구매하지 않는 경우가 많다.

리스컴 ✓ 2020.01.13.

[천연비누 만들기] 지성 피부용 촉촉한 민들레 **비누 만들기**
민들레 **천연비누 만들기** 재료베이스 오일 코코넛 오일 200g, 팜 오일 200g, 올리브 오일 200g... **비누액** 330mL → **비누액** 330mL, 민들레 분말 7g, 티타늄디옥사이드(...

#나만의디자인비누레시피   #리리림   #리스컴   #디자인비누   #천연비누

꽃밭에 나비 한 마리 2020.10.20.

천연비누만들기 배워서 부업에도 도전한다!
아깝고 **천연비누만들기**도 어렵지 않다는데 취미 겸 직접 해 보면 어떨까 싶은 생각이 들더라구요 검색해 보니 요즘에는 일반적인 천연비누보다 훨씬 더 쉽고 말랑말...

#비누만들기   #천연비누만들기   #젤리비누   #천연비누   #천연비누재료

천연비누만들기 배우고 홈클래스 오픈했어요~(#젤리비누 #천연비누)
비누몰드 셀프제작으로 나만의 **천연비누만들기**!(#비누몰드 #천연비누만들기)

▲ 필요한 재료를 따로 구매하여 만듦

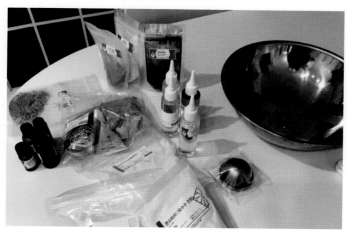

▲ DIY키트가 아닌 재료만 주문

보면 알겠지만 사람들은 원하는 향을 만들기 위해서, 혹은 가격을 아끼기 위해서 여기저기서 나눠 구매하는 경향이 있다. 그래서 HOMELILY는 선택지를 많이 만들고, 저렴한 가격에 판매하여 기존에 DIY키트 혹은 직접 입욕제를 만들기 위해 원재료를 찾으러 여기저기 알아보아야 하는 번거로움을 최소화하여 사람들로 하여금 편리함과 저렴함을 가질 수 있도록 한다.

≫ 참고문헌 ───────────────

- https://www.yna.co.kr/view/AKR20201130125851530?input=1195m

  연합뉴스 _ '코로나블루' 심각…심리상담·우울증검사·지원기관 확대(종합)

- https://www.vop.co.kr/A00001511640.html

  "더는 지체할 수 없다" 코로나 장기전 대비할 5가지 사회안전망

- http://beminor.com/detail.php?number=15065&thread=04r01r02

  재난지원금, 홈리스 상담자 중 '3분의 2' 못 받았는데 '자화자찬'하는 서울시

- http://www.newscham.net/news/view.php?board=news&id=68956

  코로나19, 홈리스가 의지한 모든 것이 사라지다

- http://sports.khan.co.kr/sports/sk_index.html?art_id=202006180847003

  '스포츠경향, 슬그머니 웃는 '반려동물시장''

- https://blog.naver.com/yanokorea/221872256655

  유아용품·관련 서비스 시장에 관한 조사결과(2019년)

- http://biz.khan.co.kr/khan_art_view.html?artid=201911132102005&code=920100

  "경향비즈, 반려동물 1000만시대, '진화하는 펫코노미'"

- https://blog.naver.com/godbluesang/221504895786

  뉴스킨 제품, 왜 좋을까? 4편_ 우리 원래피부 pH

- https://opusyonsei.tistory.com/entry/DIY-%EB%A7%88%EC%BC%80%ED%8C%85

  연세대학교 경영대학 학회 opus의 마케팅 웹진

- https://tumblbug.com/bodycandy

  나만의 달콤한 힐링, 바디캔디 DIY 입욕제

- https://blog.naver.com/linefriends_global/221134343106

  마음까지 착한 비누, 라인프렌즈 내추럴 솝 스페셜 세트

- https://blog.naver.com/hjth486/221184266302

  동구밭x마리몬드 / 꽃비누 선물세트

- http://topclass.chosun.com/board/view.asp?catecode=L&tnu=201601100022

  사회적 기업 '머시주스' 문정한 대표

  몸과 영혼의 건강을 돌보는 정직한 주스

- https://blog.naver.com/se365company/220624968423

  세상과 소통하는 텃밭, 발달장애인의 사회진출을 돕는 소셜벤처 '동구밭'

- https://blog.naver.com/tmfrl0718/221340514831

  빅이슈(THE BIG ISSUE), '위안부' 문제 다루다, 마리몬드와의 콜라보

- https://post.naver.com/viewer/postView.nhn?volumeNo=26483486&me
  mberNo=36777828&vType=VERTICAL

  일자리플랫폼 '잡아바' X 홈리스 지원잡지 '빅이슈' 콜라보 잡아바개론 이벤트

- https://blog.naver.com/velvtwhip/221611132626

  [디자이너윈도/하동호] SWBD X 빅이슈코리아 : 선행에 앞장서는 소윙바운더리스

- https://blog.naver.com/wuish/222143465077

  원데이 클래스 운영하는 '더 펫하우드'

- https://blog.naver.com/zziz2001/221455563890

  핸드메이드) 천연입욕제. 바스붐만들기

- https://post.naver.com/viewer/postView.nhn?volumeNo=13536553&me
  mberNo=28175348&vType=VERTICAL

  〈탐나는 프리미엄 마케팅〉 01_'그린 브랜드'들은 마케팅을 어떻게 해?

- http://www.saramin.co.kr/zf_user/company-info/view-inner-finance?c
  sn=RlYvVzgxUVM1M3haL05adzdYa3ZaUT09, 출처 사람인㈜

- 네이버 지식백과, 아로마테라피(암 알아야 이긴다, 최승완)

- 대한화장품협회, 화장품산업분석보고서

- 산업연구원, 저자 '박지혜', '국내 펫코노미(Pet+Economy)' 시장의 현황과 시사점

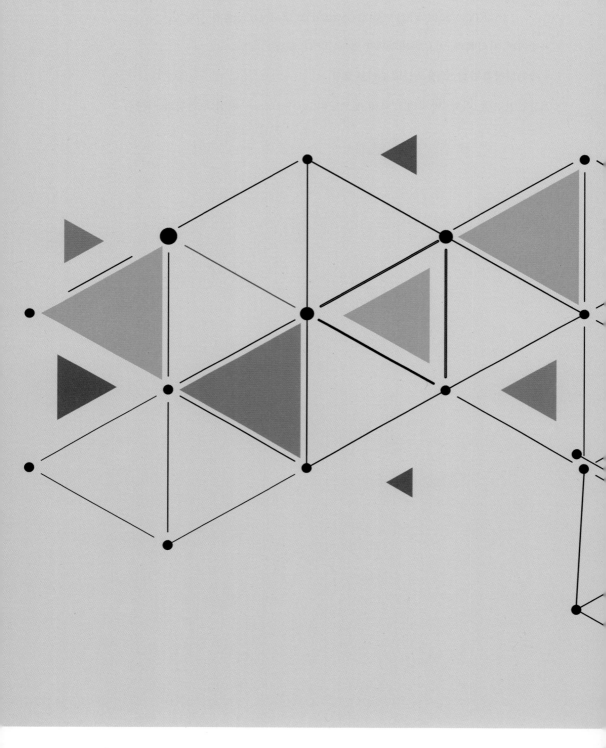

제 9 장

캡스톤디자인 사례 분석(5)

- 라이브 커머스 소비자 지향 -

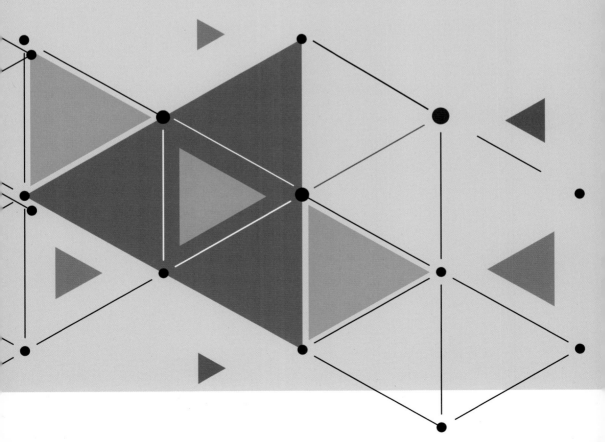

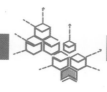

라이브 커머스 소비자 지향

목차

1. 캡스톤디자인
   (1) 캡스톤디자인 동기
   (2) 캡스톤디자인 목표

2. 문제 인식
   (1) 개선 과제 선정
   (2) 개선 과제 동향 파악
   (3) 개선 과제 이슈 조사
   (4) 여론 조사

3. 시장 조사
   (1) 현재 시장 조사

   (2) 해외 시장 조사

4. 개선안 제시
   (1) 법안 사각지대 파악
   (2) 개선안 제안

5. 기대 효과
   (1) 소비자 기대 효과
   (2) 장기적 기대 효과

 캡스톤디자인

 캡스톤디자인 동기

　본 소비자 지향 개선 과제는 자율프로젝트·전공심화형 캡스톤디자인에 해당된다. 본 캡스톤디자인 팀프로젝트는 캡스톤디자인 수업에서 학습한 디자인 씽킹과 평소 학습한 경영학 전공 지식을 활용하여 소비자 개선 지향 과제를 수행한다.

 2 캡스톤디자인 목표

본 소비자 지향 개선 과제는 디자인 씽킹 적용에 있다. 본 프로젝트 팀원은 과제 수행 인력이자 소비자이다. 우리는 문제를 '공감'하려 하고 이를 통해 아이디어 내기를 진행한다. 본 과제의 프로세스 또한 디자인 씽킹을 따라 '팀 빌딩-프로젝트 목표설정-공감하기-문제정의-프로토타입-완성'으로 진행된다.

 문제 인식

 1 개선 과제 선정

본 캡스톤디자인 팀은 최근 화제를 일으키고 있는 '라이브 커머스'를 주제로 개선 과제를 진행하고자 한다. "라이브커머스"는 "라이브 스트리밍(Live Streaming)+전자상거래(E-commerce)" 합성어의 줄임말로 유명 유튜버 등의 인플루언서(Influencer), 쇼호스트, 연예인, 일반인 등 누구든지 온라인을 통해 실시간 동영상 형태로 상품을 광고하고 동시에 같은 플랫폼 내에서 전자상거래로 소비자에게 판매하는 유통 방식을 말한다. 최근 라이브 커머스는 시장이 커져가면서 그에 맞는 법안을 갖추지 못한 골치덩어리 같은 존재이다. 많은 소비자들이 이에 보호받지 못하고 있고 여러 피해 사례가 속출하고 있다. 본 캡스톤디자인 팀은 소비자 보호를 위한 법률 보완점을 찾아내고 이를 개선 과제를 통하여 적용하고자 한다.

2 개선 과제 동향 파악

현재 라이브 커머스는 대형 커머스 위주로 형성되어 있다. 국내 라이브 커머스 유명 플랫폼에는 네이버 쟁라이브, 그립, 카카오 쇼핑 라이브, VOGO가 있다. 대부분의 라이브 커머스들이 자체적으로 규제를 갖추고 있고 소비자 보호를 위한 다양한 정책들을 만들고 있다. 하지만 여전히 부족함은 많아 보인다. 한국 라이브커머스 시장은 2017년 라이브커머스가 처음 도입되었고(티몬이 "티비온(TVON)"으로 처음 시작), 2020년의 시장규모는 약 3조로 추정(한국 전체 전자상거래 대비 1.9%)되며 2023년에는 8조 원(전체 전자상거래 대비 3.5%)까지 고성장이 예상되고 있다.

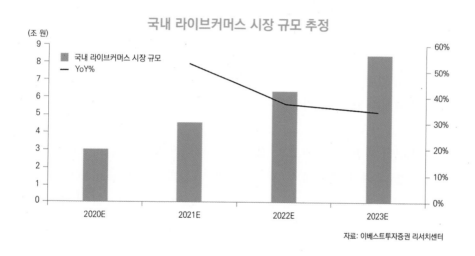

국내 라이브커머스 시장 규모 추정

자료: 이베스트투자증권 리서치센터

3 개선 과제 이슈 조사

대기업을 중심으로 형성된 라이브 커머스 특성상 소비자 피해 사례가 속출하고 있다. 법적 규제들이 라이브 커머스 시장의 성장 속도에 발 맞추지 못하고 있고 그에 따라 사각지대가 생기고 있다. 2020년 10월 19일~30일 기준으로 식품에 부당한 표시, 광고가 120건을 조사한 결과 30건(25%)이 부당한 표시, 광고로 포함되었다. 특히 식품 등의 표시, 광고에 관한 법률(식품표시광고법) 위반 소지가 있는 광고가 30건 중 14건으로 절반에 가까운 수치를 보였다.

　　[식품표시광고법] 위반 관련 광고의 경우 총 14건의 위반 광고 유형 및 건수에 대해 조사해본 결과 건강기능식품 광고 심의를 받지 않은 표시-광고가 6건, 질병의 예방-치료에 효능이 있는 것으로 인식할 우려가 있는 표시-광고가 3건, 건강기능식품이 아닌 것을 건강기능식품으로 인식할 우려가 있는 표시-광고가 3건, 거짓-과장된 표시-광고가 1건, 타사 및 타사 제품을 비방하는 표시-광고가 1건으로 나타났다.
　　한국 소비자원 자료에 따르면 화장품을 의약품으로 잘못 인식할 우려가 있는 광고 등 [화장품법] 위반 소지가 있는 광고가 6건(20%), 실증자료 없이 '최저가' 등 절대적 표현을 사용하는 등 [표시광고법] 위반 소지가 있는 광고가 6건(20%), 일반 공산품을 의료기기로 오인할 수 있는 [의료기기법] 위반 소지 광고가 4건(13.3%)으로 확인됐다.

　　[화장품법] 위반 관련 광고의 경우 세부 유형은 다음과 같다. 의약품으로 잘못 인식할 우려가 있는 표시-광고가 4건, 사실과 다르게 소비자가 잘못 인식하도록 할 우려가 있는 표시-광고가 1건, 사실 여부와 관계없이 타사의 제품을 비방하는 표시-광고가 1건이다.

　　[의료기기법] 위반 관련 광고의 경우 의료기기가 아닌 것을 의료기기와 유사한 성능이나 효과가 있는 것처럼 인식할 우려가 있는 표시-광고가 4건으로 나타난다.

　　[표시광고법] 위반 관련 광고의 유형은 다음과 같다. 실증자료 없이 '최저가', '최고' 등 절대적 표현 사용 표시-광고가 3건, 부당하게 비교하는 표시-광고가 2건, 거짓-과장의 표시-광고가 1건으로 나타났다.

주요 피해 사례는 다음과 같다.

첫 번째는 질병의 예방, 치료에 효능이 있는 것으로 인식할 우려가 있는 표시, 광고이다.
기타 가공품을 광고하면서 '여성 질환. 아토피, 면역력 증진'에 효과가 있다는 광고 표현을
사용하고 석류즙을 광고하면서 '갱년기 증상, 혈액 순환장애, 빠른 노화와 치매예방' 등에 효과가
있다는 광고 표현을 사용하였다.
두 번째는 사실과 다르게 소비자가 잘못 인식할 우려가 있는 표시, 광고이다.
바디미스트와 바디크림을 광고하면서 '가슴이 커진다, 붓기는 빠지고 셀룰라이트를 없애 주고
탄력은 올려준다' 라는 광고 표현을 강조하였다.
세 번째는 의료기기로 오인할 소지가 있는 표시, 광고이다.
마사지기를 광고하면서 '노폐물을 빼준다, 실리프팅 효과' 등의 표현을 사용하였다.' 또한 찜질기를
광고하면서 '노화방지, 신진대사 촉진, 성인병 예방에 효과적인 원적외선을 90% 이상 방출'한다고
광고하였다.

출처 : 한국소비자원 보도자료(2021. 3. 15)
라이브커머스 시장이 급성장 하고 있으나, 거짓/광고에 해당할 소지가 있는 방송이 송출되고
있어 소비자피해가 우려된다.

본 프로젝트 팀이 피해 사례에 대한 기업의 대처를 조사해본 결과 별다른 사후 조치는 없었다. 소비자들이 직접적으로 피해를 받았다고 단정짓기 어렵고 민원이 아닌 점검이기 때문에 별다른 사후 조치를 하지 않았다는 답변을 받았다. (*한국소비자원 조사) 본 프로젝트 팀은 이에 주목하여 부당 표시, 광고가 판치는 식품 산업에 주목하여 조사하고자 한다.

본 프로젝트 팀은 라이브 커머스 이슈에 대한 이해도를 위하여 라이브 커머스의 BM에 주목하였다. 크리에이터는 라이브커머스 플랫폼에 속해 있을 수도 있고(A), 플랫폼 입점 사업자에 속해있을 수도 있으며(B), 독자적으로 중개인(C)으로 활동하며 마진을 받을 수도 있다. 크리에이터가 직접적으로 라이브 방송을 제공하여 제품구매를 유발하고 소비자가 그 방송을 보고 플랫폼에게 제품주문을 하면서 대금을 지급하면, 플랫폼은 입점사업자에게 제품 출고요청을 하고 입점 사업자는 소비자에게 제품을 제공한다. 이 전자상거래에서 매매당사자는 크리에이터도, 라이브커머스 플랫폼이 아닌 플랫폼 입점사업자와 소비자인데 라이브커머스 플랫폼이 중개자로서 당사자에서 제외되는

구조 때문에 법적인 문제가 발생할 수 있다.

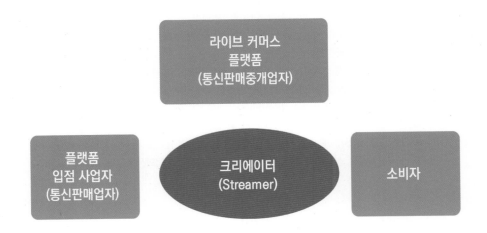

사진 출처 : 법률사무소 여민 – 라이브커머스의 Business Model(https://blog.naver.com/vsquare1/222278510491)
자료 출처 : 벤처스퀘어 시장규모와 법적이슈에 관한 게시글

4 여론 조사

소비자원의 라이브커머스에 대한 소비자 인식조사 결과에 따르면 최근 1년간 라이브커머스 이용 경험이 있는 소비자 500명을 대상으로 한 지난해 11월 조사에선 응답자의 81.6%가 라이브커머스가 TV홈쇼핑과 유사하다고 인식하는 것으로 나타났다. 라이브커머스는 상품 가격, 상담 편의성 등 9개 항목에서 TV홈쇼핑보다 만족도가 높았지만 교환·환불 편의성, 배송 서비스 등 2개 항목에선 만족도가 떨어졌다. 라이브커머스의 발전 방안(복수응답)으론 라이브커머스 판매자에 대한 관리·감독 강화가 필요하다는 응답이 68.8%를 차지해 가장 많았다. 또 '판매자에 대한 라이브커머스 방송 사전교육 의무화(61.0%)', '부적절한 표현 및 행동에 대한 실시간 시청자 신고 기능 도입(50.8%)' 등이 뒤를 이었다. "이번 조사 결과를 바탕으로 라이브커머스 플랫폼 운영자에게 판매자에 대한 광고 관련 법규 교육 실시, 법규 미준수 판매자에 대한 신고 기능 도입 등을 권고했다.

자료 출처 : https://www.ytn.co.kr/_ln/0102_202103161520585044
라이브커머스의 거짓/과장 광고 표현 지적 및 TV 홈쇼핑과의 만족도 비교 근거자료

시장 조사

1 현재 시장 조사

　현행 법상 라이브 커머스는 전자상거래 법을 따른다. 라이브 커머스는 홈쇼핑과 유사한 형태의 서비스를 소비자들에게 제공하지만 현재 홈쇼핑과 같이 방송법의 규제를 받고 있지 않는 상황이다. 현재 정부는 전자상거래 등에서의 소비자보호에 관한 법률 개정안과 온라인 플랫폼 중개 거래의 공정화에 관한 법률안 등 e커머스 규제 강화를 추진하고 있다. 라이브 커머스 플랫폼 업체에 책임을 물어 자율심의를 강화하겠다는 취지이다. 또한 방송 녹화, 보관 등의 법안 발의가 진행되고 있는 상태이다.

　라이브 커머스 플랫폼을 제공하는 기업은 통신판매업자가 아닌 통신판매중개업자로 분류된다. 즉, 방송이 아닌 통신매체(플랫폼)로 분류된다는 것이다.

　TV홈쇼핑의 경우 통신판매로 분류되기 때문에 방송법 규정을 지켜야 하고 소비자법, 상품 소개 및 판매 방송 심의에 관한 규정 등의 심사를 통과해야 한다.

　하지만 라이브 커머스 플랫폼의 경우, TV홈쇼핑과 같이 통신판매로 분류되지 않기 때문에 그럴 필요가 없다. 이에 따라 소비자들은 라이브 커머스에서 피해를 입었을 경우 피해 보상을 받기가 어렵다.

　다음은 통신판매중개자 및 통신판매중개의뢰자의 책임에 대한 법률이다.
(제20조의2)

　① 통신판매중개자는 제20조제1항의 고지를 하지 아니한 경우 통신판매중개의뢰자의 고의 또는 과실로 소비자에게 발생한 재산상 손해에 대하여 통신판매중개의뢰자와 연대하여 배상할 책임을 진다.

　② 통신판매중개자는 제20조제2항에 따라 소비자에게 정보 또는 정보를

열람할 수 있는 방법을 제공하지 아니하거나 제공한 정보가 사실과 달라 소비자에게 발생한 재산상 손해에 대하여 통신판매중개의뢰자와 연대하여 배상할 책임을 진다. 다만, 소비자에게 피해가 가지 아니하도록 상당한 주의를 기울인 경우에는 그러하지 아니하다.

③ 제20조제1항에 따른 고지에도 불구하고 통신판매업자인 통신판매중개자는 제12조부터 제15조까지, 제17조 및 제18조에 따른 통신판매업자의 책임을 면하지 못한다. 다만, 통신판매업자의 의뢰를 받아 통신판매를 중개하는 경우 통신판매중개의뢰자가 책임을 지는 것으로 약정하여 소비자에게 고지한 부분에 대하여는 통신판매중개의뢰자가 책임을 진다.

④ 통신판매중개의뢰자(사업자의 경우에 한정한다)는 통신판매중개자의 고의 또는 과실로 소비자에게 발생한 재산상 손해에 대하여 통신판매중개자의 행위라는 이유로 면책되지 아니한다. 다만, 소비자에게 피해가 가지 아니하도록 상당한 주의를 기울인 경우에는 그러하지 아니하다.

이와 같이 소비자에게 정보 또는 정보를 열람할 수 있는 방법을 제공하지 아니하거나 제공한 정보가 사실과 달라 소비자가 재산상 손해를 입었을 경우 통신판매업자는 통신판매중개의뢰자와 연대하여 배상할 책임을 진다. 하지만 라이브 커머스의 법적 공백 때문에 누구에게 소비자 피해의 과실이 있는지에 대해 명확히 밝히기는 어려워 보인다.

대형 라이브 커머스 플랫폼은 각 플랫폼마다 소비자 보호 제도를 마련하고 있다. '그립'의 경우 이용약관을 통해 자체적으로 소비자 보호 제도를 시행하고 있다. 소비자가 피해구제신청 대행을 요구할 경우 영업일 기준 3일 내에 처리하고 그 결과를 통보할 것을 의무화하였다. 네이버 쇼핑라이브의 경우 전자상거래 등에서의 소비자 보호 외에도 네이버 운영 정책, 네이버 스마트스토어 이용 약관 등에서 정해진 법률을 따른다. 롯데홈쇼핑은 자체 라이브 커머스 '몰리브'에 TV홈쇼핑과 동일한 소비자 보호 및 취소·환불 절차를 보장하고 있다. 몰리브 이용자는 피해를 입으면 롯데홈쇼핑의 '시청자위원회'와 '고객만족위원회'로부터 구제를 받을 수 있다. CJ ENM 오쇼핑도 라이브 커머스 '쇼크라이브'에 대해 TV홈쇼핑과 동등한 수준의 소비자 정책을 제공하고 있다. 11번가도 기존 사업과 동일한 소비자보호 규정을 이용약관에 적용할 예정이다. 후발주자인 카카오 쇼핑 라이브는 분쟁해결절차와 전자상거래 피해구제 대행접수 서비스를 제공하고 있다.

많은 플랫폼이 소비자 보호 정책을 내세우고 있긴 하지만 업체별로 규정이 상이하다는 점에서 규제 공백이 생기고 소비자들의 피해 보상을 더 어렵게 만든다.

2 해외 시장 조사

해외 사례의 경우 중국이 라이브 커머스 시장이 큰 만큼 제도적 규제가 잘 마련되어 있다. 많은 피해자 구제 장치와 피해 예방을 위한 제도적 장치가 잘 갖춰져 있는 상태이다. 중국의 경우 코로나19 이후 온라인 소비가 급등하면서 라이브방송을 활용한 라이브 커머스 시장이 폭발적으로 성장하고 있다. 중국의 라이브 커머스는 한국과 동일하게 실시간 방송에 기반하고 있고 인플루언서들이 주로 제품을 판매한다. 중국의 유명한 기업가와 고위 간부들이 직접 라이브 커머스 방송에 등장하면서 유명세를 끌기 시작하였다. 중국 역시 유명 전자상거래 플랫폼들이 라이브 커머스 시장을 점유하고 있으며 대표 주자로는 타오바오가 있다. 타오바오는 2019년 기준 라이브 커머스 매출액 2500억 위안을 달성하였다. 중국의 라이브 커머스 시장이 한국과 다른 점이 있다면 중국의 경우에는 기존 일반 생활 소비재뿐만 아니라 자동차, 부동산 등의 고가 제품까지 라이브 커머스에서 판매가 진행된다. B2B 분야에서도 라이브 커머스를 활용하고 점차 라이브 커머스가 진출한 산업 분야가 많아지고 있다. 중국인터넷정보센터(CNNIC)에 따르면, 2020년 12월 기준 중국의 온라인 라이브방송 이용고객은 약 6억 1700만 명으로 2020년 3월보다 5703만 명 늘어 전체 네티즌의 62.4%를 차지했다. 판매와 연계한 '라이브커머스'

생방송 이용자는 3억 8000만 명으로 2020년 3월에 비해 1억 9100만 명이
증가했다.

2017년부터 2020년 중국 라이브 커머스 시장 규모는 다음과 같다(*艾媒咨询).

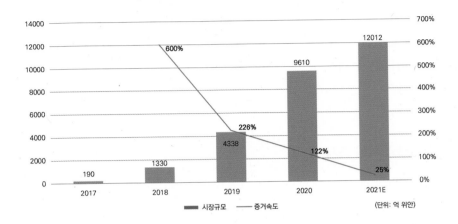

2020년 6월부터 12월 중국 라이브 커머스 판매 상위 10위는 다음과 같
다(*南方财经全媒体集团).

순위	상품분류	총 판매액(억 위안)	평균단가(위안)
1	미용/뷰티케어	233.89	164
2	여성의류/여성제품	157.91	178
3	색조화장품/향수/미용기구류	59.97	79
4	간식/견과류/특산품	37.84	36
5	세안/위생용품	33.65	53
6	남성의류	24.71	181
7	패션(가방)	23.12	141
8	핸드폰	22.76	1,387
9	속옷/생활의류	20.1	73
10	커피 등 음료	20.09	74

다음과 같이 중국 라이브 커머스 시장에서 판매율은 미용/뷰티 케어 제품군이 1위를 하였으며 4위에는 식품 제품군이 자리잡고 있다. 이에 따라 중국은 미용/뷰티 케어 제품군과 식품 제품군에 대한 라이브 커머스 규제를 마련하고 있을 것으로 예측되어 본 프로젝트 팀은 중국의 라이브 커머스 법안에 대해 조사하였다.

중국은 라이브 커머스 관련 법적 규제를 다양하게 늘리고 있지만 피해 사례 또한 지속적으로 나오고 있는 상황이다. 중국에서는 제비집 시장이 커지면서 가짜 제비집 음료를 판매하다 단속된 사례도 나왔다. 라이브 커머스 시장에서 5300만 명의 시청자를 보유한 한 방송인은 설탕 함량이 지나치게 높고 제비집 성분은 낮은 가짜 제비집 음료를 팔다 덜미가 잡혔다. 이 제품은 제비집 성분이 2g 미만이었지만 제비집 음료로 과장되게 홍보를 했다는 의혹을 받았다. 이에 따라 27일 저녁 업체에서 생방송으로 판매한 제비집 제품 전량을 리콜하고, 환불 책임을 지고 총 6198만 3000원을 우선 배상하였다. 광저우, 샤먼 두 곳의 시장 감독 부서도 이 일에 대해 조사 처리를 진행하였다. 생방송으로 판매한 앵커는 90만 위안을 부과받았으며, 제비집 브랜드 측에 위법 행위를 중지하고 200만 위안의 벌금을 부과하는 행정 처벌을 내렸다.

증가하는 라이브커머스 시장 규모, 이용량에 따라 중국 각 정부 부처도 관련 규정을 제정하고 모니터링을 강화하고 있는 추세다. 2020년 7월 중국 인력자원사회부는 '인터넷 마케터(互联网营销师)', '생방송 마케터(直播销售员)' 직종을 신설했으며, 10월 중국 시장감독총국은《사이버 거래 감독 관리 방법》을, 11월 국가인터넷정보판공실은《온라인 라이브커머스 마케팅 콘텐츠 서비스 관리규정》을 잇달아 발표하며 중국 내 라이브커머스 산업 체계가 정비되고 있다.

2020년 10월 20일 시장감동총국에서 온라인 거래 감독 관리 방법에 대해 발표하였고 이는 라이브방송 전자상거래 산업을 시장감독총국 감독 범위에 포함하였다. 내용은 라이브방송 전자상거래 시 반드시 방송 재생기능을 제공해야 하며, 인터넷 쇼핑몰은 플랫폼에 불리한 평가 삭제, 혹은 좋은 평가를 상부에 위치하는 등 행위를 통해 소비자를 오도해서는 안 됨을 명기하였다. 추가적으로 인터넷 생방송 마케팅 활동 감독 강화에 대한 지도 의견도 발표하였다. 내용은 라이브방송 전자상거래 과정에서 각 주체에 관련된 책임과 의무이다. 제품의 품질 위법사항, 광고법 위반, 소비자의 합법적 권익 침해 등 8개 항목의 위법행위를 명시하였다.

또한, 라이브 커머스 판매자는 중국상공회의소가 주관하는 교육을 수료하고 인증서를 취득해야 물건을 판매할 수 있는 자격을 얻게 된다. 즉, 중국에서는 이와 같은 인증제도를 시행하면서 라이브 커머스 판매자에 대한 전문성을 강화하고 소비자 피해를 예방하고 있다.

 ## 개선안 제시

 ### 1 법안 사각지대 파악

현재 라이브 커머스 플랫폼은 통신판매중개업자로 분류되어 실시간 방송을 통한 판매 서비스를 제공하고 있으나 방송법의 규제를 받지 않는 상황이며 법적으로는 「전자상거래법」이나 「통신판매중개자의 의무와 책임」에 의하여 관리되고 있다. 위와 같은 해외 사례를 바탕으로 판단할 때 분류가 모호한 라이브 커머스 플랫폼에 대한 새로운 관리기준이 필요한 것은 확실하다.

 ### 2 개선안 제안

라이브 커머스에서 판매되는 상품들에 대한 정보가 소비자에게 명확히 공개돼야 한다는 점과 최근 소비자에게 상품의 기능을 오인하게 하는 과장 표시, 광고가 속출하고 있다는 것을 고려할 때 우리나라 또한 라이브 커머스 플랫폼에 대해서 방송법 차원의 관리가 필요하다. 상품 정보에 관해서는 「전자상거래법(제13조 제4항)에 따라 방송 중 상품 정보를 계속해서 노출하여 소비자에게 충분한 정보 고시를 받을 수 있는 「라이브 커머스 상품정보제공 고시법」 신설이 필요하다. 또한, 라이브 커머스 허위, 과장 광고에 대한 명확한 제재 법안이 없다는 점을 고려하여 「방송법 제 100조 제5항」에 의거한 제재 사항 신설이 필요하다. 특히 과장 표시, 광고가 주로 발생하는 식품군의 경우 건강기능식품과 건강보조식품을 구별할 수 있도록 방송 중 상품 표시와 영양성분 표시를 의무화하는 「라이브 커머스 건강기능상품표시법」 신설이 필요하다.

라이브 커머스 플랫폼에서 판매를 직접 담당하는 일명 '쇼호스트'는 상품을 직접적으로 판매하는 통신판매업자로서 판매 상품에 대한 이해가 필수적이다. 그리고 상품에 대한 정보를 소비자들에게 직접 전달하고 있다는 점을 감안할 때 판매자의 정보 전달 역할은 중요하다고 볼 수 있다. 이에 따라 라이브 커머스 판매자에 대한 방송 전 사전 교육이 방송통신심의위원회에서 관리가 필요하다. 홈쇼핑 방송 프로그램의 진실성을 규정하는 조항인 「제5조(일반원칙)」 또는 「상품소개 및 판매에 대한 심의규정」에 따라 라이브 커머스 판매자를 교육 시킬 필요가 있다.

라이브 커머스에 대한 관리를 방송통신심의위원회에서 하는 것으로 가정할 때 라이브 커머스의 발전을 위해서는 「라이브 커머스 광고법」 또는 「라이브 커머스 판매자 사전 교육법」 등의 별도의 법을 제정하여 규제할 필요가 있다. 라이브 커머스를 포괄할 수 있는 새로운 법을 제정하는 것은 향후 소비자들에 대한 피해 예방과 라이브 커머스의 전문성 강화에 크게 이바지할 것이다.

기대 효과

1 소비자 기대 효과

판매자에게 사전 교육을 의무화하여 판매자의 전문성을 강화하고 소비자에게 정확한 정보를 제공할 수 있다.

2 장기적 기대 효과

판매 상품에 대한 정확하고 충분한 정보를 소비자에게 제공함으로써 소비자 피해를 방지하고 올바른 라이브 커머스 시장을 선도할 수 있다.

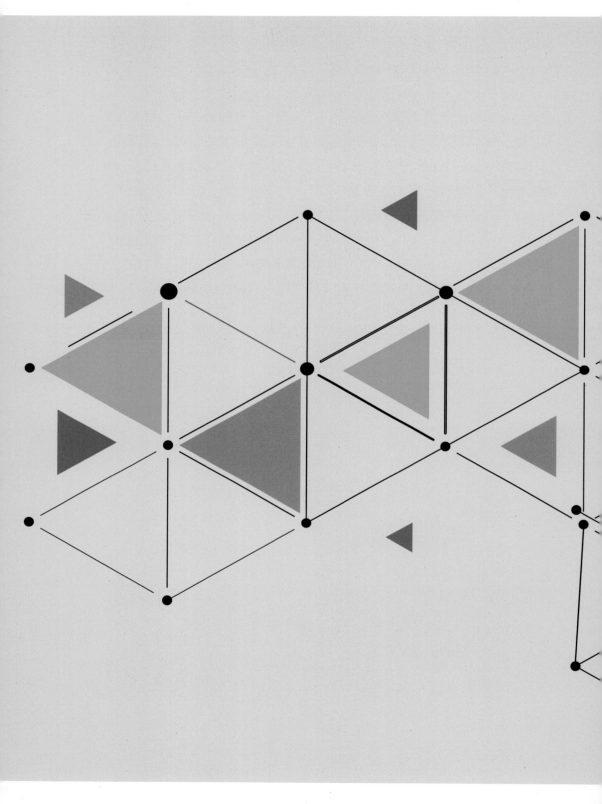

제 10 장

캡스톤디자인 사례 분석(6)

- 컴퓨터비전(HCI)을 활용한 홈 CCTV 위험 알림서비스 -

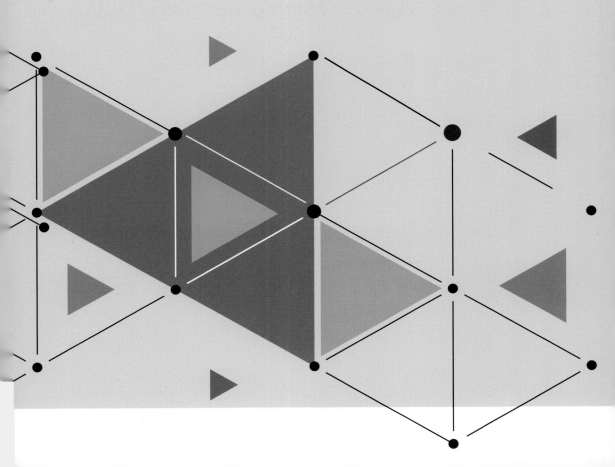

컴퓨터비전(HOI)을 활용한
홈 CCTV 위험 알림서비스

목차

1. 배경 및 요약
   (1) 본 사업의 유형
   (2) 창업 배경 및 동기

2. 사업의 개념 소개
   (1) 사업 아이템 개요
   (2) 사업의 목적
   (3) ESG

3. 환경 분석
   (1) 시장 환경 분석
   (2) 기술적 환경 분석
   (3) STP 분석
   (4) 마이데이터 보안 및 관리

4. 기술적 배경
   (1) 컴퓨터 비전(Computer Vision)
   (2) HOI(Human Object Interaction)
   (3) 홈 CCTV

5. 시스템 구성
   (1) 용도 및 대상에 따른 분류
   (2) 홈 CCTV 핵심 기능 개요
   (3) 모바일 알림서비스

6. 사업 아이템 알고리즘
   (1) 데이터 수집 및 분류
   (2) 객체 탐지 알고리즘
   (3) 위험 상황 인지 알고리즘

7. 사업타당성 분석
   (1) 3C 분석
   (2) SWOT 분석

8. 사업화 전략
   (1) 차별화 전략
   (2) 전략적 제휴
   (3) 사회취약계층 프리서비스

9. 수익구조 분석
   (1) 소요자금 및 재무제표 추정
   (2) 제품수명주기 및 수익성
   (3) 자금조달 및 매출 계획

10. 사업화 추진 계획 및 기대효과
   (1) 사업화 추진 계획
   (2) 잠재적 문제점 및 해결방안
   (3) 기대효과

배경 및 요약

1 본 사업의 유형

본 사업(컴퓨터비전을 활용한 홈 CCTV 알림서비스)은 캡스톤디자인 프로젝트로, 6가지의 캡스톤디자인 유형 중에서 산업체의 애로 기술 해결 및 기업기술 해결형에 가깝기 때문에 '산학연계형 캡스톤디자인' 유형에 해당한다.

2 창업 배경 및 동기

현재 시장에 보급되고 있는 홈 CCTV들은 대다수 사용자가 직접 장시간 동안 확인하지 않는 이상 특히 위험한 상황에 대해서 빨리 인지할 수 없는 구조를 가지고 있다. 이로 인해 많은 사용자들이 위와 같은 상황에 대해 불편함을 겪고 있다. 따라서 위험한 상황을 사전에 대비하고 사용자의 불편함을 해소하는 동시에 편리성을 향상시켜 줄 수 있는 본 사업 아이템을 떠올리게 되었다.

사업의 개념 소개

1 사업 아이템 개요

최근 가정이나 사업체에서 홈 CCTV를 사용하는 사례가 많이 늘어나고 있다. 주로 가정에서는 집에 어린아이나 반려동물, 또는 독거노인을 홀로 두는 시간이 긴 경우에 사용하며, 사업체에서는 화재나 도난 등의 위험에서 매장을 감시하기 위해서 주로 사용한다. 뿐만 아니라 사회적으로 주거 침입, 스토킹, 방화 등과 같은 문제들을 예방하기 위해서도 많이 사용한다. 이렇게 홈 CCTV는 최근 수요가 많이 늘어나고 있지만, 특히 위험한 상황의 인지에 대해서 여러 불편함들이 존재한다. 만약 인공지능의 한 분야인 컴퓨터비전의 Human Object Interaction 기술을 활용하여 홈 CCTV와 모바일 알림서비스를 구상할 경우, 현존하는 홈 CCTV와 다르게 위험을 사전에 방지할 수 있다. HOI(Human Obejct Interaction)는 인공지능의 하위분야인 딥러닝의 컴퓨터비전의 한 분야로서, 컴퓨터가 객체(사람 및 사물)를 인지하여 해당 객체가 어떤 행동을 하고 있는지 학습할 수 있다. HOI 기술을 적용한 홈 CCTV의 경우, 객체가 위험한 행동을 하는 모션을 학습하여 해당 행동을 인지했을 시 곧바로 모바일 어플리케이션을 통해 자동 알림서비스를 주는 동시에 녹화까지 시작하는 작동 원리를 가진다.

2 사업의 목적

현재 상용화되고 있는 홈 CCTV는 가정이나 사업체에서 위험한 상황이 생긴 후에야 모바일 어플리케이션을 통해 알림을 주는 한계가 있다. 또한 사후에 알림을 받지 않고 사전에 이러한 상황을 확인하기 위해서는 사용자가 직접 24시간 동안 들여다 보아야하는 불편함 역시 존재한다. 따라서 위와 같은 불편함을 해소하고 위험한 상황을 사전에 예방하기 위해서 컴퓨터비전의 한 분야인 HOI(Human Object Interaction)기술을 활용한 홈 CCTV 알림서비스를 고안하게 되었다.

3 ESG

○ ESG경영

ESG의 사전적 의미는 기업의 비재무적 요소인 환경(Environment), 사회(Social), 지배구조(Governance)를 뜻하는 말이다. 투자의사결정 시 사회책임투자 혹은 지속가능투자의 관점에서 기업의 재무적 요소들과 함께 고려하며, 투자자들의 장기적 수익을 추구하는 한편, 기업 행동이 사회에 이익이 되도록 영향을 줄 수 있다. 우리나라 정부는 기업에 ESG 의무 공시를 요구했는데, 기한은 2025년까지이며 2025년부터 자산이 2조 원이 넘는 코스피 상장 기업은 친환경, 사회적 활동을 담은 '지속가능경영 보고서'를 공시해야 한다. 2026년에는 의사결정 체계나 방식을 담은 '기업지배구조 보고서'를 공개해야 한다. 유럽연합(EU) 역시 기업에 환경, 인권 문제 등에 관한 활동을 의무적으로 보고하고 개선하도록 하는 입법을 추진하고 있다. 애플이나 마이크로소프트와 같은 글로벌 기업들은 이미 탄소중립이나 100% 친환경을 추구하고 있다. 오늘날 글로벌가치사슬(GVC)에서 낙오되지 않으려면 협력업체 및 이해관계 그룹도 이와 함께 발맞춰 가야하기 때문에 오늘날 경영계에서 ESG가 떠오르고 있다.

ESG는 기업을 판단하는 '지표'가 되기도 한다. 기업에 ESG가 화두인 이유는 법과 글로벌 체인망 외에도 있는데, 바로 자본(돈)이다. 오늘날 벤처 캐피탈 및 금융기관 등 세계 주요 자산운용사들은 투자 결정에 대한 지표로 ESG를 적극반영하고 있는데, 기업의 지속가능성을 주요 지표로 판단하는 것이다. 또한 앞으로 시장경제의 주축이 될 MZ세대의 소비경향과도 맞물린다. 소비는 이제 '미닝아웃(Meaning Out)'으로 불릴만큼 단순히 재화나 서비스의 이용만이 아닌 가치 표현수단으로 자리잡고 있다. 환경은 그중에서도 가장 대표적이고 또 대중적인 대상이다. 정부, 기업, 자본, 그리고 소비자까지, 앞으로의 시장경제에서 ESG는 모든 주체에게 핵심이 되는 가치이자 전략, 기준이자 지표가 될 가능성이 높다.

◐ 사업 아이템 ESG

해당 사업 아이템의 경우 ESG의 Environment(환경)와 Social(사회) 분야에 초점을 맞출 예정이다. 우선 환경적(Environment)인 측면에서는 가정과 사업체에 위험한 상황 및 요소를 사전에 예방하고 더 나아가서는 제거함으로써 보다 안전하고 쾌적한 환경을 조성한다. 다음으로 사회적(Social)인 측면에서는 화재나 도난과 같은 위험한 상황을 타개함으로써 사회적으로 범죄 예방에 도움이 된다. 더 나아가 해당 아이템이 사업화 될 경우, 컴퓨터비전을 활용한 홈 CCTV가 가지는 강점과 관련하여 어떠한 방식으로 사회적으로 공헌할 지에 대해서도 의논해 볼 예정이다.

 ## 환경 분석

 ### 1 시장 환경 분석

◉ 국내 스마트홈(홈 CCTV) 시장 규모

우리나라 스마트홈(홈 CCTV) 시장은 오는 2023년이면 100조 원을 돌파하고, 2025년에는 115조 원까지 성장할 것으로 전망된다. 이에 급성장에 따른 글로벌 표준 대응과 시장에 적합한 맞춤형 솔루션 개발이 과제로 떠올랐다. 스마트홈 기업의 총자산 증가율은 다른 산업에 비해 낮지만, 수익성은 높은 것으로 분석된다. 2019년 기준 스마트홈 기업 총자산 증가율은 2.52%를 기록해 제조업(5.7%), 비제조업(8.1%), 전산업(6.1%)보다는 낮았다. 반면 영업이익률은 평균 11.6%로 전산업(4.2%), 제조업(4.4%), 비제조업(4%)보다 높았다.

현재 스마트홈(홈 CCTV) 업계의 가장 큰 애로점은 신기술 확보와 서비스 개발이 꼽혔다. 급변하는 시장 상황에 중소업계가 대부분인 산업구조상 대규모 연구개발(R&D) 투자가 어렵기 때문이다. 소수 대기업이 산업 대부분을 주도한다는 점도 문제로 지적되었다. 특히 국내 시장은 가전제조사, 통신사, 건설사 등이 독자 사업을 펼치면서 기업 간 협업이 미흡하다는 점이 수면 위로 떠올랐다.

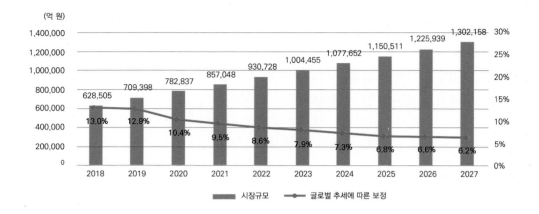

○ SKT

　SKT는 2018년 사설보안업체인 ADT 캡스를 인수한 후 '캡스홈'을 출시
하였다. 캡스홈은 도어가드와 이너가드로 나눠지는데, 도어가드의 경우 현관
문 앞 보안에 집중한 AI 홈보안 서비스로 실시간으로 현관문 앞을 확인하고
가족들의 입/출입 확인, 24시간 출동서비스 및 긴급출동요청 기능을 갖추고
있다. 캡스홈 이너가드는 SOS 비상버튼과 위급 시 긴급 출동 서비스를 제공
한다. 두 가지 캡스홈 모두 월 18,750원의 요금제를 제공하고 있으며, 서비
스 이용에도 불구하고 화재나 도난, 파손 피해시 보상을 제공하는 안심보상
제도를 운영하고 있다.

　SKT는 ICT 기술을 본업인 통신에 접목하여 온실가스를 감축하는 등의
방식으로 ESG 경영을 본격화하고 있다. 또한 첨단기술 역량과 외부 업체와
의 협력을 바탕으로 그린 ICT 기업으로 진화하고 있으며, 환경 문제를 적극
적으로 해결하기 위해 여러 협업을 진행중인데, 대표적으로 스타벅스코리아
와 추진하고 있는 재활용컵 사업이 있다. 이 외에도 사회분야에서는 ICT를
활용한 사회문제해결 및 생태계 확산 기여의 핵심목표를 가지고 다양한 계층
에 ICT 기술 지원과 교육을 하고 있다.

◯ KT

　　KT는 '텔레캅'이라는 브랜드를 자체적으로 운영하고 있는데, KT의 홈 CCTV는 지능형과 일반형으로 나눠진다. 먼저 지능형 CCTV인 기가아이즈 아이 슬림/뷰/스페셜은 KT의 네트워크 기반의 HD화질, 침입/출입/배회 등 지능형 영상분석을 제공하고, 별도의 영상저장장치 없이 플랫폼 내 영상저장으로 도난 및 해킹 우려없이 안전하게 영상을 저장한다. 일반형 CCTV인 기가아이즈 뷰는 초고화질 CCTV로 사업장을 상시 모니터링하고, 원격제어를 통해 효과적으로 관리할 수 있는 영상보안서비스이다. 지능형과 달리 영상저장이나 영상분석 활용기능은 제외되어 있다.

KT는 다양한 프로그램을 통해 ESG경영을 추구하고 있다. 환경 분야에서는 탄소중립 실행을 본격화하며, 인공지능을 이용해 건물의 실내 온도를 스스로 조절하는 'AI빌딩 오퍼레이터'를 공익성을 가진 10개 빌딩에 무료로 제공한다. 사회 분야에서는 AI 스타트업과 협력하여 소외계층을 위한 사회문제 해결에 앞장서고 있다. 또한 파트너사 동반성장을 위해 파트너사의 ESG경영을 지원하며, 컴플라이언스 체계를 확립하여 준법 리스크 제로화에 도전한다.

○ LG U+

LG U+는 '맘카'라는 홈 CCTV를 운영한다. 맘카의 주요 기능은 사람의 움직임만 정확하게 구별하여 외부 침입이 발생하면 알려주고 360도 파노라마 촬영을 통해 집안 곳곳을 사각지대 없이 확인할 수 있다. 촬영을 원하지 않을 때는 렌즈 덮개를 내릴 수 있으며, 강아지나 고양이 등 반려동물의 움직임만을 정확하게 구별하여 알려주기도 한다. LG U+는 스마트홈 앱을 통해 홈 CCTV를 제어할 수 있으며, 카메라 마이크나 스피커를 통해 설치 장소의 소리를 듣거나 말을 걸 수도 있다.

LG U+ 역시 여러가지 방법으로 ESG경영을 추구하고 있는데, 사회적으로는 야생식물종자 영구보존시설에 U+ 스마트레이더 서비스를 기증하고 있다. 지배구조 분야에서는 사내에 ESG 위원회를 설치하고, 회사의 경제/환경/사회적 이슈를 즉각 대응할 수 있는 체계를 구축하는 등 거버넌스 강화에 집중하였다. 또한 리스크 및 위기 대응 관리를 강화하기 위해 전사 위기관리를 총괄하는 CRMO를 선임하고 위기관리팀을 신설하였다.

◯ 펭카

이동통신 3사 외에도 '펭카'라는 회사에서 만든 '펭카미캠'이라는 홈 CCTV가 있다. G마켓 기준 판매가격은 49900원이며, 고객이 직접 아이디와 비밀번호를 설정할 수 있고, 실시간 영상과 녹화 영상은 모두 암호화되어 사용자만이 영상을 볼 수 있다. 또한 실제 녹화된 카메라와 본인 계정이 있어야만 영상 확인이 가능하다. 실시간 양방향 음성 통화, 움직임을 감지하여 동영상을 녹화하는 등의 스마트 알림 기능, 카메라 회전, 모션 추적 기능, 적외선 야간 감시 기능이 있고, 전용 어플리케이션이 따로 존재하여 실시간으로 CCTV를 제어할 수 있다.

2　기술적 환경 분석

현재 스마트홈 시장에서 상용화되고 있는 홈 CCTV의 대다수에는 ICT, 즉 인공지능(Artificial Intelligence) 기술이 활용되고 있다. 대표적으로 이동통신 3사 SKT, KT, LG U+의 홈 CCTV 기술적 환경을 분석해보면 다음과 같다.

◯ SKT

SKT의 캡스홈은 인공지능(AI) 카메라와 모바일 어플리케이션을 연동하여 상황을 실시간 영상으로 확인할 수 있다. 또한 움직임 감지 센서를 통해 현관문 앞 배회자를 실시간으로 감지할 수 있다. 이 외에도 ADT 캡스가 SKT와 함께 선보인 '캡스 스마트빌리지'는 집 내부를 홈 네트워크로 연결하는 홈넷 시스템을 적용하여 IOT 기기를 원격으로 제어할 수 있다. 추가적으로 ADT 캡스의 보안 인프라에 ICT를 더한 체계적인 융합 보안 시스템 역시 제공한다.

KT

KT 텔레캅의 기가아이즈 아이패스는 지능형 CCTV와 비접촉 생체인증 시스템을 결합하였다. 출입문 앞에 설치된 CCTV를 통해 모바일 어플리케이션과 PC로 방문자를 확인하고 실시간 원격 제어 역시 가능하다. 기가아이즈에는 딥러닝 기술이 접목되었는데, 여러 이미지를 스스로 학습해 사람과 사물을 구분하고 식별할 수 있다. 이 외에도 기가아이즈는 지능형 영상분석 6종(침입감지, 피플카운팅, 체류시간분석, 스마트영상검색, 스마트영상요약, 카메라훼손감지 등)을 탑재하였다.

LG U+

LG U+의 U+ 스마트홈은 말 한마디와 터치 한번으로 원하는대로 집안의 거의 모든 제품을 조작할 수 있는 IOT 솔루션이다. U+ 스마트홈은 Easy 전용 기기를 자체 어플리케이션에 등록하면 자동 실행 및 동시 실행 등으로 기능을 더 세분화할 수 있으며, 어플리케이션을 통해 언제 어디서나 CCTV를 실행할 수 있다. 기기의 상태나 시간, 움직임 감지 등의 조건에 따라 알림을 받거나 다른 기기를 연동해 제어가 가능하다.

3 STP 분석

Segmentation(시장세분화)

홈 CCTV는 어떤 장소에서 어떻게 쓰느냐에 따라 시장세분화가 가능하다. 홈 CCTV의 설치 목적은 집 안과 같은 실내에서 일어날 수 있는 위험한 상황에 대해 인지하고 대처하기 위함이다. 방범을 위해 사람의 움직임을 포착하는 것을 중점으로 둔 CCTV를 개발하거나, 자녀 또는 반려동물이 혼자 집에 남게 되었을 때 그들의 안전 확인을 중점으로 한 CCTV들도 개발할 수 있다. 그 외에도 회사나 식당/카페, 또는 일반 가게 내의 방범이나 화재 예방 등을 위해 위험한 상황을 포착하여 신속하게 알릴 수 있는 기능을 중점으로 한 CCTV들을 개발함으로써 시장세분화가 가능하다.

◯ Targeting(타겟팅)

해당 사업 아이템은 혼자 집에 거주하여 집 내부의 보안 부분에 있어서 불안함을 느끼는 사람들, 맞벌이로 인해 어린 자녀를 집에 혼자 두는 시간이 긴 부모들, 또는 오랜시간 자주 집을 비워 반려동물이나 고령의 노인을 혼자 두는 시간이 긴 사람들에게 매력적인 아이템으로 느껴질 수 있다. 뿐만 아니라 가정 외에 식당 및 카페와 같은 요식업이나 일반 가게들에서도 화재 및 도난방범의 예방 차원에서 사용이 가능하다. 해당 아이템은 인공지능 딥러닝의 컴퓨터비전 HOI 기술을 접목하여 CCTV가 자체적으로 위험한 상황을 감지하고 자동으로 사용자에게 알림 서비스를 보내는 동시에 녹화를 시작하기 때문에, 기존의 다른 제품들과는 달리 굉장히 빠르게 상황을 파악할 수 있고 신속하게 대응할 수 있다.

◯ Positioning(포지셔닝)

해당 사업 아이템은 아직까지 인지도가 높지 않은 편에 속하고 선두주자가 탄탄히 존재하는 스마트홈 시장에 처음 진입하기 때문에, 타 홈 CCTV 제품들보다 가격에 비해 준수한 성능이 나오는 가성비 제품의 위치로 가야한다고 생각한다. 이러한 기초 포지셔닝을 통해 꾸준히 인지도를 높여서 판매량을 늘리는 방향으로 잡는 것이 홈 CCTV 시장에서 살아남을 수 있는 강력한 경쟁력을 갖출 확률이 크다고 예상한다.

현재 홈 CCTV가 다양한 장점을 가지고 있음에도 불구하고, 일각에서는 홈 CCTV에 부정적인 시선을 보내고 있다. 이러한 부정적인 시선을 보내는 이유들 중 가장 큰 비중을 차지하고 있는 것이 바로 '보안 문제'이다. 해커들이 홈 CCTV를 해킹하여 사용자들의 사생활이 노출되는 사례가 늘고있고, 이로 인해 사용자들이 큰 피해를 받고 있기 때문이다. 정부는 홈네트워크를 대상으로 벌어지는 해킹 등 사이버 공격을 예방하기 위해 관련 제도 개선에 착수하였다. 과학기술정보통신부, 국토교통부, 산업통상자원부는 지난해 12월 31일 3개 부처 공동으로 '지능형 홈네트워크 설비 설치 및 기술기준' 고시를 개정하였는데, 고시의 주요 내용은 다음과 같다. 홈네트워크 설비를 설치한 자는 홈네트워크 설비의 유지/관리 매뉴얼을 관리주체 및 입주자 대표회의에 제공해야 한다.

그 외에도 여러 기업에서 마이데이터의 사생활 보호를 위해 다양한 기술들을 개발하고 있다. 먼저 ICTK홀딩스는 PUF(Physically Unclonable Functions) 보안칩을 기반으로 IOT 기기의 보안 문제를 해결하는 솔루션을 제공하고 있는데, 여기서 PUF는 '물리적 복제 방지 기술'로 반도체의 생산과정에서 사람의 지문이나 홍채와 같이 각 칩마다 다른 물리적 고유 ID가 생성되는 원리를 이용한다. 다음으로 파이오링크는 '티프론트(TiFRONT)'를 사용해 홈네트워크 보안과 쉬운 네트워크 관리를 제공하며 사이버보안 강화를 위한 정보보호 솔루션을 개발/공급하고 있다. 티프론트는 네트워크 구성의 기본인 스위치에 보안기능을 추가한 보안스위치와 클라우드 기반 통합관리시스템으로 구성되어 있다. 특히 사용자가 장애를 인지하기 전에 관리업체가 먼저 대처할 수 있고, 문제가 생기더라도 엔지니어 출장을 기다릴 필요 없이 원격대응을 통해 민원 대처나 유지관리 비용 측면에서도 장점을 지니고 있다. 이 외에도 펜타시큐리티시스템에서는 최근 사생활 노출 등 스마트홈 해킹 문제를 해결하기 위해 자사의 스마트홈 보안 솔루션인 '아이사인 홈크립트(iSIGN HomeCrypt)'를 출시하였다.

해당 사업 아이템 역시 정부에서 개정한 고시에 상응하는 매뉴얼에 따라 정보보호인증을 받아야 하며, 사용자들의 사생활 보호를 위해 마이데이터의 보안 및 관리 문제를 해결해야 한다. 마이데이터 관련 보안 기술들은 이미 위와 같이 이를 전문적으로 개발하고 있는 기업들이 많기 때문에, 사생활 보호 측면에서 그들과의 전략적 제휴가 필요하다. 그중에서도 파이오링크에서 개발한 '티프론트'라는 정보보호 솔루션을 이용하는 방법을 주력으로 고려하고 있다. 해당 기술은 스마트홈의 네트워크에 접근 제한 조치를 설정하여 외부에서 접근하는 비인가 단말을 차단하고, 클라우드 기반 통합관리시스템을 통해 보안 위협 및 장애를 파악하는 등의 기능을 제공하기 때문에, 이를 사업 아이템에 적용할 시 마이데이터 보안 및 관리 측면에서 사용자의 사생활 보호에 신속하고 유연하게 대응이 가능하기 때문에 아이템의 보안성을 높일 수 있다.

기술적 배경

1 ### 컴퓨터 비전(Computer Vision)

○ AI(Artificial Intelligence)

제일 상위 분야인 'AI(인공지능)'는 마빈 민스키가 1956년 다트머스 회의에서 최초로 언급하였다. 'Artificial Intelligence'의 약자이며, 인간의 학습능력, 추론능력, 지각능력을 인공적으로 구현하려는 컴퓨터 과학의 세부분야 중 하나이다. 지능을 갖고 있는 기능을 갖춘 컴퓨터 시스템이며, 인간의 지능을 기계 등에 인공적으로 구현한 것이다. 인공지능은 그 자체로 존재하는 것이 아니라 컴퓨터 과학의 다른 분야와 직간접적으로 많은 관련을 맺고 있다. 특히 현대에는 정보기술의 여러분야에서 인공지능적 요소를 도입하여 그 분야의 문제 풀이에 활용하려는 시도가 매우 활발하게 이루어지고 있다. 인공지능은 최근 이슈가 되고 있는 머신러닝(Machine Learning)을 포함하고 있고, 머신러닝은 그 안에 다시 딥러닝(Deep Learning)을 포함하고 있다.

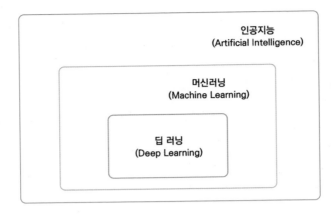

○ 머신러닝(Machine Learning)

머신러닝(Machine Learning)은 '기계학습'이라고도 불리며, 크게 두 가지로 정의를 내릴 수 있다. 첫 번째는 아서 사무엘이 내린 정의로 '컴퓨터가 명시적으로 프로그램되지 않고도 학습할 수 있도록 하는 연구분야'이며, 두 번째는 톰 미첼이 정의한 것으로 '만약 어떤 작업 T에서 경험 E를 통해 성능 측정 방법인 P로 측정됐을 때 P가 향상된다면 컴퓨터 프로그램이 스스로 학습한다고 말한다'이다.

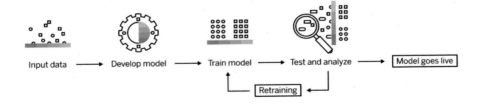

머신러닝은 다양한 알고리즘 기법을 적용하는 여러 유형의 머신러닝 모델로 구성된다. 머신러닝 모델은 데이터의 특성과 원하는 결과에 따라 지

도, 비지도, 준지도, 강화 이렇게 4가지 학습모델로 분류된다. 첫 번째는 지도 학습모델(Supervised Learning)으로, 데이터와 정답이 주어진 상태에서 model을 학습시키는 방법이다. '입력'과 '출력' 데이터 쌍으로 구성되며 원하는 값으로 출력 레이블을 지정할 수 있다. 두 번째는 비지도 학습모델(Unsupervised Learning)으로 정답이 없고 데이터만 주어진 상태에서 model을 학습시키는 방법이다. 비지도 학습은 사람이 세상을 관찰하는 방식을 기반으로 다양하게 모델링되며, 머신에 있어서 '경험'은 곧 '이용가능한 입력데이터의 양'이라고 볼 수 있다. 세 번째는 준지도 학습모델(Semi-Supervised Learning)으로 정답이 일부만 주어진 상태에서 model을 학습시키는 방법이다. 해당 학습 알고리즘은 레이블이 지정된 데이터를 분석해 레이블이 없는 데이터에 적용가능한 상관관계가 있는 속성을 찾도록 머신을 훈련한다. 마지막은 강화 학습모델(Reinforcement Learning)으로 결과값 대신 Reward를 주어 학습하는 방법으로, 머신에 정답 키를 제공해 모든 올바른 결과 중에서 상관관계를 찾아 학습하도록 한다. 강화 학습모델의 대표적인 예로는 알파고가 있다.

◯ 딥러닝(Deep Learning)

딥러닝(Deep Learning)은 머신러닝의 하위 분야 중 하나로, 사물이나 데이터를 군집화하거나 분류하는 데 사용하는 기술이다. 딥러닝은 많은 기계학습 알고리즘 중 인공신경망의 한계를 극복하기 위해 제안된 기계학습 방법으로, 1957년 프랑크 로젠블라트가 Perceptron이라는 알고리즘을 고안하면서 시작되었다. Perceptron은 우리 뇌에 존재하는 신경뉴런(Neuron)을 기반으로 만들어낸 알고리즘으로, 여러 입력을 받아서 하나의 신호를 출력하는 원리를 가지고 있다.

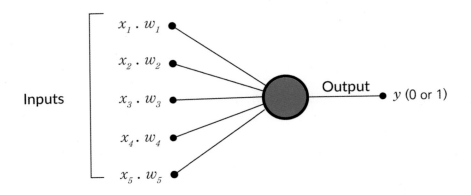

위와 같은 Perceptron을 여러 층으로 쌓아올리면 Classification과 Regression 등 여러 가지 task를 처리할 수 있는 model을 생성할 수 있다.

🌑 컴퓨터비전(Computer Vision)

컴퓨터비전(Computer Vision)은 컴퓨터가 사진 또는 영상을 사용해서 어떠한 일을 하는 것으로, 신경망의 여러 구조 중에서 합성곱신경망(Convolution Neural Network)를 사용한 CNN구조를 이용하여 이미지를 인식할 수 있는 딥러닝 기법 중 하나이다. CNN이란 컨볼루션 신경망으로 2012년 인공지능 학회에서 처음으로 발표된 내용으로, 인공지능 혁명의 시작을 알리는 알고리즘인 동시에 컴퓨터비전의 핵심이 되는 알고리즘이다. 아래에 설명되는 분야들은 모두 해당 알고리즘을 활용한 분야이다.

- Classification : 이미지가 무슨 이미지인지 분류하는 일이다. 고양이 사진을 고양이라고 판단하는 것과 같다.
- Object Detection : 이미지에 물체가 어디에 있는지 네모 박스를 치는 일이다. 고양이 사진에서 고양이 부분에 네모난 영역을 치는 것과 같다.
- Semantic Segmentation : 이미지에 물체가 무엇인지 픽셀 단위로 분류하는 일이다. 고양이 사진에서 고양이 부분을 떠내는 것과 같다. 이때 고양이가 2마리여도 둘 다 고양이라고 판단한다.

• Instance Segmentation : 이미지에 물체가 어디에 있는지 픽셀 단위로 판단하는 일이다. 고양이 사진에서 고양이 부분을 떠내되, 고양이마다 다르게 분류해야 한다. 즉, 2마리의 고양이는 서로 달라야 한다.

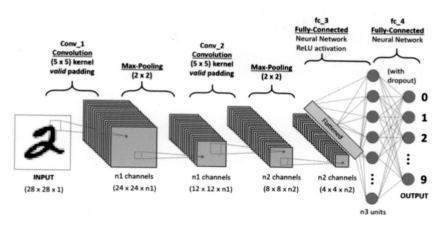

A CNN sequence to classify handwritten digits

컴퓨터비전은 이미지 생성, 이미지 스타일 변환, 분할 등 많은 방면에서 활용되고 있고, 이미지에서 사물을 검출할 수도 있다. 사물 검출은 이미지 속에 담긴 사물의 위치와 종류를 알아내는 기술로, R-CNN(Regions with Convolutional Neural Network) 구조를 많이 사용한다.

2 HOI(Human Obejct Interaction)

HOI는 'Human Object Interaction'의 약자로, 인공지능 딥러닝의 컴퓨터비전을 활용하여 사람과 사물의 상호작용을 식별할 수 있는 기술이다. 초기에는 Sequential HOI Detectors를 사용하여 각각 사물과 사람을 인식하는 network와 사물과 사람의 상호작용을 확인하는 network를 따로 설계하여 학습하였다.

∘ **Sequential HOI Detectors**

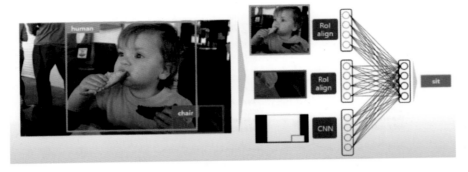

이후에는 Parallel HOI Detectors로 발전하였고, Region of Interaction을 설정하여 해당 영역에 포함되는 사물과 사람의 상호작용을 확인할 수 있게 되었다. 초기 모델인 Sequential에 비해서 속도가 매우 향상되었으나, 병목현상이 발생하여 알고리즘의 발전이 여전히 필요한 상황이다.

HOI의 대표적인 예로는 아마존고(Amazon-GO)가 있다. Amazon-GO는 미국에서 아마존이 운영하는 오프라인 무인 매장에서 사람과 물건의 상호작용을 CCTV를 통해 분석하고, 사람이 물건을 고르면 자동적으로 인터넷 장

바구니에 물건이 들어가게 된다. 그 후 사람이 물건을 들고 매장을 나서면 아마존 사이트에 등록된 카드로 장바구니에 담은 물건이 자동으로 결제되는 원리이다.

HOI는 기술 자체도 아직 개발된지 얼마되지 않은 기술이기 때문에 현재도 이와 관련된 논문들이 많이 publish되고 있는 상황이다. 최근 국내에서도 아마존고와 같은 매장을 여러 기업에서 상용화하려고 노력하고 있다. 결과적으로, Human Object Interacion은 현재 주목받고 있는 인공지능 기술 중 하나라고 볼 수 있다.

 ## 3 홈 CCTV

CCTV는 Closed-Circuit Television의 줄임말로, 반대말로는 우리가 흔히 알고 있는 TV가 있다. CCTV는 다수에게 보여주는 TV가 아닌 특정인들에게 제공되는 TV로 목적에 따라 다양하게 사용될 수 있다. 대표적으로 번화가, 범죄 다발 지역 등에서 방범을 위해 사용되는 경우가 많은데, 최근에는 IOT 기술이 발달함에 따라 CCTV가 우리 생활에 직접적으로 다가왔고, 현재는 집안까지 들어올 수 있게 되었다.

CCTV는 크게 아날로그 방식과 디지털 방식으로 구분된다. 산업용에서는 주로 아날로그 방식을 사용했지만, 최근에는 주로 디지털 방식을 사용한다. 아날로그 카메라는 메인 시스템인 DVR과 CCTV 카메라가 1:1로 연결되어 영상 케이블과 전원선, 제어선 등 복잡한 설치가 필요하여 설치비용이 높고, 카메라를 추가하는 것도 제한적이다.

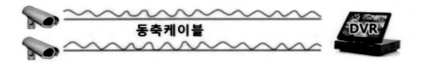

디지털 카메라는 각각의 카메라와 메인 시스템인 NVR과 네트워크로 연결되기 때문에 네트워크가 존재하는 환경이라면 어디서나 카메라만 설치할 경우 설치 및 업그레이드가 간편하게 이루어질 수 있다.

홈 CCTV는 이러한 CCTV를 가정용에 도입한 것으로, 요즘에는 가정에서 뿐만 아니라 일반 사업체에서도 많이 사용되고 있다. 다른 말로는 '스마트홈'이라고도 부르는데, 일반적인 IP 카메라와 거의 동일하게 동작한다. 네트워크만 연결되어 있다면 카메라에 담긴 영상을 어디에서든 접근하여 볼 수 있고, 만약 여러 카메라가 존재한다면 동시에 영상을 녹화 및 관리가 가능하다.

 시스템 구성

 1 용도 및 대상에 따른 분류

◉ 용도 및 대상에 따른 분류 필요성

해당 사업 아이템은 컴퓨터비전의 HOI기술을 활용한 홈 CCTV이기 때문에, CCTV의 사용 목적에 따라 CCTV가 학습해야 할 상황, 혹은 그 대상이 다양해질 수 있다. 또한 대상 및 상황에 따라 객체 탐지와 학습에 사용되는 코드 알고리즘이 다르기 때문에 기술을 활용한 알고리즘 학습 전에 데이터에 따른 사전 분류가 필요하다. HOI기술을 활용한 홈 CCTV의 용도는 사용되는 장소에 따라 분류할 수 있는데, 자주 사용되는 장소를 기반으로 크게 '가정'과 '사업체'로 분류한다. 특히 '가정'에서는 학습 대상에 따라 다시 세부 분류가 필요하며, '사업체' 역시 세부 상황 및 용도에 따라 세부 분류가 필요하다.

◯ 가정 – 사람(어린이/독거노인) 및 반려동물(강아지/고양이)

최근 가정에서는 보호자가 없는 상황에서 어린이, 반려동물, 혹은 독거노인을 홀로 두는 경우를 위해 홈 CCTV를 많이 사용한다. 어린이의 경우 부모가 맞벌이일 때 홀로 집에 두는 시간이 많기 때문에 홈 CCTV를 활용한 위험한 상황에 대한 빠른 인지가 필요하다. 반려동물의 경우 최근 1인 가구가 증가하는 추세로 인해 낮시간 동안 보호자가 집을 비울 때 강아지나 고양이가 위험한 상황에 처할 경우 이에 대한 빠른 인지를 원하는 경우가 많아졌다. 그리고 독거노인의 경우에는 보호자나 가족구성원이 집을 비우는 사이에 사고가 발생하거나 또는 홀로 지내는 상황에서는 고독사가 발생하는 확률도 증가하고 있기 때문에 역시 위험한 상황에 대한 민감한 인지가 필요하다. 해당 사업 아이템은 HOI기술을 활용하여 위험한 상황에 대한 검출과 알고리즘 학습이 이루어지기 때문에, 가정의 경우에는 데이터를 크게 사람과 반려동물(펫)로 그 대상을 사전 분류하여 학습 진행이 필요하다.

◯ 사업체 – 요식업(화재) 및 소매업(도난)

최근 사업체에서도 위험한 상황에 대비하여 홈 CCTV를 설치하는데, 주로 화재와 같은 사고를 사전에 예방하거나 도난과 같은 범죄를 예방하기 위해 많이 사용한다. 사업체의 경우 그 범주가 매우 광범위한데, 크게 화재가 많이 발생할 수 있는 사업체는 식당이나 카페 등과 같은 요식업이 있고, 화재와 같은 사고보다는 도난과 같은 사건이 발생할 확률이 높은 사업체는 일반 가게나 무인점포, 즉 소매업이 이에 해당한다. 따라서 해당 사업 아이템은 크게 요식업과 소매업을 타겟으로 선정하여 사전 데이터 분류를 진행하고, 특히 사업체의 경우는 사용용도, 즉 화재 예방에 사용할 것인지 도난 예방에 사용할 것인지에 대한 분류를 통해 위험한 상황에 대한 알고리즘 학습 진행이 필요하다.

2 홈 CCTV 핵심 기능 개요

해당 사업 아이템은 컴퓨터비전의 HOI기술을 활용한다는 점이 기존의 상용화된 홈 CCTV와의 큰 차별점이다. 현재 상용화된 홈 CCTV는 가정은 물론 개인 사업체에서도 모든 내용을 녹화하거나 사용자가 실시간으로 직접 화면을 확인하고 있지 않으면, 사건 또는 사고를 미연에 방지하기가 힘들다. 또한 사건과 사고가 발생했을 경우 발생한 시점에 대한 시간을 특정하여 다시 확인해야 하는 번거로움이 존재한다. 만약 홈 CCTV에 HOI기술이 적용될 경우, CCTV 기계가 사람과 사물의 상호작용을 학습하여 객체(사람 및 반려동물)가 위험한 상황에 놓여있거나 사건/사고(화재 및 도난)가 발생한다고 스스로 판단하면, 자동적으로 모바일 알림서비스를 제공하고 해당 시점부터 자동 녹화를 시작한다. 결과적으로, 위와 같은 불편함과 번거로움을 해결하여 사용자의 편리함을 증대시킬 수 있으며 위험한 상황을 사전 방지할 수 있다.

3 모바일 알림서비스

홈 CCTV는 모두 IOT 기반이기 때문에, 대다수가 모바일과 연계가 되어 있다. 해당 사업 아이템 역시 앱(어플리케이션)과 연결된 모바일 연계 서비스를 제공하며, 크게 2가지의 기능을 제공한다.

첫 번째, 사람과 사물의 상호작용을 파악하고 특정 위험 상황에 놓여있다고 판단될 경우, 사용자의 모바일에 설치되어 있는 홈 CCTV의 어플리케이션을 통해 바로 자동적으로 위험 상황에 대한 알림 서비스를 송신한다.

두 번째, 현재 보급되고 있는 홈 CCTV들 중 일부 역시 녹화기능을 제공하지만, 모든 내용과 시간에 대해서 녹화가 진행된다. 때문에 사업체나 가정에서 사건 및 사고가 발생할 경우 시간을 특정하여 모든 녹화내용을 복기하여 확인해야 하는 번거로움이 존재한다. 해당 사업 아이템의 경우 CCTV가 사람과 사물의 상호작용을 이해하고 위험한 사고나 사건이 발생한다고 판단하면 자동으로 해당 시점부터 녹화가 시작된다.

사업 아이템 알고리즘

 데이터 수집 및 분류

해당 사업 아이템인 홈 CCTV는 주로 영상을 통해 데이터를 수집하는데, 객체 탐지와 위험 상황 인지에 대한 알고리즘을 학습하기 위해서는 이미지 데이터를 사용하여 학습을 진행한다. 홈 CCTV의 타겟 대상이 되는 사람, 강아지, 고양이, (화재)연기에 해당하는 데이터셋(Dataset)을 사용하였으며, 데이터셋의 종류는 크게 3가지로 다음과 같다.

◯ VOC Dataset
- 2005년부터 2012년까지 진행된 Dataset으로, 훈련 및 검증데이터는 총 11,530개이고, 이미지당 2.4개의 객체가 존재한다. 토탈 20개의 클래스가 존재하는데, 그중에서 사람, 강아지, 고양이 클래스에 해당하는 데이터셋을 사용한다.
- http://host.robots.ox.ac.uk/pascal/VOC/

◯ COCO Dataset
- Common Objects in Context로, 총 200,000개의 이미지 데이터를

가지고 있다. 80개의 카테고리에 500,000개 이상의 객체 Annotation
이 존재하며, 그중에서 사람, 강아지, 고양이에 해당하는 데이터셋을 사
용한다.

- https://cocodataset.org/

◯ Roboflow Public Dataset
- 화재 등 여러 형태의 연기 데이터가 정리된 Dataset이다.
- https://public.roboflow.com/object-detection/wildfire-smoke/

 2　객체 탐지 알고리즘

◯ 객체 탐지 원리

　'객체 탐지(Object Detection)'란 한 이미지에서 객체와 그 경계 상자(Bounding
Box)를 탐지하는 것을 의미한다. 객체 탐지 알고리즘은 일반적으로 이미지를
입력으로 받고, 경계 상자와 객체 클래스 리스트를 출력하는 원리이다. 경계
상자에 대해 그에 대응하는 예측 클래스와 클래스의 신뢰도(confidence)를 출력
한다. 객체 탐지가 사용되는 분야는 매우 다양한데, 대표적으로 자율 주행 자
동차에서 다른 자동차와 보행자를 찾을 때 사용되거나, 의료 분야에서 방사
선 사진을 사용해 종양이나 위험한 조직을 찾을 때, 또는 보안 산업에서 위협
을 탐지하거나 사람 수를 셀 때 사용된다.

　객체 탐지와 관련된 중요한 개념들이 몇 가지 있는데, 먼저 'Bounding
Box'는 '경계 상자'로 이미지에서 하나의 객체 전체를 포함하는 가장 작은
직사각형을 의미한다.

　　다음으로 'IOU'는 'Intersection Over Union'으로, 실측값(Ground Truth)
과 모델이 예측한 값이 얼마나 겹치는지를 나타내는 지표이다. IOU가 높
을수록 잘 예측한 모델이라고 할 수 있다. 마지막으로 'NMS'는 'Non-
Maximum Suppression'으로, 확률이 가장 높은 상자와 겹치는 상자들을
제거하는 과정이다. 과정은 다음과 같다. 먼저 확률 기준으로 모든 상자를 정
렬하고 가장 확률이 높은 상자를 취한다. 각 상자에 대해 다른 모든 상자와의
IOU를 계산한 후, 특정 임계값을 넘는 상자는 제거한다.

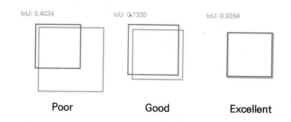

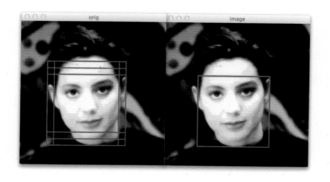

◯ 모델 평가 방식

• 정밀도(Precision)와 재현율(Recall)

정밀도(Precision)와 재현율(Recall)은 일반적으로 객체 탐지 모델 평가에 사용되지는 않지만, 다른 지표를 계산하는 기본 지표 역할을 한다. 모델이 안정적이지 않은 특징을 기반으로 객체 존재를 예측하면 거짓긍정(FP)이 많아져서 정밀도가 낮아지며, 모델이 너무 엄격해서 정확한 조건을 만족할 때만 객체가 탐지된 것으로 간주하면 거짓부정(FN)이 많아져서 재현율이 낮아진다.

- True Positives(TP) : 예측이 동일 클래스의 실제 상자와 일치하는지 측정
- False Positives(FP) : 예측이 실제 상자와 일치하지 않는지 측정
- False Negatives(FN) : 실제 분류값이 그와 일치하는 예측을 갖지 못하는지 측정

$$Precision = \frac{TP}{TP + FP} \qquad Recall = \frac{TP}{TP + FN}$$

• 정밀도-재현율 곡선(Precision-Recall Curve)

신뢰도 임계값마다 모델의 정밀도와 재현율을 시각화한 것으로, 모든 Bounding Box와 함께 모델이 예측의 정확성을 얼마나 확실히 하는지 0~1 사이의 숫자로 나타내는 신뢰도를 출력한다. 임계값 T에 따라 정밀도와 재현율이 달라진다.

- 임계값 T 이하의 예측은 제거한다.
- T가 1에 가까우면 정밀도는 높지만 재현율은 낮다.
- 놓치는 객체가 많아지면 재현율이 낮아진다. 즉, 신뢰도가 높은 예측만 유지하기 때문에 정밀도는 높아진다.
- T가 0에 까까우면 정밀도는 낮지만 재현율은 높다.
- 대부분의 예측을 유지하기 때문에 재현율은 높아지고, 거짓긍정(FP)이 많아져서 정밀 도가 낮아진다.

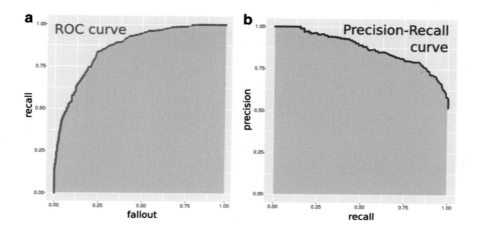

예를 들어, 모델이 보행자를 탐지하고 있으면 특별한 이유없이 차를 세우더라도 어떤 보행자도 놓치지 않도록 재현율을 높여야 한다. 또 다른 예로, 모델이 투자 기회를 탐지하고 있다면 일부 기회를 놓치게 되더라도 잘못된 기회에 돈을 거는 일을 피하기 위해서 정밀도를 높여야 한다.

• AP(Average Precision, 평균 정밀도)와 mAP(mean Average Precision)

AP는 곡선 아래 영역에 해당하며, 항상 1x1 정사각형으로 구성되어 있다. 즉, 항상 0~1 사이의 값을 가지며, 단일 클래스에 대한 모델 성능 정보를 제공한다. 전역 점수를 얻기 위해서는 mAP를 사용하는데, 예를 들어 데이터셋이 10개의 클래스로 구성된다면 각 클래스에 대한 AP를 계산하고 그 숫자들의 평균을 다시 구한다.

최소 2개 이상의 객체를 탐지하는 PASCAL Visual Object Classes와 Common Objects in Context(COCO)에서는 mAP가 사용되며, COCO 데이터셋이 더 많은 클래스를 포함하고 있기 때문에 보통 PASCAL VOC보다 점수가 더 낮게 나온다.

	VOC 2007		MS COCO test-dev				
	mAP$_{@.5}$	mAP$_{@.7}$	mAP	mAP$_{@.5}$	mAP$_{@S}$	mAP$_{@M}$	mAP$_{@L}$
Faster RCNN [23]	76.4	-	30.3	52.1	9.9	32.2	47.4
YOLOv2 [22]	79.5	-	21.6	44.0	5.0	22.4	35.5
SSD513 [19]	76.8	-	31.2	50.4	10.2	34.5	49.8
R-FCN [15]	79.5	62.0	29.9	50.8	11.0	32.2	43.9
R-FCN-BAN	82.7	67.8	34.4	58.5	17.8	37.7	46.0
Deformable R-FCN [4]	82.2	67.6	34.5	55.0	14.0	37.7	50.3
Deformable R-FCN-BAN	83.4	70.0	36.9	58.5	15.8	40.0	53.6

◯ 객체 탐지 알고리즘 히스토리

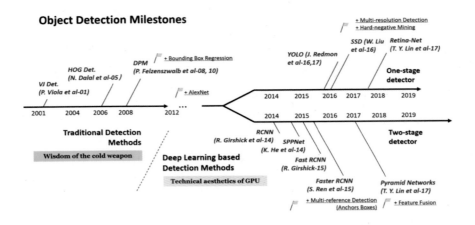

• RCNN(2013)

'Rich feature hierarchies for accurate object detection and semantic segmentation(https://arxiv.org/abs/1311.2524).' 물체 검출에 사용된 기존 방식인 sliding window는 background를 검출에 소요되는 시간이 많았는데, 이를 개선시킨 기법으로 Region Proposal 방식을 제안한다. 매우 높은 Detection이 가능하지만, 복잡한 아키텍처 및 학습 프로세스로 인해 Detection 시간이 매우 오래 걸린다.

• SPP Net(2014)

'Spatial Pyramid Pooling in Deep Convolutional Networks

for Visual Recognition(https://arxiv.org/abs/1406.4729).' RCNN의 문제를 Selective search로 해결하려 했지만, Bounding Box의 크기가 제각각인 문제가 있어서 FC Input에 고정된 사이즈로 제공하기 위한 방법을 제안한다. SPP는 RCNN에서 conv layer와 fc layer 사이에 위치하여 서로 다른 feature map에 투영된 이미지를 고정된 값으로 풀링한다. SPP를 이용하면 RCNN에 비해 실행시간을 매우 단축시킬 수 있다.

• Fast RCNN & Faster RCNN (2015)

'Fast R-CNN(https://arxiv.org/abs/1504.08083).' SPP layer를 ROI Pooling 으로 바꿔서 7x7 layer 1개로 해결하며, SVM을 softmax로 대체하여 Classification과 Regression Loss를 함께 반영한 Multi task Loss를 사용한다. ROI Pooling을 이용해 SPP보다 간단하고, RCNN에 비해 수행시간을 많이 줄일 수 있다.

'Faster R-CNN : Towards Real-Time Object Detection with Region Proposal Networks(https://arxiv.org/abs/1506.01497).' RPN(Region Proposal Network)와 Fast RCNN을 결합한 방식으로, Selective Search를 대체하기 위한 RPN을 구현하며, RPN도 학습시켜서 전체를 end-to-end로 학습가능하다. Region Proposal를 위해 Object가 있는지 없는지의 후보 Box인 Anchor Box 개념을 사용하며, 앵커박스 도입으로 인해 Fast RCNN 보다 정확도를 높이고 속도를 향상시켰다.

• SSD (2015)

'Single Shot MultiBox Detector(https://arxiv.org/abs/1512.02325).' FasterRCNN은 region proposal과 anchor box를 이용한 검출 2단계를 걸치는 과정에서 시간이 필요해 real-time(20~30 fps)으로는 어렵다. 반면 SSD는 Feature map의 size를 조정하고 동시에 앵커박스를 같이 적용함으로써 1 shot으로 물체 검출이 가능하고, real-time으로 사용할 정도의 성능을 갖추었다(30~40 fps). 작은 이미지의 경우에 잘 인식하지 못하는 경우가 생

겨서 data augmentation을 통해 mAP를 63에서 74로 비약적으로 높일 수 있다.

• RetinaNet(2017)

'Focal Loss for Dense Object Detection(https://arxiv.org/abs/1708.02002).' RetinaNet 이전에는 1-shot detection과 2-shot detection의 차이가 극명하게 나뉘어 속도를 선택하면 정확도를 trade-off 할 수 밖에 없는 상황이었지만, RetinaNet은 Focal Loss라는 개념의 도입과 FPN 덕분에 기존 모델들보다 정확도도 높고 속도도 여타 1-shot detection과 비견되는 모델이다. Focal Loss를 통해 검출하고자 하는 물체와 관련이 없는 background object들은 학습에 영향을 주지 않게 되고, 학습의 다양성이 더 넓어졌다(작은 물체, 큰 물체에 구애받지 않고 검출할 수 있게 됨).

• YOLO(2018) & YOLOv4(2020) & YOLOv5(2020)

'YOLOv3: An Incremental Improvement(https://arxiv.org/abs/1804.02767).' YOLO는 v1, v2, v3 순서로 발전하였는데, v1과 v2는 정확도가 너무 낮다는 문제가 있었고, 엔지니어링적으로 보완한 v3는 살짝 속도는 떨어지더라도 정확도를 대폭 높인 모델이다. RetinaNet과 마찬가지로 FPN을 도입해 정확도를 높였으며, 정확도는 RetinaNet에 비해 떨어지지만 속도는 더 빠르다는 장점이 있다.

'YOLOv4 : Optimal Speed and Accuracy of Object Detection.' YOLOv3에 비해 AP, FPS가 각각 10%, 12% 증가하였으며, v3에서 다양한 딥러닝 기법(WRC, CSP...) 등을 사용하여 성능을 향상시켰다. CSPNet 기반의 backbone을 설계하여 사용한다.

'YOLOv5'는 v4에 비해 낮은 용량과 빠른 속도를 가졌으며, v4와 같은 CSPNet 기반의 backbone을 설계하여 사용한다. Darknet이 아닌 PyTorch 구현이기 때문에 이전 버전들과 다르다고 할 수 있다.

그 이후에도 현재까지 수 많은 YOLO 버전들이 탄생하고 있으며, 객체 탐지(Object Detection) 분야의 논문들도 계속해서 연구되고 있다.

• Yolo 특징

'You Only Look Once(https://pjreddie.com/darknet/yolo/).' 가장 빠른 객체 탐지/검출 알고리즘 중 하나로, 파이썬, 텐서플로 기반 프레임워크가 아닌 C++로 구현된 코드 기준 GPU 사용 시, 초당 170 프레임을 출력한다. 단, 작은 크기의 물체를 탐지하는 데에는 어려움이 있다. YOLO는 자체 맞춤 아키텍처를 사용하는데, 백본 모델(backbone model)을 기반으로 하며, '특징 추출기(Feature Extractor)'라고도 불린다. 또한 어떤 특징 추출기 아키텍처를 사용했는지에 따라 성능이 달라진다.

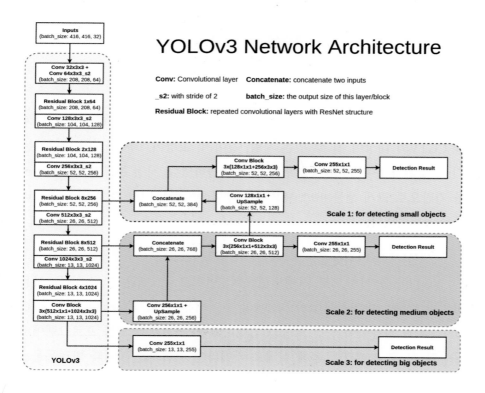

YOLO의 가장 큰 특징 중 하나로 '앵커 박스(Anchor Box)'를 들 수 있는데, YOLOv2에서 도입되었으며, 사전 정의된 상자(prior box)라고 볼 수 있다. 객체

에 가장 근접한 앵커 박스를 맞추고 신경망을 사용해 앵커 박스의 크기를 조정한다.

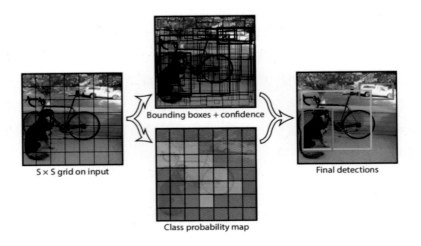

S × S grid on input

Bounding boxes + confidence

Class probability map

Final detections

◎ 사업 아이템 인식 Class

해당 사업 아이템의 객체 인식은 YOLO를 사용하여 진행하였으며, 크게 홈 CCTV의 대상이 될 수 있는 사람, 강아지, 고양이, (화재)연기에 해당하는 Class로 분류하여 dataset을 먼저 사전 학습하였다. 사전 분류가 된 dataset을 기반으로 크게 생물(사람/반려동물)과 무생물(연기)로 나눠서 객체 인식 알고리즘을 구현하였다.

• 생물(사람/반려동물)

YOLO3를 기반으로 진행되었으며, 언어프로그램은 Python을 사용하였다. 사람, 반려동물(강아지/고양이)의 데이터는 VOC Dataset과 COCO Dataset을 활용하여 사전 학습을 진행하였다. 구현된 코드를 프로그램에서 구동할 시 웹 카메라를 통해 실제로 카메라에 비춰지는 사람과 반려동물을 Bounding Box로 객체 인식할 수 있다.

- 네트워크 불러오기 => cv2.dnn.readNet
- model : 훈련된 가중치를 저장하고 있는 이진 파일 이름

- config : 네트워크 구성을 저장하고 있는 텍스트 파일 이름, 없는 경우
  도 있음
- framework : 명시적인 딥러닝 프레임워크 이름
- retval : cv2.dnn_Net 클래스 객체

```python
1  from imutils.video import VideoStream
2  from imutils.video import FPS
3  import numpy as np
4  import imutils
5  import time
6  import cv2
7  import os

27 net = cv2.dnn.readNet("yolov3.weights", "yolov3.cfg")
28 classes = []
29 with open("coco.names", "r") as f:
30     classes = [line.strip() for line in f.readlines()]
31 layer_names = net.getLayerNames()
32 output_layers = [layer_names[i - 1] for i in net.getUnconnectedOutLayers()]
33 colors = np.random.uniform(0, 255, size=(len(classes), 3))
34
35 vs = VideoStream(src=0).start()
36 time.sleep(2.0)
37
38 fps = FPS().start()
39
40 while True:
41     frame = vs.read()
42     frame = imutils.resize(frame,width=600)
43     (height, width) = frame.shape[:2]


94     outs = net.forward(output_layers)
95
96     class_ids = []
97     confidences = []
98     boxes = []
99     for out in outs:
100        for detection in out:
101            scores      = detection[5:]
102            class_id    = np.argmax(scores)
103            confidence = scores[class_id]
104            if confidence > 0.5: #
105                # Object detected
106                center_x = int(detection[0] * width)
107                center_y = int(detection[1] * height)
108                w = int(detection[2] * width)
109                h = int(detection[3] * height)
110
111                # Rectangle coordinates
112                x = int(center_x - w / 2)
113                y = int(center_y - h / 2)
114
115                boxes.append([x, y, w, h])
116                confidences.append(float(confidence))
117                class_ids.append(class_id)
```

```
119     # 노이즈 제거
120     # 같은 물체에 대한 박스가 많은것을 제거 (NMSBoxes) : Non maximum suppresion
121     indexes = cv2.dnn.NMSBoxes(boxes, confidences, 0.5, 0.4)
122     #print(indexes, f'{ len(indexes)} 개 객체가 검출되었다 ')
123     '''
124     마지막으로 모든 정보를 추출하여 화면에 표시합니다.
125         Box : 감지된 개체를 둘러싼 사각형의 좌표
126         Label : 감지된 물체의 이름
127         Confidence : 0에서 1까지의 탐지에 대한 신뢰도
128     '''
129     font = cv2.FONT_HERSHEY_PLAIN
130     for i in range(len(boxes)):
131         if i in indexes:
132             x, y, w, h = boxes[i]
133             label = str(classes[class_ids[i]])
134             color = colors[class_ids[i]]
135             cv2.rectangle(frame, (x, y), (x + w, y + h), color, 2)
136             cv2.putText(frame, label, (x, y + 30), font, 3, color, 3)

164     fps.update()
165     cv2.imshow("Frame", frame)
166     key = cv2.waitKey(1) & 0xFF
167     if key == ord("q"):
168         break
169 fps.stop()
170 cv2.destroyAllWindows()
171 vs.stop()
```

• 무생물(연기)

YOLO5와 pyTorch 기반으로 진행되었으며, 언어프로그램은 Python을 사용하였다. YOLO5 기반 네트워크에 Roboflow Public Dataset의 연기 데이터를 넣어서 새롭게 학습을 진행하였고, CCTV로 찍힌 화재 등 여러 상황의 연기 이미지에서 연기를 Bounding Box로 인식할 수 있다.

- epochs : 학습 기간 개수 정의
- cfg : 모델 구성 지정
- weights : 가중치에 대한 경로 지정
- name : 결과 이름
- nosave : 최종 체크포인트만 저장
- cache : 빠른 학습을 위한 이미지 캐시

```
[ ]  # 나머지는 동일하게
     from glob import glob

     train_img_list = glob('/content/yolov5/smoke/train/images/*.jpg')
     test_img_list = glob('/content/yolov5/smoke/test/images/*.jpg')
     vaild_img_list = glob('/content/yolov5/smoke/valid/images/*.jpg')
     print( len(train_img_list), len(test_img_list), len(vaild_img_list) )

     516 74 147
```

```
[ ]  import yaml

     with open('/content/yolov5/smoke/train.txt', 'w') as f:
         f.write('\n'.join(train_img_list) + '\n')

     with open('/content/yolov5/smoke/test.txt', 'w') as f:
         f.write('\n'.join(test_img_list) + '\n')

     with open('/content/yolov5/smoke/valid.txt', 'w') as f:
         f.write('\n'.join(vaild_img_list) + '\n')
```

```
[ ]  # 연기만 감지할 것이므로 nc값을 분류 클레스값 1개로 재구성
    %%writetemplate /content/yolov5/models/custom_yolov5s.yaml

    # Parameters
    nc: {num_classes}  # number of classes
    depth_multiple: 0.33  # model depth multiple
    width_multiple: 0.50  # layer channel multiple
    anchors:
      - [10,13, 16,30, 33,23]  # P3/8
      - [30,61, 62,45, 59,119]  # P4/16
      - [116,90, 156,198, 373,326]  # P5/32

    # YOLOv5 v6.0 backbone
    backbone:
      # [from, number, module, args]
      [[-1, 1, Conv, [64, 6, 2, 2]],  # 0-P1/2
       [-1, 1, Conv, [128, 3, 2]],  # 1-P2/4
       [-1, 3, C3, [128]],
       [-1, 1, Conv, [256, 3, 2]],  # 3-P3/8
       [-1, 6, C3, [256]],
       [-1, 1, Conv, [512, 3, 2]],  # 5-P4/16
       [-1, 9, C3, [512]],
       [-1, 1, Conv, [1024, 3, 2]],  # 7-P5/32
       [-1, 3, C3, [1024]],
       [-1, 1, SPPF, [1024, 5]],  # 9
      ]

    # YOLOv5 v6.0 head
    head:
      [[-1, 1, Conv, [512, 1, 1]],
       [-1, 1, nn.Upsample, [None, 2, 'nearest']],
       [[-1, 6], 1, Concat, [1]],  # cat backbone P4
       [-1, 3, C3, [512, False]],  # 13

       [-1, 1, Conv, [256, 1, 1]],
       [-1, 1, nn.Upsample, [None, 2, 'nearest']],
       [[-1, 4], 1, Concat, [1]],  # cat backbone P3
       [-1, 3, C3, [256, False]],  # 17 (P3/8-small)

       [-1, 1, Conv, [256, 3, 2]],
       [[-1, 14], 1, Concat, [1]],  # cat head P4
       [-1, 3, C3, [512, False]],  # 20 (P4/16-medium)

       [-1, 1, Conv, [512, 3, 2]],
       [[-1, 10], 1, Concat, [1]],  # cat head P5
       [-1, 3, C3, [1024, False]],  # 23 (P5/32-large)

       [[17, 20, 23], 1, Detect, [nc, anchors]],  # Detect(P3, P4, P5)
      ]
```

```
[ ]  # 결과들 확인
    !ls /content/yolov5/runs/train/smoke_results/

    confusion_matrix.png                          results.png
    events.out.tfevents.1653985561.10ad52970af4.180.0   train_batch0.jpg
    F1_curve.png                                  train_batch1.jpg
    hyp.yaml                                       train_batch2.jpg
    labels_correlogram.jpg                         val_batch0_labels.jpg
    labels.jpg                                     val_batch0_pred.jpg
    opt.yaml                                       val_batch1_labels.jpg
    P_curve.png                                    val_batch1_pred.jpg
    PR_curve.png                                   val_batch2_labels.jpg
    R_curve.png                                    val_batch2_pred.jpg
    results.csv                                    weights
```

```
[ ]  Image(filename='/content/yolov5/runs/train/smoke_results/results.png', width=1000)
    # 손실값을 줄어들고, 정밀도, 재현율 mAP 값들을 상승하고 있어서 좀더 많이 학습하면 더 좋은 결과를 낼것이다
```

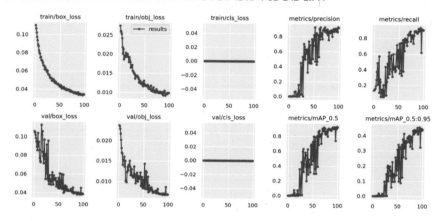

```
[ ]  Image(filename='/content/yolov5/runs/train/smoke_results/val_batch1_labels.jpg', width=1000)
```

3 위험 상황 인지 알고리즘

◯ 화재 위험 상황

객체 인식을 통해 Bounding Box로 각종 연기 형태를 인식한 다음, 검증(Validation)과 추론(Inference) 과정을 거쳐 CCTV를 통해 감지될 수 있는 여러 가지 연기 이미지 데이터를 넣어서 예측 수행을 한다. 랜덤으로 선택해서 출력했을 시, 실행할 때마다 각기 다른 연기 이미지에 대한 결과를 확인할 수 있다. 화재의 경우 사람 및 반려동물과 달리 홈 CCTV에 비춰진 연기 형태 자체가 화재로 인식되기 때문에, 객체 검출 후 특별한 포즈 및 모션 학습은 생략된다.

```
[ ]  !python val.py --weights /content/yolov5/runs/train/smoke_results/weights/best.pt  --data ./smoke/data.yaml --img 640 --iou 0.65 --half

     val: data=./smoke/data.yaml, weights=['/content/yolov5/runs/train/smoke_results/weights/best.pt'], batch_size=32, imgsz=640, conf_thres=0
     YOLOv5 🚀 v6.1-237-g50b886d Python-3.7.13 torch-1.11.0+cu113 CUDA:0 (Tesla T4, 15110MiB)

     Fusing layers...
     custom_YOLOv5s summary: 213 layers, 7012822 parameters, 0 gradients, 15.8 GFLOPs
     val: Scanning '/content/yolov5/smoke/valid/labels.cache' images and labels... 147 found, 0 missing, 0 empty, 0 corrupt: 100% 147/147 [00:
                    Class     Images     Labels          P          R      mAP@.5  mAP@.5:.95: 100% 5/5 [00:03<00:00,  1.25it/s]
                      all        147        147      0.896      0.898      0.925      0.459
     Speed: 0.2ms pre-process, 3.2ms inference, 1.9ms NMS per image at shape (32, 3, 640, 640)
     Results saved to runs/val/exp
```

```
[ ]  !python val.py --weights /content/yolov5/runs/train/smoke_results/weights/best.pt  --data ./smoke/data.yaml --img 640 --task test

     val: data=./smoke/data.yaml, weights=['/content/yolov5/runs/train/smoke_results/weights/best.pt'], batch_size=32, imgsz=640, conf_thres=0
     YOLOv5 🚀 v6.1-237-g50b886d Python-3.7.13 torch-1.11.0+cu113 CUDA:0 (Tesla T4, 15110MiB)

     Fusing layers...
     custom_YOLOv5s summary: 213 layers, 7012822 parameters, 0 gradients, 15.8 GFLOPs
     test: Scanning '/content/yolov5/smoke/test/labels' images and labels...74 found, 0 missing, 0 empty, 0 corrupt: 100% 74/74 [00:00<00:00,
     test: New cache created: /content/yolov5/smoke/test/labels.cache
                    Class     Images     Labels          P          R      mAP@.5  mAP@.5:.95: 100% 3/3 [00:02<00:00,  1.32it/s]
                      all         74         74      0.834      0.881      0.918      0.539
```

```
[ ]  !ls /content/yolov5/runs/train/smoke_results/weights

     best.pt   last.pt
```

```
[ ]  # --conf 0.4 => 테스트 이미지에 대해서 모두 디텍션 해보기
     # 여기에 cctv로 나올수 있는 연기 이미지를 넣어서 예측 수행
     !python detect.py --weights /content/yolov5/runs/train/smoke_results/weights/best.pt --img 640 --conf 0.4 --source ./smoke/test/images

     detect: weights=['/content/yolov5/runs/train/smoke_results/weights/best.pt'], source=./smoke/test/images, data=data/coco128.yaml, imgsz=[640,
     YOLOv5 🚀 v6.1-237-g50b886d Python-3.7.13 torch-1.11.0+cu113 CUDA:0 (Tesla T4, 15110MiB)

     Fusing layers...
     custom_YOLOv5s summary: 213 layers, 7012822 parameters, 0 gradients, 15.8 GFLOPs
     image 1/74 /content/yolov5/smoke/test/images/ck0kcoc8ik6ni0848clxs0vif_jpeg.rf.8b4629777ffe1d349cc970ee8af59eac.jpg: 480x640 1 smoke, Done.
     image 2/74 /content/yolov5/smoke/test/images/ck0kd4afx8g470701watkwxut_jpeg.rf.bb5a1f2c2b04be20c948fd3c5cec33ff.jpg: 480x640 1 smoke, Done.
     image 3/74 /content/yolov5/smoke/test/images/ck0kdhymna0b10721v4wntit8_jpeg.rf.a08e34d04fb672ce6cf8e94e810ec81d.jpg: 480x640 1 smoke, Done.
     image 4/74 /content/yolov5/smoke/test/images/ck0kepbs9kdym0848hgpcf3y9_jpeg.rf.d0a63becb54a83b6b026f4b38a42933b.jpg: 480x640 1 smoke, Done.
     image 5/74 /content/yolov5/smoke/test/images/ck0kewsaha6hh07215jgx1bp2_jpeg.rf.1a375d20560d0de016bb524921f7b2a9.jpg: 480x640 1 smoke, Done.
     image 6/74 /content/yolov5/smoke/test/images/ck0kfhu4n8q7f0701ixmonyig_jpeg.rf.a3cc5282520b3bac90718bdd5528bd76.jpg: 480x640 1 smoke, Done.
     image 7/74 /content/yolov5/smoke/test/images/ck0kfjen48qhj0701wjkosme1_jpeg.rf.49b365cc7135deee1332e6657401abc5.jpg: 480x640 1 smoke, Done.
     image 8/74 /content/yolov5/smoke/test/images/ck0khrg9xan7u0721mn5rxpzo_jpeg.rf.1f545d6c898ea9bad6147d7833f9b83f.jpg: 480x640 1 smoke, Done.
     image 9/74 /content/yolov5/smoke/test/images/ck0khu2xz94nj070165dkfirk_jpeg.rf.d511cbdb4c1162cf08d71056labef2b3.jpg: 480x640 1 smoke, Done.
     image 10/74 /content/yolov5/smoke/test/images/ck0kmf5q58yik0944gdwwrqnt_jpeg.rf.acd14651f0f7c3762be88a81ee82e1a2.jpg: 480x640 1 smoke, Done.
     image 11/74 /content/yolov5/smoke/test/images/ck0kmfd7ibcib0721v08q1jv0_jpeg.rf.8965bf83aff0df8ea94290a16227d8c9.jpg: 480x640 1 smoke, Done.
     image 12/74 /content/yolov5/smoke/test/images/ck0kmftzekfwv0a46aj0nh5dz_jpeg.rf.a9f2006470644216651l8aaa4f5274d5a.jpg: 480x640 1 smoke, Done.
     image 13/74 /content/yolov5/smoke/test/images/ck0kn8y5y9y3507018k5p06ma_jpeg.rf.466b2fb63a73c0138cf75b3ddc71d490.jpg: 480x640 1 smoke, Done.
     image 14/74 /content/yolov5/smoke/test/images/ck0kn966blrt008482afk6mhy_jpeg.rf.87c1a2bec2d604d4201f5a4f1c202b7c.jpg: 480x640 2 smokes, Done.
     image 15/74 /content/yolov5/smoke/test/images/ck0kosu846k350794gya7bot0_jpeg.rf.e980ecef63c864103fc6d8f4d8ed7ded.jpg: 480x640 1 smoke, Done.
     image 16/74 /content/yolov5/smoke/test/images/ck0kotq5d99760944cc8w1pib_jpeg.rf.4d35dd1389fe98aab8adac1b815a4c54.jpg: 480x640 1 smoke, Done.
     image 17/74 /content/yolov5/smoke/test/images/ck0kp6k1p61xe0794by4thy6r_jpeg.rf.733c90fe7469837d908925254d5893a9.jpg: 480x640 1 smoke, Done.
     image 18/74 /content/yolov5/smoke/test/images/ck0l8cfmgahkk0838nbgj26un_jpeg.rf.9346ac503cd252adb085d4b6b798779.jpg: 480x640 2 smokes, Done.
     image 19/74 /content/yolov5/smoke/test/images/ck0l9uumy9b410863izsuks74_jpeg.rf.688da3ca009efc20f792d1aa922f3131.jpg: 480x640 1 smoke, Done.
     image 20/74 /content/yolov5/smoke/test/images/ck0l9wcc5cyhb07010g94nwxz_jpeg.rf.a07888dc547b1654322d69f89c99c97c.jpg: 480x640 1 smoke, Done.
```

```
[ ]  # 랜덤으로 선택해서 출력, 실행할때마다 다른 결과를 확인할수 있음
     import glob
     import random
     from IPython.display import Image, display

     image_name = random.choice( glob.glob('/content/yolov5/runs/detect/exp/*.jpg') )
     display( Image( filename=image_name ) )
```

◯ 휴먼 위험 상황

사람과 반려동물의 경우 홈 CCTV가 위험 상황을 인식하기 위해서는 객체 검출 후 위험 모션 및 포즈에 대한 학습이 필요하다. 무생물인 (화재)연기와 달리 사람과 반려동물은 움직이는 생물이기 때문에, 어떤 포즈가 위험한 상황을 나타내는지 사전 설정이 존재해야 한다. 여기서는 위험한 상황일 때 나타나는 제일 기본 포즈인 '쓰러진 형태'를 기본 모션으로 설정하였다. CCTV가 화면에 보이는 객체를 인식한 후 객체가 바닥에 쓰러져 있는 포즈를 랜드마크하여 이를 기반으로 데이터를 구축한다. 구축된 데이터를 통해 홈 CCTV는 해당 객체가 '쓰러진 형태 -〉 위험한 상황' 이라는 알고리즘을 학습하게 되고, 위와 같은 포즈가 화면에 나오면 자동적으로 위험 상황을 인지하게 된다. 다만 CCTV 입장에서 누워있는 것과 쓰러진 것의 구분이 상당히 어렵기 때문에, 얼굴, 왼손, 오른손, 몸 포즈를 동시에 랜드마크하여 두 모션의 차이를 같이 학습시켜줘야 한다. 위험 상황 인식에 전제가 되는 Human Pose Estimation 알고리즘의 경우 학습 시 상당한 학습 시간과 응급위험 상황에 대한 많은 포즈의 데이터가 필요하며, 이의 연장선상으로 HOI(Human Obeject Interaction)가 아직 연구 중에 있기 때문에 아래와 같이 제일 기본적인

알고리즘만이 구현 가능하다.

```python
1  import cv2
2  import mediapipe as mp
3
4  # 미디어 파이프에서 포즈 모델 획득
5  mp_pose = mp.solutions.pose
6  # 이미지 상에 포즈 본을 그릴 도구
7  mp_drawing = mp.solutions.drawing_utils
8  # 드로잉 스타일
9  mp_drawing_styles = mp.solutions.drawing_styles
10
11 # 비디오 캡처
12 cap = cv2.VideoCapture(0)
13
14 # 포즈 모델 오픈
15 with mp_pose.Pose(static_image_mode=True, min_detection_confidence=0.5, model_complexity=2) as pose:
16
17     # 비디오가 열려 있다면
18     while cap.isOpened():
19         # 프레임을 읽는다
20         success, image = cap.read()
21         if not success:
22             continue
23         # 칼라 타입 조정
24         image    = cv2.cvtColor(image, cv2.COLOR_BGR2RGB)
25         # 포즈 처리 및 좌표 결과 받아오기
26         results = pose.process(image)
27         # 칼라 타입 조정
28         image    = cv2.cvtColor(image, cv2.COLOR_RGB2BGR)
29         # 포즈 처리 결과 포즈 랜드마크 데이터가 존재한다면
30         if results.pose_landmarks:
31             # 그리기 도구를 통해서 포즈 랜드마크를 그려라
32             mp_drawing.draw_landmarks(
33                 image,                         # 원본 이미지
34                 results.pose_landmarks,        # 랜드마크 좌표
35                 mp_pose.POSE_CONNECTIONS,
36                 landmark_drawing_spec=mp_drawing_styles.get_default_pose_landmarks_style()))
37
38         # 원본이미지 + 포즈 랜드마크 처리 => 이미지를 카메라로 송출
39         cv2.imshow('image', image)
40         if cv2.waitKey(1) == ord('q'):
41             break
42
43 # 카메라 해제
44 cap.release()
```

◯ 도난 위험 상황

　사업체에서 자주 발생할 수 있는 도난의 경우 기본적으로 객체 인식 대상은 사람이다. 객체 검출 후 '도난'이라는 특정 위험 상황을 홈 CCTV가 인지하기 위해서는 사람이 도난 시 취하는 특정 모션 및 포즈를 학습해야 한다. 기초적인 알고리즘 진행 원리는 〈휴먼 위험 상황〉과 동일하며, 차별점이 있다면 '도난'이라는 특정 위험 상황에 해당하는 휴먼 포즈와 추가적인 물건 객체 인식을 설정하는 것이다. 주로 일반 가게나 무인 점포에서 발생하는 도난의 경우 '계산대를 거치지 않고 물건을 들고 가게를 나간다' 혹은 '물건을 품안에 숨긴다' 등의 모션이 종종 발견된다. 화재나 휴먼 위험 상황과 달리 도난은 단편적인 포즈 설정 만으로는 CCTV가 비슷한 다른 모션과 구별하기에 어려움이 존재한다. 때문에 포즈 설정에 추가적으로 물건 인식 학습 과정이 필요하다. 객체 인식이 된 사람이 특정 모션을 통해 특정 물건을 집어드는 것을 인식하고, 해당 상태에서 가게 밖을 나서는 모션을 포착하여 '도난'이라고 인식하는 원리로 진행된다. 이러한 알고리즘으로 학습을 진행하기 위해서는 해당 상황의 기반이 되는 Human Pose Estimation 역시 여러가지 전제 상황과 순차적인 모션 포착, 객체 인식으로 나누어 각각의 포즈를 랜드마크하는 과정이 필요하며, 다른 위험응급 상황에 비해 훨씬 심화적인 학습 과정과 긴 학습 시간, 그리고 더 방대한 양의 데이터가 필요하다.

 사업타당성 분석

 3C 분석

◯ Customer(고객)

　글로벌시장 조사기업 IDC는 전세계 IOT 시장 규모가 2023년까지 연평균 12.6%의 성장세를 유지해 2022년 1조 달러(약 1126조 원)를 돌파하고, 2023년에는 1조 1천억 달러(약 1234조 원)에 이를 것으로 전망하였다. 분야별로는 스마트팩토리와 운송 분야가 가장 큰 시장을 형성할 것으로, 가정용 시장에서는 스마트홈과 커넥티드 카가 IOT 시장의 성장을 주도할 것으로 내다보았다. 시장조사기업 스태티스타는 5G의 보급과 코로나19의 장기화가 스마트홈 시장 성장에 영향을 미칠 것이라고 예측하였는데, 스마트홈 IOT는 꾸준한 고성장을 유지해 2025년에는 2020년 대비 2배가 넘는 약 220조 원의 시장 규모를 형성할 것으로 전망하였다. 또한 스마트홈 IOT를 활용하는 가구 수는 매년 20%씩 증가해 2023년에는 3억 가구가 넘어설 것이고, 스마트홈 단말기 출하량의 경우 연평균 14%씩 성장해 2024년 전체 스마트홈 단말기 출하량이 약 14억 대에 달할 것으로 예상하였다. 위와 같은 시장조사 기업들의 전망 예측을 바탕으로, 5G와 코로나19의 장기화 등 여러 요인들로 인해 현재 스마트홈(홈 CCTV)에 대한 수요가 폭발적으로 늘어나고 있기 때문에 홈 CCTV 제품 자체에 대한 사용자수가 꾸준히 확보될 것이라고 예상한다.

◐ Competitor(경쟁자)

현재 홈 CCTV 시장에서 가장 강력한 경쟁자는 단연 이동통신 3사 SKT, KT, LG U+라고 할 수 있다. 이 기업들은 홈 CCTV 관련 기술들을 개발하는 동시에 독자적인 스마트홈 네트워크를 구축하고 있을 정도로 해당 시장에서 거의 선두에 서 있다고 볼 수 있다. 앞서 〈기술적 환경 분석〉에서 설명했듯이, SKT의 경우 사설보안업체인 ADT 캡스를 인수하여 개발한 '캡스홈'을 통해 집 내부와 현관문 앞에 특화된 홈 보안 서비스를 제공하고 있다. 현관 앞 인공지능 카메라와 모바일 어플리케이션을 연동해 움직임 감지 센서로 배회자를 감지하고 알림을 전송하는 등 비상 상황에 대응할 수 있는 시스템을 개발하였다. KT의 경우 KT 텔레캅 자체브랜드를 통해 '기가아이즈 아이패스'를 개발하여 지능형 영상분석 6종을 탑재하여 제공한다. LG U+는 홈 CCTV를 전용 어플리케이션에 등록할 시 자동 실행 및 동시 실행 등으로 더 세부적인 기능을 제공하고, 같은 LG U+의 다른 기기를 연동해 동시 제어와 설정을 가능하게 하였다. 해당 사업 아이템의 경우 현존하는 이동통신 3사의 홈 CCTV 제품들보다 한층 업그레이드되고 차별적인 기술을 제공하기 때문에 충분히 시장경쟁력이 있다고 전망한다.

◯ Company(자사)

해당 사업 아이템의 최대 강점은 CCTV가 자체적으로 상황을 인식하여 자동으로 신속하게 위험 상황을 알리는 것이다. 따라서 위험 상황이 발생해도 신속하고 유연하게 대처가 가능하고, 해당 상황이 발생하는 것 또한 사전에 예방할 수 있다. 최근 주거 침입, 도난 관련 범죄가 증가하고 예년보다 맞벌이가구나 1인가구 증가로 인해 홈 CCTV에 대한 수요가 늘어나고 있다. 하지만 현재 보급되고 있는 홈 CCTV들은 사용자가 위험 상황에 대한 인지가 느릴 뿐만 아니라 상황 확인에 대한 불편함이 존재한다. 이와 반대로 해당 아이템은 기계 자체가 위험 상황을 자동적으로 인식하고 사용자들에게 알림과 자동녹화기능을 제공함으로써 위와 같은 상황에 대한 빠르고 민첩한 처리를 가능하게 하기 때문에 스마트홈 시장에서 독보적인 기술력을 지닌 제품이라고 생각한다.

2 SWOT 분석

◯ Strength(강점)

해당 사업 아이템은 인공지능 딥러닝 컴퓨터비전 기술 중 하나인 HOI(Human Object Interaction)을 적용하여 홈 CCTV가 직접 위험한 상황을 인식한다. 상황이 인식되자마자 모바일 어플리케이션을 통해 자동적으로 알림 서비스를 제공하고, 해당 시점부터 녹화를 시작한다. 따라서 해당 아이템의 강점은 위험한 상황에 대한 유연하고 신속한 대응, 그리고 상황에 관련된 녹화영상 제공을 통해 상황 발생 시각 또는 그 원인들을 보다 빠르고 편리하게 찾아낼 수 있다는 점이다.

○ Weakness(약점)

해당 사업 아이템의 약점은 사용되는 HOI라는 기술이 현재 개발 단계에 있으며, 직접적인 상용화 시일이 아직까지 정해지지 않았다는 점이다. 개발 및 연구 기간이 예상보다 훨씬 더 길어질 수도 있고, 특히 국내 상용화의 경우 더욱 늦어질 수도 있다. 이러한 불확실성으로 인해 외부에서 투자를 받거나 정부에서 지원금을 받는 등의 자금 조달 측면에서 불리할 수 있다.

○ Opportunity(기회)

최근 주거 침입, 도난과 같은 사회적인 문제나 맞벌이가구 및 1인가구의 증가와 같은 사회적인 이슈로 인해 세계적으로 스마트홈 시스템에 대한 수요가 늘어나고 있다. 관련 사업 역시 매년 고성장을 기록하고 있어 그 규모가 수 조원에 달하기 때문에 시장 자체의 규모가 상당히 크고 성장 가능성이 높다. 또한 홈 CCTV가 가지고 있는 단점들이나 이에 접목되는 기술들이 계속해서 개발되고 있고 정부에서도 이와 관련한 정책을 수립하려는 움직임을 보이고 있기 때문에, 해당 사업 아이템 역시 스마트홈 시장에서 자리를 잡을 수 있는 기회가 많다고 전망된다.

○ Threat(위협)

가장 크게 위협이 될 수 있는 점은 현재 이동통신 3사인 SKT, KT, LG U+가 스마트홈 시장을 선도하고 가장 높은 점유율을 기록하고 있다는 점이다. 때문에 시장 자체가 규모가 크고 성장 가능성이 높다고 하더라도 과연 위와 같은 경쟁력 있는 기업들 틈 속에 자리를 잡을 수 있는지가 큰 염려 중 하나이다. 그들과의 전략적 제휴 역시 이를 돌파할 수 있는 방법 중 하나이지만, 위 기업들의 기술 개발 속도나 자본, 마케팅적인 측면에서 바라봤을 때 다른 중소기업들이나 스타트업보다 훨씬 빠르고 큰 규모에 뒤쳐질 확률이 높다. 만약 사업화가 지속적으로 추진되어 스마트홈 시장에 뛰어들게 될 경우, 위 기업들과 확실하게 차별되는 요소가 해당 아이템에 추가될 필요가 있다고 생각한다.

사업화 전략

1 차별화 전략

현재 시중에 상용화된 홈 CCTV들은 사용자가 위험한 상황에 처하면 직접 119나 112와 같은 기관에 신고하거나 기업과 제휴를 맺고 있는 사설보안업체에 신고를 해야 한다. 뿐만 아니라 사용자가 외부에서 감시차원으로 홈 CCTV를 확인하는 경우에는 지속적으로 상황을 확인하지 않으면 위험한 상황에 대해서 바로 인지를 할 수가 없는 불편함이 존재한다. 그러나 HOI 기술을 적용한 홈 CCTV인 해당 사업 아이템은 CCTV 기계가 자체적으로 사전에 학습된 위험한 모션과 상황을 인지하여 자동적으로 사용자에게 알림을 주고 해당 시점부터 녹화 기능을 제공한다. 그렇기 때문에 사용자가 직접 상황을 일일이 확인하여 경찰이나 사설보안업체에 신고하는 것보다 훨씬 더 신속하게 위험 상황에 대해 알릴 수 있으며, 빠르게 위험한 상황을 타개할 수 있다. 때문에 어린아이, 반려동물, 독거노인이 가정에서 처할 수 있는 위험 상황부터 더 나아가 화재, 도난 상황까지 신속하게 대응이 가능하다는 점에서 해당 사업 아이템은 타 기업 제품들보다 소비자들에게 더욱 매력적으로 와닿게 될 것이고, 이러한 차별점을 매력 포인트로 발전시켜 사업화 전략에 적용할 예정이다.

2 전략적 제휴

해당 아이템의 사업화가 점진적으로 추진될 경우, 기술이나 자본이 동종업계 기업들과 비교했을 때 상대적으로 부족한 편이기 때문에 타 기업들과의 전략적 제휴를 맺는 것이 필요하다. 전략적 제휴를 맺을 경우 제일 먼저 신경 써야 하는 부분은 현재 홈 CCTV와 같은 스마트홈 시스템에서 가장 이슈가 되고 있는 사생활 및 보안 문제이다. 때문에 이를 해결하기 위해서 〈마이데이터 보안 및 관리〉에서 다룬 보안 기술 개발 업체들과 협력하여 해당 아이템의 데이터 보안 관리 기능을 향상시킬 예정이다.

또한 최근 마이데이터 관련해서 많은 보험사들에서 마이데이터 관련 권한을 승인 받고, 다양한 마이데이터 서비스 사업을 시작하고 있다. 아직까지는 교보생명이나 KB손해보험과 같은 대형 보험회사 1-2곳에서만 관련 승인을 받고 시작하였으며, 현재까지는 여러 마이데이터 범주 중에서 금융권 마이데이터 관련 서비스만을 제공한다. 해당 사업 아이템의 사업화가 진행되고 좀 더 많은 보험사들이 다양한 마이데이터 서비스를 시작하게 되면, 홈 CCTV에서 끊임없이 기록되는 사용자들의 개인 마이데이터를 '사생활 보호 및 개인정보 관리 차원'의 보험으로 보장해주는 마이데이터 서비스를 다양한 보험사들과 전략적 제휴를 맺어 더 전문적으로 관리할 계획이다.

뿐만 아니라 현재 상용화되고 있는 다양한 홈 CCTV들의 시장흐름을 이동통신 3사인 SKT, KT, LG U+가 주도하고 있기 때문에, 이동통신 3사와의 전략적 제휴도 필요하다. 그들과 제휴를 맺을 시, 제일 먼저 이동통신 3사가 제휴하고 있는 보안 업체나 자체적으로 소유하고 있는 관련 자회사들의 보안 서비스를 사용자들에게 제안 및 제공할 것이다. 또한 이동통신 3사의 기존 스마트홈 모바일 어플리케이션에 해당 아이템을 호환시켜 차별적인 2가지 기능을 추가하여 사용자들에게 편리함을 제공할 예정이다. 더 나아가 홈 CCTV 제품을 공동 개발하여 이동통신 3사의 스마트홈 시스템에 해당 아이템이 가지고 있는 기술을 제공 및 도입하여, 한층 업그레이드된 제품을 만들어 보다 쾌적한 환경을 조성하도록 노력할 것이다.

현재 이동통신 3사와 같이 스마트홈 시스템을 구축한 기업들에서는 ESG 사업의 일환으로 사회취약계층에 무상으로 자사의 홈 CCTV 서비스를 제공하고 있다. 먼저 SKT는 보건복지부와 독거노인 가구를 대상으로 한 '응급안전 안심서비스' 구축을 위한 사업계약을 체결하고 ICT를 기반으로 한 돌봄서비스 구축에 나섰다. 화재 및 출입감지는 물론 이용자의 심박수, 호흡 등의 활동량을 확인하고 이상여부를 모니터링하는 기능을 제공한다. KT는 독거노인 100가구를 대상으로 AI 케어서비스를 선보였는데, 해당 케어서비스는 인공지능 스피커와 각종 IOT 센서 등과의 연동으로 여러 응급상황에 대응할 수 있는 환경을 구축하고 안전관리 기능을 강화하고 있다. LG U+는 미혼모/한부모 가정에 범죄예방을 돕는 IOT 장비를 지원하고 있는데, 핸드폰 어플리케이션과 연동되어 실시간으로 집 내부를 확인할 수 있고 장비 설치와 동시에 2년치 통신비도 함께 지원한다.

앞선 이동통신 3사 SKT, KT, LG U+의 사례로 보아 해당 사업 아이템 역시 홈 CCTV와 ESG를 연계하여 사회취약계층을 대상으로 한 다양한 전략을 구상하고 있다. 사회취약계층에 대한 프리서비스는 HOI 기술을 지닌 홈 CCTV를 무상으로 지급하여 범죄예방 차원에서만 국한되는 것이 아니라, 집 안에 혼자 남아있는 자녀들이나 반려동물, 또는 독거노인들에 대한 돌봄 서비스를 제공함으로써 ESG를 추구한다. 환경적(Environment)인 측면에서는 사회취약계층에게 금전적인 부담없이 보다 안전하고 쾌적한 생활환경 속의 편리함을 제공하고, 사회적(Social)인 측면에서는 사회적으로 문제가 되고 있는 범죄(도난 및 화재, 주거침입)나 노인고독사, 가정 내 위험사고 등과 같은 문제들에 대한 사전예방 차원의 도움을 줄 수 있다.

수익구조 분석

소요자금 및 재무제표 추정

소요자금 추정

제일 먼저 해당 사업 아이템에 대한 기초적인 설계 및 정보가 필요하다. 설계를 통해 어떤 부품들이 필요하고 어떤 방식으로 제조해야 하는지 구상하여 생산원가를 추정해야 한다. 다음으로 해당 아이템이 지속적으로 사업화가 추진될 경우, 직접 아이템을 생산할 수 있는 인력 및 기술적 여건이 부족하기 때문에 따로 전자기기 제조업체에 외주를 맡겨야 하는 가능성과 외주로 인한 추가 주문제작비 역시 염두해야 한다. 또한 HOI 기술을 기기에 적용하기 위해서는 해당 기술을 전문적으로 다룰 수 있는 기술 엔지니어들이 필요하기 때문에 이에 대한 추가적인 인건비 역시 추정해야 할 필요성이 있다.

재무제표 추정

해당 사업 아이템의 판매단가는 동종업계의 여러 홈 CCTV 제품들의 시중 가격을 참고한 결과 50,000원으로 설정하였다. 3년 동안의 판매량은 2023년에 1,000대, 2024년에 1,600대, 그리고 2025년에는 2,000대로 추정하였다.

• 추정 손익계산서

(단위 : 만 원)

	2023	2024	2025
매출액	5000	8000	10000
비용	4000	6400	8000
영업이익	1000	1600	2000

법인세비용차감전순이익	1000	1600	2000
법인세비용	350	560	700
당기순이익	650	1040	1300

추정 재무상태표에서 유동자산은 매출액, 재고자산 등을 모두 합친 금액이고, 고정자산은 건물 임대료, 제품 설비 등이 포함된 금액이다. 부채에서 장기차입금은 은행 대출금이며, 자본에서 이익잉여금은 각 해의 영업이익, 자본금은 초기 자본금과 이익잉여금을 합친 금액이다.

• 추정 재무상태표

(단위 : 만 원)

	2023	2024	2025
자산			
유동자산	5000	5040	5340
고정자산	500	500	500
자산총계	5500	5540	5840
부채			
장기차입금	3000	2000	1000
부채총계	3000	2000	1000
자본			
자본금	1850	2500	3540
이익잉여금	650	1040	1300
자본총계	2500	3540	4840
부채와 자본총계	**5500**	**5540**	**5840**

◉ 제품수명주기

제품수명주기 사이클은 크게 '도입기 -> 성장기 -> 성숙기 -> 쇠퇴기'로 구성되어 있으며, 해당 사업 아이템의 제품수명주기에 따른 수익구조 분석 및 전략은 다음과 같다.

• 도입기

해당 사업 아이템을 처음 시장에 출시하게 되면, 사업의 규모가 크지 않고 인지도가 타제품에 비해 현저히 떨어지기 때문에 판매가 수월하지 않을 것이라고 예상한다. 그렇기 때문에 처음 도입기에는 매출이 발생하기가 어려울 것이다. 이를 극복하기 위해서는 고객들에게 해당 제품을 알리는 데 많은 시간과 노력을 쏟을 필요가 있다고 생각한다. 따라서 해당 사업 아이템의 강점을 강조하는 동시에, 동종업계의 타 홈 CCTV와 차별화 되는 부분들을 강력하게 어필해야 한다.

• 성장기

도입기에서 언급한 고객들에게 인지도를 높이는 사업 정책이 성공하여 어느 정도의 인지도가 생기게 되면, 해당 사업 아이템의 성능과 비슷한 성능을 지닌 제품들을 심층 조사하고 그 제품들과의 경쟁을 대비해야 한다. 성장기에는 초기에 출시되었던 제품들의 파생형이나 개량형을 만들어 고객들에게 더 좋은 체험 경험을 제공하거나 제품의 가격을 인하하여 가격경쟁력을 강화할 필요가 있다. 또한 기존의 사업화 전략에서 한 걸음 더 나아가 마케팅 방식을 업그레이드하고, 해당 아이템이 시장에서 살아남아 완전히 자리를 잡을 수 있게 해야 한다고 생각한다.

• 성숙기

현재 스마트홈(홈 CCTV) 시장은 계속해서 성장세를 기록하고 있기 때문에 더 좋은 성능의 홈 CCTV를 개발하려는 기업들도 늘어날 것이고, 그에 따라

시장 내 경쟁이 심화될 것이다. 성숙기에는 우선 이전보다 훨씬 적극적으로 아이템을 홍보해야 할 것이고, 제품에 대한 고객들의 피드백을 수용하여 이전보다 훨씬 더 개선된 제품을 출시하거나 홈 CCTV와 연관이 있는 새로운 시장을 개발할 필요가 있다. 또한 사업 구조나 수익 창출 방식에 문제가 있다면 이를 수용하고 빠르게 변화를 주어 해당 아이템이 스마트홈 시장에서 롱런(long-run)하도록 전략을 수립해야 한다.

• 쇠퇴기

도입기, 성장기, 성숙기를 통해 해당 사업 아이템이 국내에서 인지도가 생기고 스마트홈 시장에서 완전히 자리를 잡게 되었다면, 제품들 중에서 판매량이 저조한 버전은 단종시키고 판매량이 높은 제품들 위주로 개량하거나 다음 세대의 제품을 개발 및 출시하는 전략이 필요하다. 쇠퇴기에는 매출과 이익이 모두 감소하기 때문에 이를 극복하기 위해 새로운 사업에 투자하거나 해외시장으로의 진출을 시도하여 이익을 창출할 수 있는 새로운 기회를 만들 필요가 있다.

◯ 수익성

현재 스마트홈(홈 CCTV) 시장은 매년 고성장을 기록하고 있고, 이에 따른 규모도 수 조원대가 될 것으로 전망되고 있다. 또한 최근 사회적으로 주거 침입, 도난, 또는 방화와 같은 범죄들이 큰 문제가 되고 있기 때문에 가정에서뿐만 아니라 여러 곳에서 홈 CCTV의 수요가 계속해서 늘어날 것이라고 예상한다. 해당 아이템의 수익 모델은 초반에는 홈 CCTV를 판매하여 수익을 얻을 것이며, 나중에는 홈 CCTV 뿐만 아니라 이를 보조해줄 수 있는 다른 종류의 제품들을 출시하여 홈 CCTV 제품과 함께 세트로 구성하여 요금제 형식을 통해 수익을 창출할 계획이다. 현재 이동통신 3사에서는 이러한 방식으로 홈 CCTV에 문열림 센서나 SOS 비상버튼을 세트로 렌탈해주고, 월마다 일정 금액을 납부하게 하는 홈 CCTV 요금제를 실시하고 있다.

이동통신 3사의 경우 타통신 이용고객과 해당통신 이용고객에 따른 홈

CCTV 요금제 차이가 있는데, SKT, KT, LG U+ 모두 해당 통신사의 고객일 경우 기본 3년 약정에 평균적으로 월 10,000~15,000원의 요금제를 제공하고 있다. 또한 다양한 프로모션 및 이벤트를 진행하기도 하는데, 간혹 특정한 달에는 프로모션으로 요금제를 낮춰주거나 이벤트성 사은품으로 추가 상품을 같이 증정해주기도 한다. 만약 더 큰 수익 창출을 위해 해당 사업 아이템에 대해 세트 상품이나 요금제를 고려할 경우, 홈 CCTV를 보조해줄 수 있는 다른 제품들을 출시하여 세트 구성으로 독자적인 요금제를 만들거나, 이동통신 3사와 같이 요금제를 실시하고 있는 기업들과 전략적 제휴를 통해 그들의 제품과 같이 패키지 상품을 구성해 새로운 요금제를 출시할 예정이다. 요금제의 가격은 대략 10,000~20,000원 사이로 책정할 계획이며, 일정 기간 이상으로 계약할 시 다른 제품이나 요금제 할인 혜택 또는 사은품 혜택 제공을 고려하고 있다.

3 자금조달 및 매출 계획

◐ 자금조달 계획

자금조달의 경우 크라우드 펀딩이나 청년창업지원센터, 또는 정부에서 창업 지원금을 받는 것이 안정적이고 좋은 방법이라고 전망한다. 청년창업지원센터나 정부에 창업 계획서를 제출했을 경우 창업 지원금을 받을 수 있으며, 해당 지원금을 활용할 시 초기 사업 자금 마련에 큰 도움이 된다. 또한 와디즈와 같은 플랫폼을 활용할 경우에는 해당 사업 아이템에 대한 사업 계획서를 업로드하고, 이에 따른 투자자들의 펀딩을 받아 제품을 제작할 수 있는 제작비 등의 자금을 마련할 수 있다.

◐ 매출 계획

매출 계획에 있어서는 제일 먼저 사업 아이템을 개선하는 부분에 많은 매출액을 투자할 계획이다. 해당 아이템을 사용한 고객들에게 여러 피드백을 받고, 특히 기술적인 부분에 있어서 문제 또는 불편함이 있다고 간주되는 점들을 빠르게 개선하여 사용자들에게 더 큰 만족감을 주도록 노력할 것이다. 그 다음 단계로는 기술적인 측면이나 문제 및 위기 대응 측면에서 인건비에 좀 더 많은 매출액을 투자하여, 초기보다 많은 직원들을 고용해 문제가 생겼을 시 빠르고 민첩하게 대응할 수 있도록 할 예정이다. 또한 독거 노인이나 미혼모 가정 등의 사회적 취약계층에게 해당 사업 아이템을 무상으로 제공하여 보다 나은 사회적 환경 조성에 기여할 계획이다.

사업화 추진 계획 및 기대효과

 1 사업화 추진 계획

◯ HOW-HOW 다이어그램

• 어떻게 사업화를 추진할 것인가?

먼저 사업 아이템 설계 단계를 거쳐 시제품을 만들어서 실 성능을 파악할 예정이다. 실 성능을 파악한 뒤에는 제작에 소비되는 시간이나 재료비 등을 파악하여 제품의 단가를 설정하고 이를 제조해 줄 외주회사를 선정한다. 그 다음으로 투자자들이나 정부 지원 기관 등을 찾아 자금 조달처를 확보한다. 자금 조달처를 확보해서 창업 자금을 얻게 되면 사업 아이템을 홍보하기 위한 홍보 방법 등을 고려할 계획이다.

• 제품의 단가를 어떻게 설정할 것인가?

제품의 단가를 결정할 때 먼저 제품 안에 들어갈 부품들에 대해 고려해야 한다. 홈 CCTV 안에 사용될 카메라나 회로 기판 등은 그 성능을 고려하여 어떤 기업의 제품을 부품으로 사용할 지 결정하는 과정이 필요하다. 그 후에는 사업 아이템의 핵심 기술인 HOI 기술을 전문적으로 다루면서 제품에 알맞게 적용시켜 줄 기술자들에게 지급할 인건비, 제품 제조 단가 등을 고려하여 제품의 단가를 설정한다. 또한 현재 스마트홈 시장에 보급되고 있는 타사의 홈 CCTV 시중 가격이나 월 요금제 등을 참고하여 제품 단가 설정에 같이 적용할 계획이다.

• 자금 조달처를 어떻게 확보할 것인가?

주변에서 자금 조달을 받는 방법은 어렵기 때문에, 정부지원기관에 창업 계획서를 제출하여 지원금을 받거나, 청년창업지원센터를 활용하여 청년 창업 지원을 받을 계획이다. 이 외에도 와디즈와 같은 플랫폼을 활용하여 온라인을 통해 창업 관련 자금 지원을 받거나, 투자자 또는 투자처를 찾아서 초기 창업 자금을 조달할 예정이다.

• 어떤 방식으로 마케팅을 할 것인가?

사업 아이템의 수요가 많기 위해서는 제일 먼저 제품 자체가 고객들에게 인지도가 있어야 한다. 그렇기 때문에 지속적으로 사람들이 많이 방문하거나 모이는 오프라인 장소나 온라인 사이트를 중점으로 해당 아이템을 많이 노출시키는 것이 중요하다고 생각한다. 우선적으로 사람들이 많이 방문하거나 자주 사용하는 커뮤니티 사이트나 블로그, 유튜브, 또는 SNS의 배너광고 등을 통해 제품을 홍보하여 인지도를 높일 계획이다.

• 사업화 진행 시 추가할 기능이 있는가?

사업화가 단계적으로 추진될 시, 객체 탐지와 위험 행동 및 상황에 대한 인지 후 모바일 알림서비스와 동시에 112나 119에 자동으로 신고가 되는 서비스를 추가할 계획이다. 현재는 CCTV가 자체적으로 위험한 상황을 포착하여 사용자에게 모바일 알림을 주는 단계까지만 제공된다. 한 단계 더 업그레이드 될 경우 위험한 상황이 포착되었을 시 112나 119, 또는 응급기관에 알림이 보내져 신고가 되는 것이다. 위와 같은 기능이 추가될 경우 해당 사업 아이템의 강점인 신속성과 민첩함이 한층 더 강화될 것이라고 전망한다.

2 잠재적 문제점 및 해결방안

사업화 추진에 있어서 제일 우선시되는 잠재적인 문제점은 자금 조달 부분에 있다. 그중 가장 큰 이유는 현재 해당 사업 아이템에 적용되는 HOI 기술이 아직까지 개발 단계에 있다는 것이다. 최악의 상황을 가정해 볼 경우 개발중인 기술로 인해 사업에 대한 불확실성이 커져 계획된 투자가 무산될 수 있다. 또한 HOI 기술이 이미 널리 상용화된 것이 아니기 때문에, 해당 기술 분야에 대해 잘 알고 있는 기술자들이 이미 사용되고 있는 기술 분야의 인원보다 상대적으로 수가 적기에 인력 채용에도 어려움이 있을 것이라고 예상된다. 이에 대해 가장 좋은 해결방안은 HOI 기술이 사업화 계획과 맞물려 적절한 시기에 상용화되는 것이다. 그러나 만약 개발 기간이 예상보다 길어지게 될 경우에는, 해당 기술과 비슷한 AI 분야인 동시에 이미 상용화된 기술을 대안으로 찾아 사업 아이템에 비슷한 맥락으로 적용해 보는 차선책을 계획하고 있다.

3 기대효과

현재 시장에 보급되고 있는 홈 CCTV들은 대체로 특정 모션 없이 어떠한 움직임만 보여도 항시 모바일 푸시 알림이 보내지거나, 아예 모션 포착 기능이 없어 상황을 확인하기 위해서는 24시간 동안 핸드폰을 통해 직접 지켜보거나 감시해야하는 기능들을 가지고 있다. 그러나 컴퓨터비전의 Human Object Interaction(HOI) 기술을 적용할 경우, 홈 CCTV 기계 자체가 객체 탐지를 하고 위험한 모션 및 상황에 대해 학습이 되어 자발적으로 이를 인지할 수 있게 된다. 또한 홈 CCTV가 위험을 인지했을 시 자발적으로 녹화기능을 시작하고 자동적으로 핸드폰으로 모바일 알림서비스를 전송한다. 결과적으로, 사용자의 편익성은 증가하게 되고 더 빠르게 위험에 대처할 수 있는 효과를 얻을 수 있다. 이러한 기능들로 인해서 사회적으로 사업체에서는 화재(방화)나 도난 등 범죄 예방이 가능하고, 가정에서는 예기치 못한 위험 또는 위기 상황에 대한 사전 예방이 가능하다. 또한 사업화가 단계적으로 추진될 경우 추가될 112/119 자동신고 서비스는 특히 독거노인 가구나 1인 가구에서 발생하는 예상치 못한 위험 상황 또는 사고에 큰 도움과 긍정적인 변화를 줄 수 있다.

저자소개

김흥수

고려대학교 융합경영학부 교수

논문

2022년 9월 "Research on technology contribution evaluation model for commercialization", International Journal of Advanced and Applied Sciences, 9(9) 2022

2022년 8월 "Technology valuation for intellectual property commercialization", International Journal of Advanced and Applied Sciences, 9(8) 2022

2018년 10월 "Valuation of Strategic Objectives for Estimating Transaction Value for Licensing and Enhancing Corporate Value", International Journal of Pure and Applied Mathematics, Volume 120(6)

2017년 12월 "Trademark Valuation for Revitalization", International Journal of Applied Business and Economic Research, Volume 15(20)

2017년 12월 "Valuation of Intellectual Property for Investment in Kind", International Journal of Applied Business and Economic Research, Volume 15(25)

2016년 12월 "Process-oriented Algorithm Entrepreneurship Curriculum Design", Indian Journal of Science and Technology, Vol 9(46)

2016년 9월 "지식재산권 활성화를 위한 기업상표권 가치평가 모형 개발", 디지털융복합연구, 14(9) 외 다수

저서

캡스톤디자인의 이해, 2023(개정2판), 박영사

성공창업과 금융, 2022(중판), 박영사

기술경영과 전략, 2014, 조선대학교

창업과 비즈니스, 2013, 한국학술정보

감정평가론, 2008, 시그마프레스

자산경제론, 2008, 시그마프레스

무형자산가치평가론, 2005, 부연사

캡스톤디자인의 이해

초판 발행   2021년 10월 15일
개정2판 발행   2023년 3월 2일

지은이   김홍수
펴낸이   안종만·안상준

편 집   탁종민
기획/마케팅   정연환
표지디자인   이수빈
제 작   고철민·조영환

펴낸곳   (주) **박영사**
             서울특별시 금천구 가산디지털2로 53, 210호(가산동, 한라시그마밸리)
             등록 1959.3.11. 제300−1959−1호(倫)
전 화   02)733−6771
f a x   02)736−4818
e−mail   pys@pybook.co.kr
homepage   www.pybook.co.kr
ISBN   979−11−303−1622−2   93320

정 가   29,000원